BERLIN

Kiez für Kiez

Spaziergänge durch die ganze Hauptstadt

W0267016

via reise verlag

Inhalt

Bezirk Mitte

Bezirk Pankow

Bezirk Friedrichshain-Kreuzberg

Charlottenburg-Wilmersdorf

Bezirk Tempelhof-Schöneberg

Bezirk Neukölln

Bezirk Steglitz-Zehlendorf

Bezirk Spandau

Bezirk Reinickendorf

Bezirk Lichtenberg

Bezirk Marzahn-Hellersdorf

Bezirk Treptow-Köpenick

BIER
VOM FASS

Einleitung

Ein Sträußchen am Hute, den Stab in der Hand

Berlin zu Fuß – keine geringe Aufgabe! Dem Spaziergänger, dem Flaneur und dem Stadtwanderer sei hiermit ein Buch zur Hand gegeben, das ihn leicht und dennoch fundiert durch die Stadt in all ihren Facetten begleitet. Wo der Weg zu weit wurde, sind die Autoren ab und an auf das Fahrrad umgestiegen oder haben Teilstrecken mit öffentlichen Verkehrsmitteln zurückgelegt. Die Wege der Routen sind unterschiedlich lang. Zwischen ausgedehnten Wanderungen am Stadtrand und kleineren, konzentrierten Gängen in zentraler gelegenen Gegenden sind Spazierwege für jede Art von Ausdauer im Buch enthalten.

Dieser Stadtführer präsentiert die Bezirke nach der historischen Gliederung von Groß-Berlin 1920. Drei Stadtteile kamen erst später dazu: Marzahn (1979), Hohenschönhausen (1985) und Hellersdorf (1986). Bei der Bezirksreform im Jahr 2001 wurden aus den 23 Bezirken mit mittlerweile 3,4 Millionen Einwohnern zwölf Großbezirke. Doch in den Köpfen und Herzen der Berliner und ihrer Besucher leben die „Alt"-Bezirke fort. Die Entscheidung, Berlin anhand dieser, von der Verwaltung überholten Aufteilung zu präsentieren, folgt deshalb der Absicht, die Stadtteile in einem möglichst authentischen und gleichzeitig überschaubaren Zusammenhang zu präsentieren.

Spazieren zu gehen, das bedeutet natürlich, die berühmten Sehenswürdigkeiten der Hauptstadt anzusteuern. Spazieren gehen bedeutet aber genauso, sie zu passieren, und im Weitergehen auch dem Beiläufigen und Alltäglichen zu begegnen. Denn das Leben und Wohnen macht Berlin mindestens so sehr aus wie das Prunkvolle oder Dramatische.

Die Ursprünge Berlins liegen rund um die Spreeinsel. Hier befanden sich die Dörfer Alt-Berlin und Cölln. Im Jahr 1307 schlossen sich beide zur Stadt Berlin zusammen und übernahmen die Vorherrschaft im Berliner Raum. Bezogen auf die heutige Stadtausdehnung ist jedoch Spandau an der Havel die älteste Siedlung (1197 erstmals erwähnt). Auch in Köpenick schrieb man bereits 1209 erstmals Urkunden.

Seit Anfang des 15. Jahrhunderts regierten ununterbrochen die Hohenzollern die Stadt, sie waren erst Kurfürsten der Mark Brandenburg, dann preußische Könige und schließlich Kaiser.

1709 fügte Friedrich I., König in Preußen, die Städte Berlin, Cölln, Friedrichswerder, Dorotheenstadt und Friedrichstadt zur Königlichen Haupt- und Residenzstadt Berlin zusammen. Damals hatte Berlin 55 000 Einwohner, 1755 waren es schon 100 000, davon 26 000 Soldaten. Mit der Industriellen Revolution im 19. Jahrhundert explodierte die Einwohnerzahl Berlins. 1850 lebten hier 400 000 Menschen. Berlin wurde viertgrößte Stadt Europas. 1861 wurden Wedding, Moabit sowie die Tempelhofer und Schöneberger Vorstadt eingemeindet. Ab 1862 entstanden nach dem Hobrecht-Plan die großen Gründerzeitviertel.

Als Berlin 1871 Hauptstadt des neu gegründeten Deutschen Kaiserreichs wurde, zählte man 800 000 Einwohner. Kurz darauf zur Millionenstadt angewachsen, baute man 1873–93 endlich die Kanalisation, 1896 die erste U-Bahn und Vorortzüge. Um das Stadtzentrum herum entstanden die großen Mietskasernenstädte, im Südwesten Villenkolonien. 1920 regelte das Groß-Berlin-Gesetz Eingemeindungen und den Zusammenschluss zu den Bezirken, die wir heute noch kennen. Die Bezirksstruktur blieb trotz der Zerstörung der Stadt im Zweiten Weltkrieg und über 40 Jahre deutsch-deutscher Teilung erhalten. Heute leben hier etwa 3,8 Millionen Menschen.

Berlin, das sind Monumente und Dorfanger, Gründerzeitvillen und Wohnblöcke, Narben und Neuanfänge. All dies (und noch viel mehr) beschreibt dieses Buch aus den unterschiedlichen Perspektiven der schreibenden Stadtspaziergänger, die auf Seite 258 vorgestellt werden.

Berlin ist ständig in Bewegung. Das ist an großen Bauprojekten und an vielen kleinen, alltäglichen Veränderungen zu spüren. Um da mithalten zu können, wird dieses Buch regelmäßig aktualisiert, ergänzt und auf den neuesten Stand gebracht – diese Ausgabe im März 2021. *Julia Brodauf*

Herzlichen Dank!
Die Herausgeberin bedankt sich bei den Mit-Autoren sowie Tanja Onken, Stefanie Pott, Jessika Haack und Klaus Scheddel im via reise verlag für die schöne Zusammenarbeit. Lieben Dank an Felix Müller für die bereits vielfach bewährte und stets vergnügliche Begleitung bei der Stadterkundung und an Martin Brodauf, der sich um dieses Buch durch seine akribischen Recherchen verdient machte.

Frühlingstag im Bötzowviertel

Bezirk: Mitte

Mitte

Steckbrief

Bezirk
Mitte

Einwohner*innen
101104

27–45 Jahre
38 %

Über 65 Jahre
13 %

Baudenkmale
685

Mitte. Unendliche Weiten. Breite Straßen und weitläufige Plätze bestimmen das repräsentative Herz Berlins. Gleich dahinter liegen aber schmale Gassen und verwinkelte Höfe. Zwischen Alexanderplatz und Brandenburger Tor, Rosenthaler Platz und Leipziger Straße befinden sich seit dem 13. Jahrhundert die Ursprünge der Stadt. Heute existiert das alte Berlin eher als Idee – es befand sich dort, wo nun das Nikolaiviertel steht (▶ Seite 19). Gleich gegenüber, auf der anderen Seite der Spree, lag die Schwesterstadt Cölln.

In Mitte stand und steht nun wieder das ehemals kurfürstlich und nun neu erbaute Schloss, hier befinden sich die repräsentativen Bauten der Museumsinsel, der Boulevard Unter den Linden und die Friedrichstadt. Auch die Regierungsgebäude waren hier: im Königreich Preußen, im Kaiserreich, in der Weimarer Republik, im Nationalsozialismus. In Mitte war Berlin durchgehend Hauptstadt, auch zu DDR-Zeiten. Daran erinnert nicht zuletzt das unübersehbare Wahrzeichen der Stadt, der Fernsehturm. Der steht auf einer großzügigen Platzanlage nahe Rotem Rathaus und Marienkirche. Ehemals war an dieser Stelle ein dicht besiedeltes Altstadtviertel. Es fiel dem Bombenkrieg und den Umstrukturierungen der Nachkriegszeit zum Opfer. Auch heute wird rings um Rathaus, Kirche und Alex gewohnt, allerdings in sechs-, sieben-, acht- und mehrstöckigen Wohnblöcken aus der Plattenbau-Ära.

Im Gegensatz dazu beginnt nordwestlich des Alexanderplatzes das Scheunenviertel. Als im 17. Jahrhundert der spätere Alex ein Viehmarkt war, wurden hier, noch außerhalb der Stadtmauer, Scheunen für das Tierfutter errichtet. Später wurde das Viertel ein jüdisches Ghetto. Auch die gesamte Spandauer Vorstadt, die sich bis zur Friedrichstraße hinzog, war stark jüdisch geprägt. Im Zweiten Weltkrieg nur wenig zerstört, fristete diese Gegend in den DDR-Jahren ein stilles Dasein, zwar zentral gelegen, doch heruntergekommen.

Einst Zentrum der Subkultur, heute schick saniert: die Spandauer Vorstadt

Nach der Wende blühte hier die legendäre Kunst-, Musik- und Subkulturszene, die Berlin weltweit zum Magneten für Kreative gemacht hat. Was in besetzten Häusern, selbst organisierten Clubs und kleinen Bars begann, etablierte sich im Lauf von drei Jahrzehnten zu höchst erwachsenen Gastronomiebetrieben. Auf die Künstler*innen folgten die Unternehmen, die aus dem Gammelcharme schmucke, energieoptimierte und denkmalschutzgerechte Gründerzeithäuser heraussanierten. Die jungen Leute debattieren und feiern längst in anderen Vierteln, die experimentelle Kunstszene irrlichtert auf der Suche nach bezahlbaren Räumen durch die ganze Stadt. Mit den Plänen für das Haus der Statistik und die Alte Münze kehrt vielleicht ein Teil von ihr zurück – kommunal gestützt und gesteuert. Die Berliner Mitte ist wieder bürgerlich geworden. *Julia Brodauf*

Karte Seite 13

Start
Haltestelle Lustgarten, Bus 100, 245, 300

Ziel
S/U Brandenburger Tor

Länge
2 km

Unter den Linden

Die Pracht des historischen Berlins

Start am **Lustgarten** ❶ zu einem Gang entlang der wichtigsten touristischen Achse der Hauptstadt: **Unter den Linden.** Der mehrspurig befahrene Prachtboulevard war ursprünglich ein Reitweg und verband das **Stadtschloss** ❷ mit dem Tiergarten. Das Stadtschloss ist gerade fertig geworden. Der italienische Architekt Francesco Stella rekonstruierte Barockfassade, Kuppel und Innenhof. Von außen erkennt man nur an der Ostfassade die moderne Bauzeit – doch im Inneren bilden die barocken Bauelemente einen Rahmen für zeitgenössische Architektur und vor allem das zeitgemäße Innenleben.

Alle Informationen zum Stadtschloss unter www.humboldtforum.de

Ins sogenannte **Humboldt-Forum** sind hochkarätige Museen eingezogen und eine spektakuläre technische Ausstattung und Veranstaltungsräume möchten das kulturelle Erbe Berlins komplex vermitteln.

Das historische Stadtschloss hatte Andreas Schlüter um 1700 zu einer barocken Residenz ausgebaut. Den Grundstein legte bereits 1441 der Kurfürst Friedrich II., und zwar genau in die Mitte zwischen Alt-Berlin und Cölln. Es war eher eine Burg, von erbosten Bürgern gar als „Zwingburg" geschmäht. Empört trugen sie Steine von der Baustelle und blockierten die Bauarbeiten. Der darob erboste Kurfürst drohte der Stadt schließlich gar mit Krieg.

Auch der spätere Schlüterbau machte seinen Bewohnern nicht nur Freude. Victoria, Mutter des letzten deutschen Kaisers Wilhelm II., fand es zugig und kalt und vermisste die Bäder und Wasserklosetts ihres englischen Heimatschlosses. Das Berliner Schloss war im Zweiten Weltkrieg schwer beschädigt und 1950 von der DDR-Regierung abgerissen worden. Stattdessen erbaute man hier den **Palast der Republik,** zentrales Kulturhaus der DDR, in dem auch das machtlose Parlament, die Volkskammer, tagte. Das Gebäude wurde nach der Wende asbestsaniert und von 2006 bis 2008 schließlich abgetragen (und teilweise in ein Hochhaus in Dubai verbaut). Ein Kunst-am-Bau-Projekt des Künstlers Tim Trantenroth hat die Fassade des Palasts im Treppenhaus des Schlosses reinszeniert.

Reiterstandbild Friedrichs II. Unter den Linden

Um das Schloss herum ist derzeit viel steinerne Fläche. Ob daraus ein lebendiger, urbaner Raum wird, wird sich zeigen, wenn auch das Denkmal für die deutsche Einheit namens „Bürger in Bewegung“ am Flutgraben fertiggestellt sein wird – die begehbare, selbstschaukelnde „Einheitswippe“.

Hinter dem Schloss befindet sich das ehemalige **Staatsratsgebäude** ❸ der DDR, darin eingebaut ein Portal des alten Stadtschlosses. Rechts über die Spreebrücke kommt man zum Werderschen Markt und passiert dabei den Ort, an dem die **Schinkelsche Bauakademie** ebenfalls rekonstruiert werden soll, ein Gerüst markiert die Stelle. Gegenüber steht der Neubau des **Auswärtigen Amtes** ❹, der an das historische Haus am Werderschen Markt anschließt, das 1913 für die Reichsbank gebaut wurde. In der DDR-Zeit residierte hier das Zentralkomitee der SED. Auch am Platz befindet sich die **Friedrichswerdersche Kirche** ❺, die erste neugotische Kirche der Stadt, erbaut von Karl Friedrich Schinkel. Sie dient der Nationalgalerie als Ausstellungsraum für Skulpturen. Begeben wir uns zurück zur Karl-Liebknecht-Straße am Schlossplatz.

Rechter Hand ist die Rekonstruktion der historischen Mitte so gut wie abgeschlossen: Der Lustgarten macht den Auftakt zur **Museumsinsel.** Nach dem Willen Friedrich Wilhelms III. und seines Architekten Karl Friedrich Schinkel wurde die Inselbebau-

Schinkel Pavillon
Oberwallstraße 1
(030) 20 88 64 44
www.schinkelpavillon.de
Do–So 12–18 Uhr
Zeitgenössische Kunst

Friedrichswerdersche Kirche
Infos unter
www.smb.museum

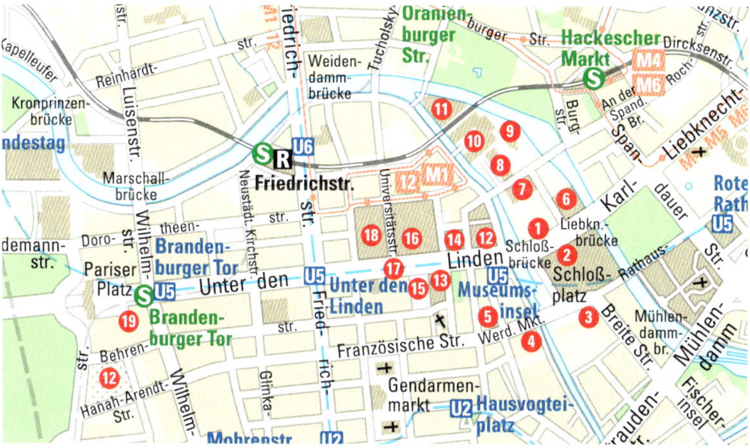

Information Museumsinsel
www.smb.museum
(030) 2 66 42 42 42

James-Simon-Galerie
Besucherzentrum der Museumsinsel
Tgl. 9.30–18.30,
Do bis 20.30 Uhr

ung zu einer an die Akropolis angelehnten Gruppierung tempelartiger Bauten. Das Museums-Ensemble ist reich an Kunstschätzen von der Antike bis zum 19. Jahrhundert und vermag kunsthistorisch Interessierte viele Tage lang zu beschäftigen.

In den 1820er-Jahren begann Schinkel mit der Planung und dem Bau der Museumsinsel, Peter Joseph Lenné entwarf den zur klassizistischen Strenge passenden Rasenplatz. Der ursprüngliche Lustgarten geht noch auf die Gartenanlagen der ersten, kurfürstlichen Burg zurück. An seiner Ostseite thront der **Berliner Dom** 6. Seine Geschichte ist ebenso lang wie die des Schlosses, die Vorgängerbauten wurden zunächst von Schinkel ersetzt. Aber der Dom sollte noch prächtiger werden und wurde von Schinkel-Schüler August Stüler überarbeitet. Die Bauarbeiten kamen zwischendurch zum Erliegen und wurden erst 1904 von Julius Raschdorff noch prunkvoller vollendet. In der Gruft des Doms können die Särge zahlreicher Mitglieder des Hauses Hohenzollern besucht werden.

Gegenüber beeindruckt die mächtige Säulenreihe des **Alten Museums** 7. Davor steht eine Granitschale mit fast sieben Metern Durchmesser, gefertigt

aus einem riesigen, brandenburgischen Findling. Sie sollte eigentlich im Museum stehen, passte aber nicht durchs Portal. Das Alte Museum beherbergt seit 1904 die Antikensammlung und eine Auswahl der Münzsammlung.

Links daneben führt eine Freitreppe zum neuen Besucherzentrum der Museumsinsel, der **James-Simon-Galerie** mit beeindruckender Säulenhalle.

Von hier aus gelangt man in das **Neue Museum** 8. Von David Chipperfield architektonisch ergänzt, komplettiert es die Museumsinsel mit dem Ägyptischen Museum und den Antikensammlungen. Hier ist Berlins berühmtester Kunstschatz, die Nofretete, zu sehen und auch der „Berliner Goldhut" aus der Bronzezeit.

Daneben liegt die **Alte Nationalgalerie** 9, die einem römischen Tempel nachempfunden ist und die Kunst des 19. Jahrhunderts ausstellt: Meisterwerke von Caspar David Friedrich, Adolph Menzel oder Max Liebermann belegen den Übergang von Klassizismus und Romantik bis zur beginnenden Moderne.

In nördlicher Richtung wartet noch ein besonders beeindruckender musealer Ort: Der 36 Meter breite und 34 Meter tiefe Pergamonaltar kam im 19. Jahr-

Altes Museum
Am Lustgarten
Tgl. außer Mo 10–18 Uhr,
Do bis 20 Uhr

Alte Nationalgalerie
Bodestraße 1–3
Tgl. außer Mo 10–18 Uhr,
Do bis 20 Uhr

Pergamonmuseum
Am Kupfergraben 5
Tgl. 10–18 Uhr,
Do bis 20 Uhr

Bode-Museum
Monbijoubrücke
Tgl. außer Mo 10–18,
Do bis 20 Uhr

Neues Museum
Bodestraße 1–3
Tgl. 10–18 Uhr,
Do bis 20 Uhr

Schöne, neue alte Fassade: Der Wiederaufbau des Berliner Stadtschlosses ist umstritten

Wilhelm von Humboldt, Gründer der Humboldt-Universität vor ebendieser

hundert nach Berlin. Für ihn wurde eigens das ursprünglich jüngste Gebäude der Museumsinsel, das **Pergamonmuseum** ⑩, gebaut, das heute auch das Vorderasiatische Museum sowie das Museum für Islamische Kunst beherbergt. Bis 2024 wird das Gebäude allerdings saniert und der Pergamonaltar ist nicht zugänglich. Ersatzweise lässt er sich in einer Panorama-Installation des Künstlers Yadegar Asisi bewundern.

Das **Bode-Museum** ⑪ an der nördlichen Spitze der Insel wurde 1904 als Kunstmuseum eröffnet. Verglichen mit seinen klassizistischen Nachbarn ist es ein quirliger, neobarocker Stilmix. Es ragt wie ein Schiff in die Spree und präsentiert die Skulpturensammlung und das Museum für Byzantinische Kunst.

Zurück in Richtung Süden, nach Überqueren der Schlossbrücke, finden geschichtlich Interessierte das **Deutsche Historische Museum** ⑫ im rosafarbenen **Zeughaus**. Es wurde um 1700 errichtet und ist damit das älteste Gebäude des Boulevards Unter den Linden. Seine ursprüngliche Funktion war die eines Waffenlagers, daran erinnert sein Fassadenschmuck: Legionärshelme auf der Südseite, maskenartige Gesichter gemarterter Krieger im Innenhof.

Dem Zeughaus gegenüber liegt das **Kommandantenhaus.** Die historisierende Fassade täuscht: Das Gebäude wurde von der Bertelsmann AG erst 2003 in Anlehnung an vage Erkenntnisse über die ursprüngliche Bebauung neu errichtet und ist von innen ein modernes Bürohaus. Wir bleiben auf der Straßenseite des Zeughauses und betrachten von hier aus das **Kronprinzenpalais** und das **Prinzessinnenpalais.** Hier befindet sich die Kunsthalle der Deutschen Bank mit dem schmissigen Namen „Palais Populaire". Daran schließt die **Staatsoper Unter den Linden** ⑬ an, die G. W. von Knobelsdorff für Friedrich II. erbaute.

Wir gehen weiter die Nordseite der Linden entlang. Das kleine, tempelartige Gebäude neben dem Zeughaus ist die **Neue Wache** ⑭. Sie wurde von Karl Friedrich Schinkel 1816 als Königswache entworfen und ist heute Zentrale Gedenkstätte der Bundesrepublik. Dahinter befindet sich das **Maxim Gorki Theater** und, daran angebaut, das **Palais am Festungsgraben.** Letzteres war ein Geschenk Friedrichs II. an seinen Kammerdiener, überstand als ein-

Deutsches Historisches Museum
Unter den Linden 2
(030) 20 30 40
Tgl. 10–18 Uhr
www.dhm.de

Prinzessinnenpalais – Palais Populaire
Unter den Linden 5
Tgl. außer Di 11–18,
Do 11–21 Uhr
www.db-palaispopulaire.de

ziger Bau in der Umgebung den Zweiten Weltkrieg unversehrt und kann mit einer ganzen Reihe unterschiedlicher, prachtvoller Original-Säle aufwarten – ein Ort für Festivitäten, aber auch für Kultur: Das **Theater im Palais** spielt seit 1990 mit literarischem Schwerpunkt. Das Haus hat allerdings hohen Sanierungsbedarf, weswegen seine zukünftige Nutzung aktuell diskutiert wird.

Nun überqueren wir doch die Straße, um einen Blick in das Fenster auf dem Boden des **Bebelplatzes** 15 zu werfen. Es ist das **Mahnmal** des israelischen Künstlers Micha Ullmann, das an die Bücherverbrennung erinnert. An dieser Stelle warfen 1933 auf Anweisung von Goebbels Studenten 20 000 „undeutsche" Bücher ins Feuer.

Am Bebelplatz steht auch die **Sankt-Hedwigs-Kathedrale,** Kathedrale des Bistums Berlin, sowie die ehemalige **Königliche Bibliothek,** heute juristische Fakultät der **Humboldt-Universität** 16. Deren Hauptgebäude befindet sich gegenüber auf der Nordseite der Linden. Dort säumen die Statuen der Brüder Alexander und Wilhelm von Humboldt den Boulevard, letzterer Gründer der altehrwürdigen Uni.

Am **Reiterstandbild** 17, das Friedrich II. zeigt, beginnt endlich der baumbestandene Mittelstreifen, der der Straße ihren Namen gibt: Wir gehen nun unter Linden. Rechts liegt die **Staatsbibliothek** 18 (mit lauschigem Innenhof). Es kreuzt die Friedrichstraße.

Auf der linken Straßenseite kommt der trutzige Bau der Russischen Botschaft in Sicht, zwei Häuser weiter residieren in der Wilhelmstraße die Briten. Am Ende des Boulevards öffnet sich der Pariser Platz mit dem **Brandenburger Tor,** Wahrzeichen Berlins. Ursprünglich stand hier ein Stadttor, das die Stadt zum Tiergarten und dem dahinter beginnenden

Maxim Gorki Theater
Am Festungsgraben 2
(030) 20 22 11 15
www.gorki.de

Theater im Palais
Am Festungsgraben 1
(030) 2 01 06 93
www.theater-im-palais.de

Café Einstein
Unter den Linden 42
(030) 2 04 36 32
Mo–Fr ab 7, Sa/So ab 8 Uhr
Renommiertes Caféhaus und Promitreff auf der Sonnenseite des Boulevards

Seit 1990 ist das Brandenburger Tor ein Symbol der Deutschen Einheit

Akademie der Künste
Pariser Platz 4
(030) 2 00 57 10 00
Tgl. 10–22 Uhr
Ausstellungen:
Di–So 11–20 Uhr
www.adk.de

Max-Liebermann-Haus
Pariser Platz 7
(030) 22 63 30 30
www.stiftungbrandenburgertor.de
Mo, Mi, Do, Fr 10–18 Uhr
Sa/So 11–18 Uhr

Brandenburg abgrenzte. Der heutige, neoklassizistische Bau aus Elbsandstein wurde 1788–91 von Carl Gotthard Langhans errichtet. Die sechs dorischen Säulen, jede 15 Meter hoch, haben am Fuß einen Durchmesser von 1,75 Metern. Die Skulpturen von Mars und Minerva in den Torhäusern hat Johann Gottfried Schadow entworfen, ebenso die Quadriga auf dem Dach. Die Wagenlenkerin, die Siegesgöttin Viktoria, wurde 1806 von Napoleon als Kriegsbeute nach Paris entführt. Acht Jahre später brachte Feldmarschall Blücher sie wieder zurück.

Der Pariser Platz wurde im Krieg zerstört und war im geteilten Deutschland Grenzgebiet. Bis zur Wende stand hier nichts, nur die Mauer führte direkt am Brandenburger Tor vorbei. Inzwischen wurde der Platz auf den alten Grundrissen neu bebaut. Zu finden sind hier das Adlon, Luxushotel Berlins schlechthin, daneben der Neubau der **Akademie der Künste** 19, die DG-Bank und die Botschaft der Vereinigten Staaten von Amerika.

Der Maler Max Liebermann beschrieb den Weg zu seinem Haus am Pariser Platz einst so: „wenn man nach Berlin reinkommt, gleich links“ – vom Tiergarten kommend. Hier steht das Haus auch heute wieder. Der ursprüngliche Bau von Stüler wurde von Josef Paul Kleihues rekonstruiert und beherbergt die Stiftung Brandenburger Tor. Nachbarn sind die Dresdner Bank und die Französische Botschaft.

Das Holocaust-Denkmal erinnert an die ermordeten Juden Europas

Hinter dem Brandenburger Tor endet dieser historische Teil Berlins schlagartig. Die ehemaligen fürstlichen Jagdgebiete sind ein riesiger Park, der Tiergarten. Im Norden liegt das Regierungsviertel, im Süden sieht man schon die bunt leuchtende Kuppel des Sony Centers am Potsdamer Platz. Wir machen einen letzten

Abstecher auf die Rückseite von Adlon und Akademie der Künste zum **Holocaust-Denkmal.**

Dieses architektonisch einzigartige **Denkmal für die ermordeten Juden Europas** ⑳ wurde 2005 nach einem Entwurf von Peter Eisenman fertiggestellt. 2711 leicht geneigte Betonquader unterschiedlicher Höhe bilden ein steinernes Meer, in dem jeder Besucher Isolation empfindet. Den sinnlichen Eindruck des Verlassenseins ergänzt ein Dokumentationszentrum um die historischen Fakten. Auch das **Denkmal für die im Nationalsozialismus verfolgten Homosexuellen** gegenüber im Tiergarten und das **Denkmal für die im Nationalsozialismus ermordeten Sinti und Roma,** das 2012 in der Scheidemannstraße zwischen Brandenburger Tor und Reichstag eingeweiht wurde, erinnern an die Verbrechen jener Epoche.
JULIA BRODAUF

Denkmal für die ermordeten Juden Europas
Ort der Information unter dem Stelenfeld
(030) 2 00 57 10 00
Apr.–Sep. Di–So 10–20 Uhr, Okt.–März 10–19 Uhr
Stelenfeld tgl. 24h geöffnet
www.stiftung-denkmal.de

Alexanderplatz & Nikolaiviertel
Zwischen Disneyland und Bärenzwinger

Zum Ursprung Berlins Der Ort, an dem Berlin gegründet wurde, ist heute eine städtebauliche Skurrilität: Das Nikolaiviertel ist eine künstliche Altstadt, neu erbaut in den 1980er-Jahren. Es liegt in Laufweite der zentralen Berliner Sehenswürdigkeiten. Die ursprüngliche Mitte der Stadt ist ein merkwürdig rauer Ort. Ein beeindruckender allerdings - Spuren und Narben von Altem und Neuem sind fest ineinander verwachsen.

Karte Seite 20

Start
S/U Alexanderplatz
Ziel
U Märkisches Museum
Länge
2 km

Dieser Spaziergang führt vom Alexanderplatz vorbei an Fernsehturm, Marienkirche und Rotem Rathaus zu besagtem Nikolaiviertel. Und dann finden wir an der Franziskaner-Klosterkirche doch noch romantisch-historische Spuren. Ein interessanter Abstecher führt zum Märkischen Ufer.

Start ist am **Alexanderplatz,** der heute 80000 Quadratmeter groß ist und täglich 300000 Passanten verzeichnet. Ursprünglich war er schlicht der Platz vor dem nördlichen Stadttor, dem Georgentor, und diente dem Viehhandel. Außen herum wurden Woll-

Haus der Statistik
Alexanderplatz 1
Der ehemalige Sitz der Staatlichen Zentralverwaltung der Statistik (SZS) der DDR wird derzeit in einem offenen Werkstattverfahren in eine neue Nutzung überführt. Weitere Infos: www.hausderstatistik.org

Ohne ihn wären manche Berliner orientierungslos

manufakturen errichtet. Der südliche Teil des Platzes jedoch wurde im 18. Jahrhundert zum Exerzierplatz und kam so zu seinem Namen: Zar Alexander I. zu Ehren, der 1805 von Friedrich Wilhelm III. auf dem Paradeplatz empfangen wurde.

Mit dem Bau der Stadtbahn entstand 1870 auch der Bahnhof Alexanderplatz. Anfang des 20. Jahrhunderts wurden elegante Kaufhäuser und auch eine erste U-Bahnlinie gebaut. Der Platz pulsierte im Schein von Leuchtreklamen und war lebhafter Verkehrsknotenpunkt. Im Zweiten Weltkrieg stark zerstört, entstand in den 1960er-Jahren die heute sichtbare Anlage mit Fernsehturm, Haus des Lehrers, Haus des Reisens, Warenhaus, **Weltzeituhr** und Brunnen der Völkerfreundschaft. Aus den frühen 1930er-Jahren stammen die zentral auf dem Platz stehenden, eleganten Bauten **Alexanderhaus** und **Berolinahaus** von Peter Behrens. Zwei neuere Kaufhäuser gehen auf die Architektur ein, doch weder das Einkaufszentrum Alexa noch eine Handvoll Imbissbuden unterstützen die ursprüngliche Eleganz der Planung.

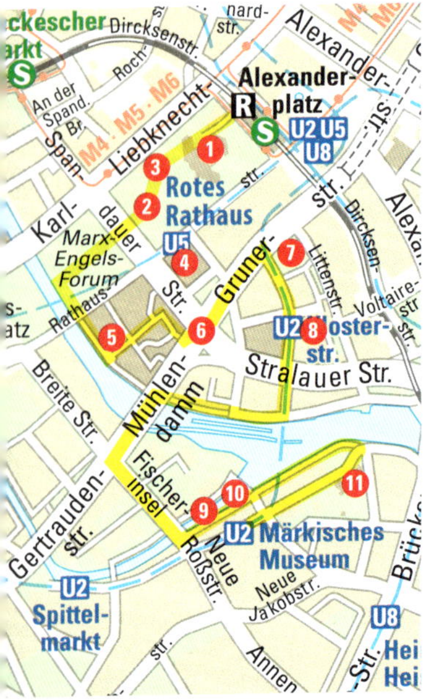

Es hilft die Flucht nach oben in das sich drehende Turmrestaurant im **Fernsehturm** ❶, dem Wahrzeichen (Ost-)Berlins und mit 368,03 Metern höchstem Gebäude Deutschlands. Von hier oben lässt sich auch die weitläufige Platzanlage westlich der Stadtbahn überblicken, die eigentlich keinen eigenen Namen trägt. Ursprünglich lag hier der Neue Markt, umringt von einem nicht mehr vorhandenem Altstadtviertel. Auf der Freifläche steht heute auch der **Neptunbrunnen** ❷, mit dem 1891 der Bildhauer Reinhold Begas berühmt wurde. Neptun, dessen Dreizack in 10 Meter Höhe aufragt, wird von Frauengestalten flankiert, die allegorisch die Flüsse Rhein, Weichsel, Oder und Elbe darstellen. Ursprünglich stand der Brunnen vor dem Stadtschloss – und zwar so, dass Neptuns Blick direkt ins kaiserliche Schlafgemach fiel. Auguste Victoria, Gattin Wilhelms II., fühlte sich gestört und ließ den Brunnen drehen.

In Sichtweite des Brunnens ragt der Turm der **St. Marienkirche** **3** auf, sie ist die zweitälteste Kirche des innerstädtischen Berlins und wurde erstmals 1292 als „Pfarrkirche am Neuen Markt" beurkundet. Den neugotischen Turm gestaltete Carl Gotthard Langhans, weitere architekturhistorische Sehenswürdigkeit ist die Alabasterkanzel von Schlossbaumeister und Bildhauer Andreas Schlüter. Im Vorraum der Kirche bebildert ein Totentanz-Fries nebst dazugehöriger Dichtung das Pestjahr 1484, das Fresko ist einer der bedeutendsten mittelalterlichen Kunstschätze Berlins.

Der andere hohe Turm am Platze gehört unverkennbar zum Berliner Rathaus. Das wird wegen seiner Backsteinfassade **Rotes Rathaus** **4** genannt und ist Sitz des Regierenden Bürgermeisters und des Senats von Berlin. Vor seiner Erbauung in den 1870er-Jahren stand hier noch die mittelalterliche Gerichtslaube. Der Architekt Herrmann Friedrich Waesemann zitierte mit dem Bau sowohl ein westpreußisches Rathaus als auch eine französische Kathedrale. Auf Höhe des ersten Stocks bebildert ein Fries die Geschichte Berlins und Brandenburgs.

Auf der anderen Seite der Spandauer Straße liegt das **Marx-Engels-Forum** – eine Grünanlage, deren Erhalt ähnlich erhitzt diskutiert wird wie einst der des Palasts der Republik. Herzstück ist eine Doppelskulptur der kommunistischen Ikonen Karl Marx und Friedrich Engels. Durch den kleinen Park gelangen wir zur **Spree.** Rechter Hand erhebt sich imposant der **Berliner Dom** (▶ Seite 14), wir aber wenden uns nach links und spazieren in Richtung **Nikolaiviertel** **5**. Um es zu erreichen, überqueren wir noch die Rathausstraße und setzen den Weg fort bis zu einem kleinen Platz, auf dem die Bronzeskulptur „St. Georg im Kampf mit dem Drachen" von 1853 thront. Sie stand ursprünglich auf dem Hof des Berliner Stadtschlosses. Um sie herum kann man in verschiedenen gutbürgerlichen Gaststätten speisen und dabei über den Fluss auf die schmucke Rückseite des Marstalls blicken.

Wir sind nun mitten im Nikolaiviertel, das sich in annähernd malerischen kopfsteingepflasterten Gassen um die **Nikolaikirche** gruppiert. Doch die Altstadt

Im Roten Rathaus wird Berlin regiert

Berliner Fernsehturm
Panoramastraße 1a
März–Okt.
tgl. 9–24 Uhr,
Nov.–Feb.
tgl. 10–24 Uhr
www.tv-turm.de

Aussichtsterrasse auf dem Park Inn
Apr.–Sep. 12–22,
Okt.–März 12–18 Uhr

Illuseum Berlin
Viel Spaß mit optischen Täuschungen
Karl-Liebknecht-Straße 9
Tgl. 10–20 Uhr
www.illuseum-berlin.de

Essen und trinken wie einst Zille – im historischen Gasthaus Zum Nußbaum

ist nicht original: Historische Berliner Gebäude wurden hier wieder auf- oder nachgebaut und zwar in friedlicher Nachbarschaft zu schmucklosen Neubauten. Man ist hier eigentlich weder in der Stadt, noch in Berlin, und doch am ältesten Punkt der Stadt, dort, wo Alt-Berlin mit Cölln zu Berlin zusammenwuchs.

Kirche und Viertel haben ihre Ursprünge im 13. Jahrhundert und sollten erstmals anlässlich der 700-Jahrfeier Berlins 1937 in ein repräsentables „Altstadtforum“ umgebaut werden. Vor den Kriegszerstörungen wurde damit aber nur begonnen. Doch als 1987 die 750-Jahrfeier Berlins anstand, wurde die Idee wieder aufgegriffen und umgesetzt – die sichtbare Mischung aus Plattenbau und Ornament ist das Ergebnis.

Ein Streifzug durch das überschaubare Gebiet: Die Kirche ist neu aufgebaut, um sie herum eine Reihe kleinerer Bürgerhäuser. Das 1936 am Mühlendamm abgetragene **Ephraim-Palais** wurde 12 Meter versetzt wieder aufgestellt – das Rokoko-Gebäude steht nun an der Ecke zur Poststraße und beherbergt die Stiftung Stadtmuseum Berlin, die historische und Kunstausstellungen zeigt. Das **Gasthaus Zum Nußbaum** stand im Original von 1571 auf der benachbarten Fischerinsel und wurde von Heinrich Zille, Otto Nagel und Claire Waldoff besucht. Es wurde samt dazugehörigem Baum ins Nikolaiviertel kopiert. Ein Besuch des nahe gelegenen **Zille-Museums** illustriert den Geist der Stadt, der in diesem Viertel aufleben soll. Ebenfalls eine Kopie ist die **Gerichtslaube** des alten Berliner Rathauses, in der sich ein Restaurant befindet.

Der Weg zurück zum Alexanderplatz kann schlicht über den **Molkenmarkt** 6 (ehemals einer der ältesten Marktplätze Berlins, heute große Kreuzung mit dem Verwaltungsgebäude Altes Stadthaus) und die Spandauer Straße erfolgen. In jeden Fall lohnt sich

Nikolaikirche
Nikolaikirchplatz
Tgl. 10–18 Uhr
www.stadtmuseum.de/nikolaikirche

Ephraim-Palais
Poststraße 16
(030) 24 00 21 62
Di–So 10–18, Mi 12–20 Uhr
www.stadtmuseum.de

Heinrich-Zille-Museum
Propststraße 11
(030) 24 63 25 00
Tgl. 11–18 Uhr
www.zillemuseum-berlin.de

aber ein Abstecher auf die andere Seite der vielspurigen Grunerstraße zu einem unvermuteten Kleinod, dem Viertel an der Klosterstraße. Die **Franziskaner-Klosterkirche** 7, heute eine eindrucksvolle Ruine, war Berlins älteste gotische Kirche. Hier stand 1250 eine erste Feldsteinkirche, der noch sichtbare Bau stammt aus dem 15. Jahrhundert. Bereits ab dem 16. Jahrhundert logierten hier statt den Franziskaner-Mönchen die Schüler des Berlinischen Gymnasiums zum Grauen Kloster. Zu dessen Absolventen gehörten K. F. Schinkel und Otto von Bismarck.

Ein respektvoller Blick auf das **Gerichtsgebäude** an der Littenstraße nebenan, das um 1900 das größte Gebäude Berlins nach dem Stadtschloss war. Die prächtige Eingangshalle kann man besichtigen. Im Verlauf dieser Straße finden sich noch einige niedrige Reste der Berliner Stadtmauer. Ihnen folgend führt die Waisenstraße in eine anheimelnde Ecke mit vier erhaltenen Bürgerhäusern aus dem 16. Jahrhundert. Eines davon ist das Gasthaus „Zur letzten Instanz", das seinen Namen dem nahen Gericht verdankt. Schmuck, bezaubernd und gutbürgerlich, am Kachelofen soll bereits Napoleon gesessen haben.

Gegenüber steht die **Parochialkirche** 8. Sie wurde Ende des 17. Jahrhunderts von Johann Arnold Nering entworfen, der auch das Herzstück des Schlosses Charlottenburg gebaut hatte, und hier den italienischen mit dem niederländischen Barock verknüpfte. Im Zweiten Weltkrieg wurde sie stark zerstört und büßte ihren charakteristischen Turm mit berühmten Glockenspiel ein. Erst 2016 konnte dieser wiederhergestellt werden. Die Kirche wird vor allem für Veranstaltungen und nur vereinzelt für Gottesdienste genutzt.

Noch mehr Spuren des alten Berlins finden sich auf der gegenüberliegenden Spreeseite. Wer sich den Umweg über die nächste Brücke sparen will, fährt eine Station mit der U-Bahn bis Märkisches Museum. Am Märkischen Ufer leuchtet die blitzsaubere, weiße Fassade des **Ermelerhauses** 9. Sie stammt aus dem 16. Jahrhundert, wurde aber im 18. Jahrhundert mit Rokoko aufpoliert. Erst vor 40 Jahren wurde das Haus von der Breiten Straße hierher verlegt. Nun steht es elegant an der Friedrichsgracht, und die Gäste des

Zur letzten Instanz
Waisenstraße 14–16
(030) 2 42 55 28
www.zurletzteninstanz.de
Di–Sa 12–1 Uhr,
So 12–22 Uhr
Traditionslokal im Klosterviertel

Märkisches Museum
Am Köllnischen Park 5
(030) 24 00 21 62
Di–So 10–18 Uhr
www.stadtmuseum.de

Alte Münze
Kultur- und Ausstellungszentrum
Am Krögel 2
Geöffnet zu den Veranstaltungen
www.alte-muenze-berlin.de

darin:
The Green – Coffee & Plants
Mo–Fr 10 18,
Sa/So 12–18 Uhr

Am Historischen Hafen

Historischer Hafen Berlin
Am Märkischen Ufer
Ausstellung auf dem Museumskahn „Renate-Angelika“
Sa 14–17 Uhr
www.historischer-hafen-berlin.de

Bärenzwinger
Im Köllnischen Park
(030) 9 01 83 74 61
www.baerenzwinger.berlin
Di–So 12–18 Uhr

hauseigenen Restaurants werden in romantischer Atmosphäre zu Wasser auf einem Boot bewirtet. Mehr Schiffe und Schleppkähne liegen nach der Roßstraßenbrücke am Ufer: Sie gehören zur Sammlung des Historischen Hafens (10), in dem mehrere Vereine historische Schiffe fahrtauglich erhalten. Doch alte Eisen rosten nicht – in den kommenden Jahren sollen die Museumsschiffe zum Osthafen umziehen, aber noch ist es nicht so weit. Am Ufer entlang gelangt man zum Märkischen Museum (11), das Ausstellungen zur Kultur und Geschichte Berlins präsentiert. Hinter dem Gebäude, im Köllnischen Park, war das Berliner Wappentier zu Hause. Seit 2015 der letzte Bär namens „Schnute“ starb, leben im **Bärenzwinger** keine Bären mehr. Vielmehr kann man in den Zwinger nun selbst hinein: Das Kulturamt Mitte veranstaltet hier Ausstellungen ortsspezifischer Kunst. *JULIA BRODAUF*

Friedrichstraße

Friedrich runter, Wilhelm rauf

Karte Seite 27

Start
S/U Friedrichstraße

Ziel
S/U Brandenburger Tor

Länge
4 km

Friedrichstraße „Die Friedrichstraße, welche vom Oranienburger bis zum Hallischen Tore reicht, zeichnet sich nicht sowohl durch ihre Schönheit als durch ihre Länge aus, denn ein mittelmäßiger Fußgänger hat wohl eine gute Stunde nötig, um von einem Ende bis zum andern zu kommen.“ Der Publizist Georg Friedrich Rebmann (1768–1824) in seinen „Kosmopolitischen Wanderungen durch einen Teil Deutschlands“.

Dussmann
Das KulturKaufhaus
Friedrichstraße 90
Mo–Fr 10–24,
Sa 10–23.30 Uhr
www.kulturkaufhaus.de

Galeries Lafayette
Friedrichstraße 76–78
Mo–Sa 10–20 Uhr
www.galerieslafayette.de

Unter all den Friedrichs und Friedrich-Wilhelms des historischen Berlin war es Kurfürst Friedrich III. von Brandenburg, der der Straße den Namen gab. Friedrich krönte sich 1701 selbst zum König, und nannte sich seitdem Friedrich I., König in Preußen. Damit legte er den Grundstein für den preußischen Einheitsstaat und den späteren Aufstieg zur Großmacht. Auch das Stadtviertel rundherum wurde nach ihm Friedrichstadt genannt.

Die **Friedrichstraße** ist heute eine lebhafte Geschäftsstraße, und auch links und rechts von ihr gibt

Der Gendarmenmarkt präsentiert ein großzügig-elegantes Ambiente der neobarocken Art

es viel zu sehen. Mit einem Einkaufsbummel beginne man am **S/U-Bahnhof Friedrichstraße** ❶ (mehr zum Bahnhof ▸ Seite 31). Sofern es gelingt, sich nicht im am Wegesrand liegenden Kulturkaufhaus festzulesen, kreuzt man im Straßenverlauf bald den Boulevard Unter den Linden und hat eine lange Reihe von Bekleidungsgeschäften sämtlicher, doch vorwiegend gehobener Preisklassen vor sich. Hervorzuheben sind die Edel-Einkaufs-Quartiere der **Galeries Lafayette** in Hausnummer 76–78 sowie **The Q** (Friedrichstraße 67–70) und das **Quartier 206** ❷ (Friedrichstraße 71). Die drei Gebäudekomplexe sind durch eine unterirdische Passage miteinander verbunden.

Ein Abstecher nach Osten, beispielsweise in die Französische Straße oder die Jägerstraße, führt zum prächtigen **Gendarmenmarkt** ❸ mit dem Deutschen und dem Französischen Dom, ein großzügig-elegantes Ambiente der neobarocken Art. Seinen Namen bekam der Platz vom Soldatenkönig, Friedrich Wilhelm I., der hier die Stallungen für das Kürassierregiment 10 der preußischen Reiterei aufstellen ließ, die „Gens d'armes". Später war an dieser Stelle sein Sohn Friedrich II. am Werk, ließ die Stallungen abreißen

Historische Ausstellung des Deutschen Bundestages
Gendarmenmarkt,
Deutscher Dom
Di–So 10–18 Uhr
(Mai–Sep. bis 19 Uhr)
www.bundestag.de

KPM Store & Outlet-Store
Königliche Porzellan-Manufaktur Berlin
Friedrichstraße 158
Mo–Sa 10–19 Uhr
www.kpm-berlin.com

Hier reist man mit Limousine an: das Quartier 206

und an die beiden fast identischen Kirchen Türme anbauen. So wurden aus ihnen, zumindest dem Namen nach, der Französische und der Deutsche Dom – von der Funktion her schlichte Kirchen, der Begriff bezieht sich auf die beiden Kuppeln. In beiden Kirchen befinden sich heute historische Museen: Im Deutschen Dom zeigt der Bundestag auf fünf Etagen die Entwicklung der parlamentarischen Demokratie in Deutschland. Die Ausstellung zur Geschichte der Hugenotten im Französischen Dom wird nach Sanierungsarbeiten wieder eröffnet. Durch die Taubenstraße gelangt man von hier aus auch noch zum **Hausvogteiplatz** ❹, auf dem ein Springbrunnen sprudelt. Im 19. Jahrhundert erblühte hier die Berliner Konfektion – über 40 Unternehmen stellten modische Bekleidung her. Viele waren in jüdischer Hand – daher auch das Denkzeichen Modezentrum Hausvogteiplatz, das an 4000 ermordete Juden aus der Bekleidungsbranche erinnert. Rund um den zentralen und doch ruhigen Platz sind in den letzten Jahren hochmoderne Stadthäuser entstanden.

Satt gesehen? Eine Kaffeepause gemacht? Die Taubenstraße (zum Beispiel) führt zur Friedrichstraße zurück. Im Süden der Friedrichstadt tobt touristischer Rummel rund um den ehemaligen Grenzübergang **Checkpoint Charlie** ❺. In Zeiten der geteilten Stadt war dies der Grenzübergang für Ausländer und Diplomaten zwischen West- und Ostberlin. Heute steht hier ein Nachbau des ehemaligen US-amerikanischen Kontrollhäuschens. Das benachbarte Museum informiert über die Berliner Mauer.

Die hier kreuzende **Zimmerstraße** führt zu einem weiteren touristischen Rummelplatz: An der Ecke zur Wilhelmstraße befindet sich die „Trabi-World“.

Kommunikationsmuseum
Leipziger Straße 16
www.mfk-berlin.de
Mi–Fr 9–17, Di 9–20,
Sa/So 10–18 Uhr

Rausch Schokoladenhaus
Charlottenstraße 60
Mo–Sa 10–20, So 11–20 Uhr
www.rausch.de
Pralinenparadies der Edel-Schokomarke, mit Café

Museum am Checkpoint Charlie
Friedrichstraße 43–45
(030) 2 53 72 50
Tgl. 9–22 Uhr
www.mauer-museum.de

Mauer-Panorama
am Checkpoint Charlie
Tgl. 10–18 Uhr
(03 41) 3 55 53 40
www.asisi.de
Das 360°-Panorama von Yadegar Asisi zeigt den Blick von Kreuzberg nach Mitte an einem fiktiven Herbsttag in den 1980er-Jahren

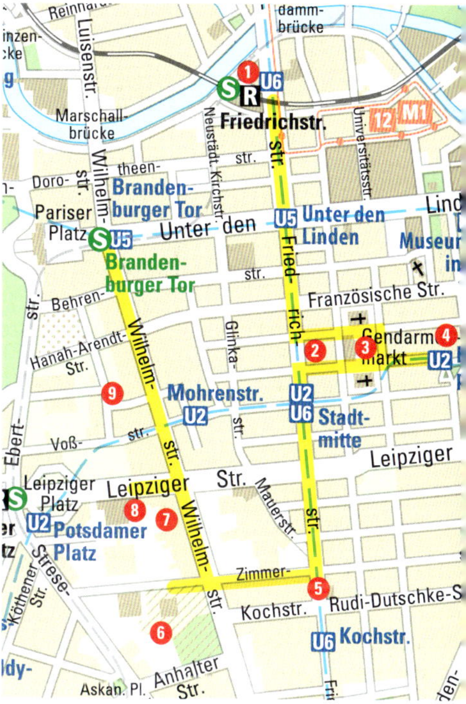

Hier sind die herausgeputzten Trabis geparkt, mit denen man auch per „Trabi-Safari" zur Stadtrundfahrt aufbrechen kann. Auch diverse Roller-Vermietungen sowie der angeleinte Heliumballon **Weltballon** warten auf diejenigen, die Schusters Rappen nicht mehr tragen. Auf der anderen Seite der Kreuzung wird es wieder ernst: Auf dem Gelände befindet sich die Freilichtausstellung **Topographie des Terrors** 6. An diesem Ort befand sich das Hauptquartier der Gestapo samt seiner Folterkeller. In der Nachbarschaft lagen auch die Zentralen von SD und SS im Prinz-Albrecht-Palais in der Wilhelmstraße 102.

Die **Wilhelmstraße** war der Sitz wichtiger Regierungsbehörden Preußens und des Deutschen Reiches. Sie wurde im Zweiten Weltkrieg stark zerstört. Ein monumentaler Regierungsbau der Nazis hat den Krieg überstanden: Im ehemaligen **Reichsluftfahrtministerium** 7 ist das **Bundesministerium für Finanzen** eingezogen (Wilhelmstraße 97). Um die Ecke, in der Leipziger Straße 3–4, tagt der **Bundesrat** 8 in einer spätbarocken Palastanlage von 1899.

Etwas weiter nördlich in der Wilhelmstraße, hinter der Kreuzung mit der Voßstraße, befand sich die **Neue Reichskanzlei** 9 Adolf Hitlers. Im „Führerbunker" hinter der Reichskanzlei beging Hitler im April 1945 Selbstmord. Hier steht heute eine Nobel-Plattenbausiedlung aus den 1980er-Jahren. An die historischen Orte erinnern nur noch Schautafeln (Ecke Voßstraße sowie Gertrud-Kolmar-Straße/In den Ministergärten). Ganz in der Nähe, an der Kreuzung Wilhelmstraße/An der Kolonnade erinnert seit 2011 eine etwa 17 Meter hohe Stahlskulptur an den Hitler-Attentäter Georg Elser. *JULIA BRODAUF*

Topographie des Terrors
Niederkirchnerstraße 8
Tgl. 10–20 Uhr
Eintritt frei
www.topographie.de

Fesselballon Weltballon
Zimmerstraße/Ecke
Wilhelmstraße
Tgl. 10–22 Uhr
(Nov.–März bis 18 Uhr)
Wind-Hotline:
(030) 2 26 67 88 11
www.air-service-berlin.de

Karte Seite 29

Start
S/U Friedrichstraße
Ziel
S/U Friedrichstraße
Länge
4 km

Durch die Friedrich-Wilhelm-Stadt

Drama, Drama, Drama!

Man kann den Bahnhof Friedrichstraße auch über den Hinterausgang verlassen. Über die **Fußgängerbrücke** ❶, die unter den S-Bahngleisen über die Spree führt, gelangt man direkt zum Schiffbauerdamm. Von der Treppe aus lässt es sich direkt in die „Ständige Vertretung" hineinstolpern, um sich für den Stadtspaziergang ganz unberlinisch mit Kölsch und rheinischer Küche zu stärken – die Kneipe folgte ihren Stammgästen beim Hauptstadt-Umzug vom Rhein an die Spree. Von hier aus führt ein schöner Rundgang durch die Friedrich-Wilhelm-Stadt, vorbei an diversen geschichtsträchtigen Theatern, der Charité und immer auf den Spuren Bertolt Brechts. Die Wirkungsstätte des epochalen Dramatikers befindet sich im Theater am Schiffbauerdamm, dem Sitz des **Berliner Ensembles** ❷. Dieses wurde von Bertolt Brecht und Helene Weigel 1949 gegründet und nach Brechts Tod 1956 von Weigel weitergeführt, bis sie selbst 1971 verstarb. Bis heute bilden Brechts Stücke einen Schwerpunkt des Spielplans. Und wer noch Stärkung für den Weg braucht, findet in der Kantine im Souterrain einen angenehm friedlichen Ort.

Berliner Ensemble
Theater am Schiffbauerdamm
Bertolt-Brecht-Platz 1
(030) 28 40 81 55
www.berliner-ensemble.de

Ständige Vertretung
Schiffbauerdamm 8
10117 Berlin-Mitte
(030) 2 82 39 65
Tgl. 10–2 Uhr
www.staev.de
Berlinerisch und rheinisch speisen

Wir überqueren den Vorplatz mit der Brecht-Skulptur und folgen der Straße Am Zirkus bis zur Reinhardtstraße. Diese ist nach dem Regisseur Max Reinhardt (1873–1943) benannt, der das Theater am Schiffbauerdamm leitete, als es noch „Neues Theater" hieß. Auch im Friedrichstadtpalast und im Deutschen Theater hielt Reinhardt zeitweilig die Zügel in der Hand. Zu letzterem kommen wir gleich, zunächst liegt aber noch der große **Bunker** ❸ am Weg, erbaut 1942. Während der Kriegsnächte suchten hier bis zu

Eines der bekanntesten Theater Berlins: das Deutsche Theater mit den Kammerspielen

3000 Menschen Schutz vor den alliierten Bomben. Das quadratische Gebäude war nach dem Krieg zunächst ein Gefängnis der Roten Armee, später Lagerraum der VEB Südfrüchte (im Volksmund Vorweihnachtsbunker). Nach der Wende gab es hier Techno- und auch Fetischpartys, Theater und Kunst. Heute ist er raffiniert und preisgekrönt umgebaut und Sitz der Kunstsammlung Boros und kann nach Voranmeldung besichtigt werden – empfehlenswert!

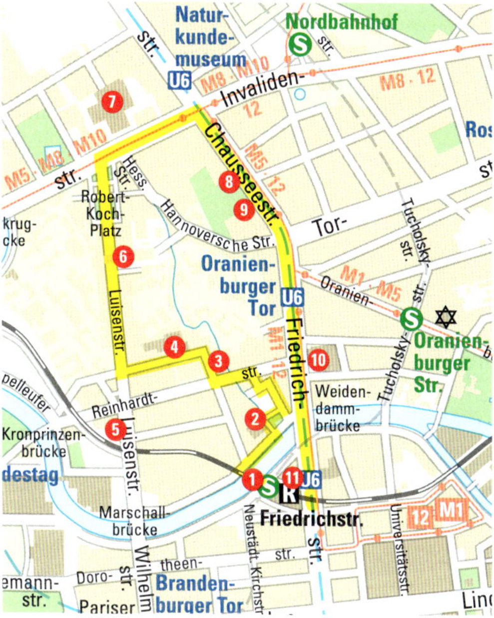

Um die Ecke, in der Schumannstraße, erkennt man den Schriftzug „Verweile doch", der als Skulptur vor dem **Deutschen Theater** 4 steht. Dieses begann seine Geschichte ab 1850 mit volkstümlichem Spielplan und ist heute eines der vier wichtigsten Theater Berlins. Wir folgen der Schumannstraße bis zur Luisenstraße. Hier machen wir noch einmal einen Abstecher linker Hand bis zur Hausnummer 18: In diesem Haus, genannt das **Palais Bülow** 5, wohnten Bertolt Brecht und Helene Weigel nach ihrer Rückkehr aus den USA in die DDR, denn hier residierte der Künstlerclub „Die Möwe", in dem auch Hans Albers, Hanns Eisler, Gustav Gründgens, Erich Kästner, Klaus Kinski, Sophia Loren, Yves Montand oder Carl Zuckmayer Gäste gewesen sein sollen. Heute ist das Haus die Landesvertretung Sachsen-Anhalt, Künstlern bzw. ihren Arbeiten begegnet man eher nebenan im Künstlerhotel Luise. Nun aber wird kehrtgemacht und der Luisenstraße nach Norden gefolgt. Diese führt rechter Hand am Campus der **Charité** 6 vorbei und unterquert das Klinikgebäude an einer Stelle. Zu Beginn des 18. Jahrhunderts waren es „Pesthäuser", die vor der Stadt gebaut wurden und bald zu

Deutsches Theater
Schumannstraße 13a
(030) 28 44 12 25
www.deutschestheater.de

Sammlung Boros
Reinhardtstraße 20
Führungen Do–So ab 10 Uhr
nach Voranmeldung auf
www.sammlung-boros.de

Medizinhistorisches Museum
Campus Charité Mitte
Charitéplatz 1
(030) 45 05 36 15 6
Di/Do/Fr/So 10–17,
Mi/Sa 10–19 Uhr
www.bmm-charite.de

Der Friedrichstadtpalast ist das große Revuetheater Berlins

Brecht-Weigel-Gedenkstätte
Chausseestraße 125
(030) 2 00 57 18 44
Führungen zu jeder halben Stunde:
Di/Sa 10–15.30 Uhr,
Mi–Fr 10–11.30, Do auch 17–18.30, So 11–18 Uhr
www.adk.de

Museum für Naturkunde
Invalidenstraße 43
(030) 20 93 85 91
Di–Fr 9.30–18 Uhr
Sa/So 10–18 Uhr
www.naturkundemuseum-berlin.de

Ca Doro
Café auf dem Dorotheenstädtischen Friedhof
Chausseestraße 126
Fr–So 12–19 Uhr

Lazaretten erweitert wurden. Schon 1729 wurde ein bürgerliches Krankenhaus daraus, über die Jahrhunderte war es Wirkungs- und Forschungsstätte vieler berühmter Ärzte, darunter Rudolf Virchow, Robert Koch und Ferdinand Sauerbruch.

An der Invalidenstraße werfen wir einen Blick nach links zur großzügig **Invalidenpark** benannten Grünfläche mit einem Mauerdenkmal und stoßen rechts auf das Gebäude des **Naturkundemuseums** 7 – schon in der Vorhalle kann man den riesigen Brachiosaurus bewundern. Es ist das weltweit größte aufgebaute Dinosaurier-Skelett. Danach geht es in Richtung Chausseestraße, um dort rechts abzubiegen und in Hausnummer 125 das **Wohnhaus von Brecht und Weigel** 8 zu besuchen.

Das Dramatikerpaar ist nebenan auf dem **Dorotheenstädtischen Friedhof** 9 beigesetzt. Der ist wegen seiner kunstvollen Grabmale denkmalgeschützt. Berühmte Begrabene sind beispielsweise die Professoren Fichte und Hegel, die Schriftsteller Heinrich Mann und Anna Seghers, Komponist Hanns

Eisler, die Widerstandskämpfer Dietrich und Klaus Bonhoeffer, Bundespräsident Johannes Rau und der Dramatiker Heiner Müller. Das Grab des Letzteren erkennt man an den Zigarren, die meist auf der Grabumrandung liegen. Ein Lageplan am Eingang des Friedhofs gibt Orientierung.

Auf dem Rückweg zur Friedrichstraße werfen wir einen Blick rechts in die Hannoversche Straße, wo sich in Hausnummer 28–30 die ständige Vertretung der BRD in der DDR befand. Heute ist hier Dienstsitz des **Bundesministeriums für Bildung und Forschung.** Nach Passieren der Kreuzung Oranienburger Tor sehen wir links die Oranienburger Straße mit dem Kunsthaus Tacheles abbiegen (▶ Seite 36) und gehen weiter bis zum **Friedrichstadtpalast** 10. Das Revuetheater basiert auf Zirkustraditionen, auch am heutigen Standort, eröffnet 1984, residierte zuvor ein Staatszirkus der DDR. Auf dem Pflaster vor dem Eingang sind berühmte Handabdrücke zu sehen – Liza Minelli, Louis Armstrong – im Keller spielt der Quatsch Comedy Club.

Nun noch zwei andächtige Momente: Einmal auf der Weidendammer Brücke, weil sie der Ort ist, wo Erich Kästner Pünktchen Streichhölzer und Anton Schnürsenkel verkaufen ließ. Und einmal vor dem **Tränenpalast** 11 im Schatten des neuen Hochhauses am S-Bahnhof Friedrichstraße, ehemaliger deutsch-deutscher Grenzübergang, der wegen vieler schmerzlicher Abschiede an dieser Stelle so genannt wurde. Im Pavillon kann dem Schmerz und seiner Geschichte sofort auf den Grund gegangen werden: Die Dauerausstellung „Grenz-Erfahrungen. Alltag der deutschen Teilung“ veranschaulicht mittels Zeitzeugeninterviews und Objekten das Leben angeschichts von Teilung und Grenze.

JULIA BRODAUF

Friedrichstadtpalast Berlin
Friedrichstraße 107
www.friedrichstadtpalast.de
Tickets (030) 23 26 23 26
Quatsch Comedy Club
Tickets (01805) 9 69 00 09 69
www.quatsch-comedy-club.de

Tränenpalast
Stiftung Haus der Geschichte der BRD
Reichstagsufer 17
Ausstellung zum Alltag der deutschen Teilung
Di–Fr 9–19, Sa/So 9–18 Uhr
(030) 46 77 77 90
www.hdg.de

Grill Royal
Friedrichstraße 105b
(030) 28 87 92 88
Tgl. ab 18 Uhr
www.grillroyal.de
Szene-Steakrestaurant am Spreeufer

Am Tränenpalast verabschiedete sich zu DDR-Zeiten die West- von der Ostbekanntschaft

Spandauer Vorstadt und Scheunenviertel

Rund um den **Hackeschen Markt** lag das Zentrum des jüdischen Lebens in Berlin. Es begann 1671: Der reformfreudige Große Kurfürst nahm (nicht uneigennützig) die wohlhabendsten der zuvor aus Wien vertriebenen Juden auf. Sie gründeten eine neue Gemeinde und weihten 1714 in der Heidereutergasse eine erste Synagoge ein.

Friedrich Wilhelm war es auch, der nordwestlich des Viehmarktes (dem späteren Alexanderplatz) 27 Scheunen errichten ließ. Zwei Generationen später – aus den Scheunen war mittlerweile ein ärmlicher Stadtteil geworden – befahl der Soldatenkönig Friedrich Wilhelm I. allen Juden den Umzug in dieses **Scheunenviertel.** Als Ende des 19. Jahrhunderts viele osteuropäische Juden vor Pogromen nach Berlin flohen, ließen auch sie sich hier nieder. Um 1930 gab es in der Spandauer Vorstadt und im Scheunenviertel bis zu 300 jüdische Einrichtungen. Dieses facettenreiche jüdische Leben wurde nach der Machtergreifung der Nationalsozialisten zerstört.

Auch baulich verlor der Stadtteil – was durch den Zweiten Weltkrieg nicht verwüstet wurde, verfiel in der DDR-Zeit. Nur die Sophienstraße wurde zur 750-Jahr-Feier Berlins 1987 herausgeputzt. Nach der Wende wurde die Spandauer Vorstadt Heimat der Kunst- und Partyszene. Alles, was jung und bunt war, strömte in die oft leer stehenden Häuser, besetzte sie, organisierte Ausstellungen, gründete Bands, eröffnete Bars – und begründete so den Ruf Berlins als Subkulturmetropole. Dicht auf den Fuß folgten die Investoren. Heute ist das Stadtviertel großenteils schmuck und saniert und verströmt mit seinen schmalen, verkehrsarmen Straßen, über hundertjährigen Wohnhäusern und Gewerbehöfen mit Werkstätten, Galerien und Cafés einen fast kleinstädtischen Charme. Wo sich ein Tor zu einem Hof öffnet, sollte man neugierig hineinsehen, vielleicht versteckt sich eine Galerie hier oder einfach eine schön restaurierte Anlage.

Spandauer Vorstadt & Scheunenviertel

Kunst und Kuppeln

Wir durchstreifen die Spandauer Vorstadt von den Hackeschen Höfen aus in einer Schleife bis zum Oranienburger Tor. Ein Innenstadt-Rundgang, auf dem sich zahlreiche Höfe, Geschäfte, Kneipen und Galerien entdecken lassen.

Der **Hackesche Markt** trägt seinen Namen nach dem preußischen General Hacke, der 1750 das an diesem Ort stehende Spandauer Tor und die Stadtmauern abreißen ließ, um Platz für ein neues Wohnviertel zu schaffen. Hier, in Nähe des Alexanderplatzes, ließen sich Wollmanufakturen nieder, rundherum entwickelte sich eine florierende Bekleidungsindustrie. Direkt an der chaotischen Kreuzung zur Rosenthaler Straße betritt man die **Hackeschen Höfe** ①. Die wunderschön sanierten, teils bunt gekachelten Jugendstilhöfe wurden 1906 nach Konzepten der Lebensreform-Bewegung gebaut: Ruhiges Wohnen, Gewerbe, Handel und Kultur in ein Ensemble zu packen, war revolutionär. Die Gestaltung von August Endell ist zum Teil erhalten, auch heute existieren in den Höfen Theater, Kino, Galerien, Restaurants, Geschäfte und Wohnungen friedlich nebeneinander. Durch den hinteren Ausgang gelangt man in die idyllische **Sophienstraße.** Hier steht die Sophienkirche, geschmückt mit dem einzig barocken Kirchturm der Stadt. Bei Hausnummer 18 blickt man durch die säulengeschmückte Einfahrt in einen betriebsamen Hof. Eine Gedenktafel erinnert an die Geschichte des Anwesens als Sitz des Handwerkervereins. Ansässig sind die **Sophiensaele,** Stätte ambitionierter und prämierter Theater- und Tanzproduktionen.

Spätestens bei Hausnummer 21 lohnt sich das Abbiegen in die **Sophie-Gips-Höfe** ②, die zur Gipsstraße führen. Hier war einmal eine medizinische Gerätefabrik ansässig, die Neugestaltung des Anwesens trägt die Handschrift des neuen Eigentümers: Durchgänge und Freiflächen sind mit modernen Lichtinstallationen, Gartenkunst und Wandmalerei gestaltet. Das ist der **Sammlung Hoffmann** zu verdanken, die in den oberen Stockwerken ansässig ist. Die private Kunstsammlung ist noch bis 2022 in Führungen zu

Karte Seite 34

Start
S Hackescher Markt

Ziel
U Oranienburger Tor

Länge
2,5 km

Ausstellungen zum Thema Nationalsozialismus und Widerstand im Anwesen Rosenthaler Straße 39:

Museum Blindenwerkstatt Otto Weidt
Erster Hof, linker Aufgang
(030) 28 59 94 07
Tgl. 10–18 Uhr
www.museum-blindenwerkstatt.de

Anne-Frank-Zentrum
(030) 2 88 86 56–10
Di–So 10–18 Uhr
www.annefrank.de

neurotitan shop & gallery
im Haus Schwarzenberg
Rosenthaler Straße 39
(030) 30 87 25 76
Mo–Sa 12–20 Uhr
Galerie & Buchladen für Streetart und Comic

Sammlung Hoffmann
Sophienstraße 21
Nur nach Voranmeldung
(030) 28 49 91 20
www.sammlung-hoffmann.de

Clärchens Ballhaus
(030) 5 55 78 54 40
www.claerchensball.haus
Historischer Tanzpalast.

Strandbad Mitte
Kleine Hamburger Straße 16
(030) 24 62 89 63
Tgl. 9–1 Uhr
www.strandbad-mitte.de
Cafe-Bar in einer Sackgasse, direkt an einem von Häusern umstandenen Fußballplatz

Al Contadino Sotto Le Stelle
Auguststraße 36
(030) 2 81 90 23
www.alcontadino.eu
Gehobene italienische Küche aus der Region Basilikata

Jüdische Mädchenschule
Auguststraße 11
www.maedchenschule.org
Kunst und Gastronomie

besichtigen, danach wandert sie als Schenkung nach Dresden.

Die Sophienstraße kreuzt die Große Hamburger Straße. Hier wurde kürzlich der ursprüngliche **Jüdische Friedhof** 3 Berlins aus dem 17. Jahrhundert wieder eröffnet. Auf dem fast 6000 Quadratmeter großen Gelände an der Sophienkirche liegen die sterblichen Überreste von 10000 Berliner Juden und auch von Opfern des Zweiten Weltkrieges. Außerdem sind die Grundmauern des früheren jüdischen Altenheims sichtbar, das von den Nazis als Sammelstelle für Deportationen genutzt wurde. Einziges Einzelgrab ist das von Moses Mendelssohn, dem jüdischen Philosophen und Vorkämpfer der Aufklärung.

Geht man die Große Hamburger Straße in die andere Richtung, kreuzt die Auguststraße. Eine Straßenecke weiter gelangt man auf den **Koppenplatz.** Mitten darauf steht seit 1997 ein überdimensionaler Bronzetisch mit umgekipptem Stuhl – ein Mahnmal, das an Flucht und Deportation jüdischer Bewohner erinnert.

In der **Auguststraße** und der parallel verlaufenden Linienstraße ballen sich Galerien dicht an dicht. Besonders in der Linienstraße genügt aber nicht das Schaufensterln, die Galerien befinden sich in den Innenhöfen zum Beispiel in Hausnummer 155 (neugerriemschneider), 158 (Kuckei & Kuckei) und 161a (Kicken).

Hauptquartier der Kunstszene ist die Kunst-Werke Berlin e.V., kurz **KW,** ansässig in der Hausnummer 69 der Auguststraße, einer ehemaligen Margarinefabrik. Ein Haus für Ausstellungen moderner Kunst, das im internationalen Geschehen mittlerweile aktiv mitmischt und Hauptquartier der Berlinbiennale ist. Im Innenhof ein schönes Café in einem luftigen Kubus des Lichtkünstlers Dan Flavin. Gleich gegenüber ist aus der historischen **Jüdischen Mädchenschule** ebenfalls ein Haus der Kunst geworden: Mehrere hochkarätige Galerien, daneben das Museum „The Kennedys", dazu passend gehobene Gastronomie.

Am Ende der Auguststraße biegen wir links in die Tucholskystraße ein – wer Lust hat, besichtigt zuerst rechter Hand noch drei, vier Galerien – dann aber auf zur Oranienburger Straße. Alternativ kann man auch durch die **Heckmann-Höfe** 4 gehen und in den kleinen Läden und Bars einkehren. An der Ecke Tucholskystraße/Oranienburger Straße steht das ehemalige Kaiserliche **Postfuhramt.** Das Postamt und die Postpferdeställe wurden 1875–1881 auf dem Gelände eines Postillionhauses erbaut und sind von

KW
Institute for
Contemporary Art
Auguststraße 69
(030) 2 43 45 90
Mi–Mo 12–19, Do bis 21 Uhr
www.kw-berlin.de

Heckmann-Höfe
Zugang Auguststraße 10
oder Oranienburger Str. 32

Museum der Stille
Kunstprojekt
Linienstraße 154a
Di–So 14–19 Uhr
Eintritt frei
www.museum-der-stille.de

Die Hackeschen Höfe: im Inneren ein buntgekacheltes Jugendstilensemble

Die Neue Synagoge in der Oranienburger Straße

Neue Synagoge
Oranienburger Straße 28/30
(030) 88 02 83 00
Tgl. ab 10 Uhr geöffnet
www.cjudaicum.de

Tadshikische Teestube
im KunstHof
Oranienburger Straße 27
(030) 2 04 11 12
Mo–Fr ab 16 Uhr,
Sa/So ab 12 Uhr
www.tadshikische-teestube.de
Tee und russische Spezialitäten, innen sitzt man auf Sitzkissen an flachen Tischen. Die Einrichtung stammt vom sowjetischen Stand der Leipziger Messe 1974.

einer Kuppel gekrönt. Das Gebäude galt als eines der aufwendigsten Bürobauten seiner Zeit und soll nach (inzwischen beendetem) kulturellen Zwischenspiel wieder eine Firmenrepräsentanz werden.

Die **Oranienburger Straße** ist eine der wichtigsten Touristenmeilen in Mitte, sie entlang zu spazieren bedeutet (für Anfällige) den Aufenthalt in Nippesläden und Schuhgeschäften. Gleichzeitig ist sie auch eine der traditionsreichsten Straßen: In Hausnummer 67 wohnte Alexander von Humboldt von 1842 bis 1859, Bettina von Arnim betrieb nicht weit davon entfernt ihren Salon. Repräsentativstes Gebäude in der Oranienburger Straße ist die **Neue Synagoge** 5 mit ihrer goldglänzenden Kuppel. Die jüdische Gemeinde hatte um 1860 etwa 28 000 Mitglieder und benötigte dringend eine zweite Synagoge. Eduard Knoblauch begann mit der Planung im „maurischen Stil“, erkrankte aber schwer, worauf der preußische Hofbaurat Friedrich August Stüler das Projekt übernahm und die Innenräume gestaltete. 1866 wurde die Synagoge an der Oranienburger Straße 28/30 eingeweiht. Im Zweiten Weltkrieg stark beschädigt, wurde die Synagoge ab 1988 teilweise wiederaufgebaut. Heute ist hier das **Centrum Judaicum** untergebracht, eine ständige Ausstellung informiert über jüdisches Leben in Berlin. Auch die Kuppel kann besichtigt werden.

Am nordwestlichen Ende der Oranienstraße warten unzählige Tische auf hungrige Stadtspaziergänger. Dabei ruht der Blick auf der verwitterten Fassade des **Tacheles** 6, Überbleibsel einer an sich selbst und am Kommerz gescheiterten Künstlerkolonie in der ehemaligen „Friedrichstraßen-Passage“, erbaut 1907. Im großen Torbogen sind kopflose Reste der Skulpturen zu sehen, die Allegorien des weltumspannenden Handels darstellten. Wo einst Kunden durch die lichten Passagen des Warenhauses mit dem neuartigen Konzept einer Einzelhändler-Gemeinschaft flanierten, dann die AEG einzog und zu DDR-Zeiten ein Kino war, befand sich bis September 2012 eine Openair-Bildhauer-Werkstatt. Nun ist all dies in ein bald fertiggestelltes High-End-Innenstadtquartier eingebettet, zum Trost wird ein Fotografiemuseum einziehen. *JULIA BRODAUF*

Rosenthaler Vorstadt

Lebendige Mitte

Als Berlin noch mit einer Stadtmauer befestigt war, war der **Rosenthaler Platz** ❶ schlicht der Platz vor dem Rosenthaler Tor. Dieses bot jüdischen Reisenden den einzigen Zugang zur Stadt. Heute ist der Platz, Ausgangspunkt für eine Runde durch die nördliche Mitte, eigentlich nur eine Kreuzung. Und zwar eine laute: Die Rosenthaler Straße führt zum Hackeschen Markt, gegenüber der Weinbergsweg hinauf zur Kastanienallee. Die Torstraße kreuzt den Platz und wird von Szenegängern gekreuzt, die unterwegs zu den diversen Clubs der Straße sind. Die fünfte Straße des Rosenthaler Platzes, die **Brunnenstraße,** zieht sich den Berg hinauf bis in den Wedding. Ihr folgen wir. In der Brunnenstraße haben in den letzten Jahren junge Galerien, Hausbesetzer und Investoren ihre sichtbaren Spuren hinterlassen. „Dieses Haus stand früher in einem anderen Land" steht in riesigen Lettern an einer Fassade – ein privates Denkmal des Werbers Jean-Remy van Matt zum 20. Jahrestag des Mauerfalls. Ein paar Meter weiter liegt der kleine **Volkspark am Weinberg** und an seinen Hängen viele Anwohner auf Decken – der kleine Park geht tatsächlich auf Reb-Anbau zurück.

Die Brunnenstraße führt in die **Rosenthaler Vorstadt,** die zwischen Prenzlauer Berg, Wedding und Mitte zentral und dennoch ruhig liegt. Das hektische Leben scheint an dem Gebiet zwischen Ackerstraße und Arkonaplatz vorbeizurauschen. Die Häuschen der friderizianischen Kolonie „Neu-Voigtland" wurden durch spätklassizistische Mietskasernen und ab 1870 durch gründerzeitliche Gebäude ersetzt. Während der Industriali-

Karte Seite 37

Start
U Rosenthaler Platz

Ziel
U Rosa-Luxemburg-Platz

Länge
3 km

Hotel Kastanienhof und Restaurant Ausspanne
Mit einer Sammlung historischer Fotos und Gegenstände
Kastanienallee 65
www.kastanienhof.berlin
www.deutsches-restaurant.berlin

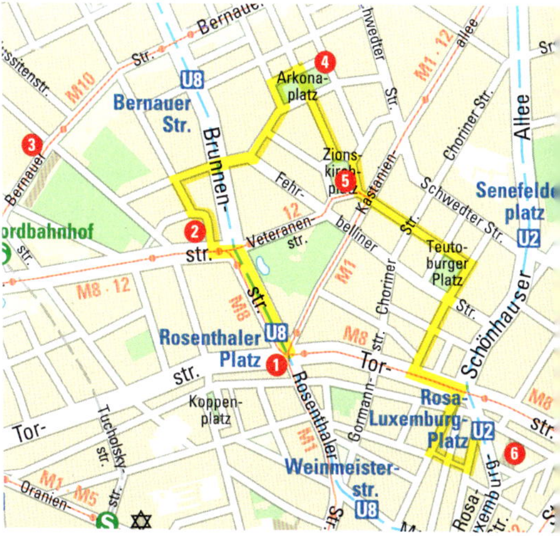

Anlaufpunkt für heimatlose WLAN-Surfer – das Sankt Oberholz

sierung entstand eines der am dichtesten besiedelten Gebiete Berlins. Die Brunnenstraße wurde zu einer lebhaften Geschäftsstraße, daran erinnert das ehemalige **Kaufhaus Jandorf** von 1904, das einer Zukunft als Konferenz- und Geschäftshaus entgegensieht. Davor zweigt links die Invalidenstraße ab. Ihr folgend, stoßen wir an der nächsten Ecke auf den Komplex der **Kirche St. Elisabeth** 2. Sie war Ausgangspunkt der intensiven städtebaulichen Entwicklung der Rosenthaler Vorstadt, als sie 1832 bis 1834 nach Plänen von Karl Friedrich Schinkel erbaut wurde. Die Kirche und das benachbarte Gemeindehaus „Villa Elisabeth" sind Veranstaltungsorte für Kulturprojekte, der kleine Kirchpark ist ein Gartendenkmal. Gegenüber der Kirche liegt der Eingang zur **Ackerhalle,** eine historische Markthalle aus dem 19. Jahrhundert. Ihr Äußeres präsentiert sich noch im Originalzustand, im Innern ist heute ein Supermarkt untergebracht.

Abstecher: Über die Ackerstraße erreicht man die nahegelene Bernauer Straße. Hier befindet sich im ehemaligen Todesstreifen die **Gedenkstätte Berliner Mauer** 3 mit Dokumentationszentrum und Resten der Grenzbefestigung.

Sankt Oberholz
Rosenthaler Straße 72a
(030) 24 08 55 86
Mo–Fr 8–24 Uhr
Sa/So 9–24 Uhr
www.sanktoberholz.de

Gedenkstätte Berliner Mauer
Bernauer Straße 111
(030) 4 67 98 66 66
Apr.–Okt.
Di–So 9.30–19 Uhr
Nov.–März
Di–So 9.30–18 Uhr
www.berliner-mauer-gedenkstaette.de
Dokumentationszentrum
Eintritt frei

Kultur Büro Elisabeth
Invalidenstraße 4a
www.elisabeth.berlin

Hinter der Elisabethkirche führt die Strelitzer Straße zur Anklamer Straße, der wir bis zum Arkonaplatz folgen. Unterwegs kommen wir an der Hausnummer 38/40 vorbei. Das weiß gestrichene Gebäude sowie die dahinter liegenden Höfe sind mit hohem ökologischen Anspruch saniert worden und rein in weiblicher Hand: Das Gründerinnenzentrum **Weiberwirtschaft** beherbergt zahlreiche Gewerberäume, Büros, Praxen und eine Kita.

Der **Arkonaplatz** 4, Schmuckplatz aus der Zeit der wilhelminischen Bebauung, wurde bereits zu DDR-Zeiten restauriert und ist heute eine freundliche Grünanlage mit Spielplatz sowie sonntäglichem Flohmarkt. Quer über den Platz verläuft die Swinemünder Straße, der wir nach Süden bis zum Zionskirchplatz folgen. Hinter ihren gleichförmigen Fassaden verbergen sich Wohnquartiere mit zusammenhängenden, großen Gärten.

Die **Zionskirche** 5 wurde aus Dankbarkeit gebaut: 1861 schlug das erste von insgesamt vier Attentaten, die Kaiser Wilhelm I. insgesamt ereilten, fehl, und so stiftete er 10 000 Mark für den Bau der neoromantischen Kirche durch August Orth. Ab 1931 war hier Dietrich Bonhoeffer Vikar, der sich gegen die Nationalsozialisten engagierte und dafür 1945 hingerichtet wurde. In den 1980er-Jahren formierten sich in der Kirche oppositionelle Gruppen, 1987 wurde das Konzert der West-Band Element of Crime unter den Augen der Volkspolizei von Skinheads überfallen.

Die **Zionskirchstraße** kreuzt die Kastanienallee, wir folgen ihr bis zur Christinenstraße und biegen im Rücken des Pfefferbergs rechts ab. Über Kopfsteinpflaster gelangen wir zur Torstraße, halten uns links und nehmen die nächste rechts: Die Alte Schönhauser Straße, die an der Münzstraße zur Neuen Schönhauser Straße wird, führt in das Herz der Spandauer Vorstadt. Theaterfreunde machen noch einen Abstecher zur **Volksbühne am Rosa-Luxemburg-Platz** 6: Sie wurde um 1910 von der Arbeiterbewegung „Freie Volksbühne“ errichtet, war zu DDR-Zeiten Theater des Gewerkschaftsbundes und machte danach unter der Leitung von Frank Castorf regelmäßig Schlagzeilen mit unangepassten Inszenierungen. In Zukunft soll René Pollesch dies fortführen. JULIA BRODAUF

Zionskirche
Mi–Sa 13–18 Uhr,
Do 20–22 Uhr (mit Musik),
So 10–17 Uhr (mit Gelegenheit zur Turmbesteigung)
www.zionskirche-berlin.de

Volksbühne am Rosa-Luxemburg-Platz
Tickets (030) 24 06 57 77
www.volksbuehne-berlin.de

Monsieur Vuong, Berlin
Alte Schönhauser Straße 46
(030) 99 29 69 24
Mo–Do 12–23 Uhr,
Fr–So 12–24 Uhr
www.monsieurvuong.de
Vietnamesische Küche

Bleibt auch im Zukunft unangepasst: die Volksbühne

Bezirk: Mitte

Tiergarten

Steckbrief

Tiergarten mit Moabit & Hansaviertel

Einwohner*innen
100 507

27–45 Jahre
35 %

Über 65 Jahre
14 %

Skulpturen im Tiergarten
67

Stadtteil der Gegensätze: Der ehemalige Bezirk Tiergarten umfasst ganz unterschiedliche Quartiere. Das vornehme Regierungs- und Botschaftsviertel, das glitzernde neue Stadtquartier rund um den Potsdamer Platz und den proletarisch geprägten Ortsteil Moabit. In letzterem finden sich neben Altbauvierteln und historischen Industriekomplexen auch Europas größtes Kriminalgericht und das bekannteste Gefängnis Berlins.

Gleich westwärts hinter dem Brandenburger Tor beginnt Berlins grünster Fleck, der Große Tiergarten. Ehemals vor den Toren der Stadt gelegen als Kurfürstliches Jagdrevier, überstand Deutschlands zweitgrößte Grünanlage zwei Weltkriege. Er besticht je nach Jahreszeit durch Blütenpracht und schattige Liegewiesen, romantische Schneelandschaften oder Farbenspiele im Frühling und Herbst. Der umgebende Stadtteil trägt denselben Namen und beherbergt viele Sehenswürdigkeiten. Als Schwergewichte einer architektonischen Sightseeingtour bietet der Stadtbezirk die neuen Regierungsbauten am Spreebogen mit Kanzleramt, umgebautem Reichstagsgebäude und gläsernem Hauptbahnhof. Einmal gen Süden durch den Park geschlendert, reihen sich im angrenzenden Diplomatenviertel beeindruckende zeitgenössische Botschaftsgebäude aneinander – jedes für sich ein stilistisch-kulturelles Statement des jeweiligen Landes. Kunstliebhaber kommen im Kulturforum auf ihre Kosten, das mit herausragender Architektur und hochkarätigen Sammlungen von Gemälden, Kunsthandwerk und Grafiken aufwartet.

Gleich um die Ecke liegt das neue Stadtquartier am Potsdamer Platz, das mit seiner futuristischen Architektur zu einem weltweit bekannten Wahrzeichen Berlins geworden ist. Wer etwas gediegenere Baukunst bevorzugt, mag sich am Anblick des Schlosses Bellevue von 1791 erfreuen. Das nahe Hansaviertel aus den 1950er-Jahren ist dagegen ein Highlight der

Der neue Potsdamer Platz mit den Turmhäusern des Beisheim-Centers

klassischen Moderne. Der Zoologische Garten, ein „Ausläufer" des Parks, und das Aquarium begeistern ihr Publikum durch Artenvielfalt und Charakterköpfe – der Zoo gilt als der artenreichste weltweit und ist eine der meistbesuchten Sehenswürdigkeiten Berlins.

Im Stadtteil Moabit, in der nordwestlichen Ecke von Tiergarten, wurde Industriegeschichte geschrieben. Hier finden sich die Ursprünge der Borsigwerke, hier sind der Berliner Großmarkt und der Westhafen zu Hause. Die angrenzenden Gründerzeit-Wohnviertel werden immer beliebter. *Johanna von Stülpnagel*

Karte Seite 43

Start
S/U Zoologischer Garten
Ziel
Haus der Kulturen der Welt, Bus 100
Länge
4 km

Zoologischer Garten Berlin
Hardenbergplatz 8
(030) 25 40 10
Nov.–Feb. 9–16.30 Uhr,
März/Okt. 9–18 Uhr,
Apr.–Sep. 9–18.30 Uhr
www.zoo-berlin.de

Siegessäule
Apr.–Okt. Mo–Fr 9.30–18.30,
Sa/So 9.30–19 Uhr,
Nov.–März
tgl. 9.30–17.30 Uhr

Die Goldelse hält im Sockel noch eine Ausstellung bereit

Zoo & Tiergarten

Von den wilden zu den hohen Tieren

Dieser Spaziergang führt uns vom Bahnhof Zoo quer durch den Tiergarten und durch das Hansaviertel. Der **Bahnhof Zoo** 1, weit über Berlins Grenzen hinaus bekannt, hat einiges an Verruchtheit und Verkehrsbetrieb eingebüßt. Und doch bleibt er allemal ein Erlebnis und ist das Tor zur City-West. Gleich neben dem Bahnhof liegt der **Zoologische Garten.** Der älteste Zoo Deutschlands (von 1844) und zugleich der artenreichste der Welt zeigt auf 35 Hektar rund 18 000 Tiere, denen man fast zum Anfassen nahe kommt. Vom leider verstorbenen Eisbärweltstar Knut kann man immerhin noch eine Gedenkmünze erstehen, deren Erlös dem Zoo zugute kommt.

Doch wir gehen heute nicht in den Zoo, sondern darum herum und gelangen über den Fuß- und Radweg entlang des Zauns über die Lichtensteinbrücke in den **Großen Tiergarten,** das ehemalige Jagdrevier der Kurfürsten. Am Ostufer des **Neuen Sees** bietet das **Café am Neuen See** 2 mit dem dazugehörigen Biergarten samt Bootsverleih eine schöne Rastmöglichkeit. Wege, Wiesen, Skulpturen – es gibt im Park viel zu entdecken.

Die großen Wegeachsen im Tiergarten laufen alle auf einen zentralen Punkt zu: den **Großen Stern** mit der **Siegessäule** 3, die auf der Mittelinsel des Verkehrskreisels aufragt. Die Siegessäule erreicht man, am Rondell angekommen, durch einen Fußgängertunnel. Dort angekommen, kann man die 67 Meter bis zur Plattform zu Füßen der Siegesgöttin Viktoria emporsteigen. Die auch salopp „Goldelse" genannte Dame wurde als Symbol für die preußischen Siege im 19. Jahrhundert auf die Säule gestellt. Allerdings stand die Siegessäule ursprünglich gegenüber des Reichstags. Erst im Rahmen der Umbaumaßnahmen der Nazis zur Reichshauptstadt „Germania" wurde sie auf den Großen Stern umgesiedelt. Heute ist die Siegessäule unter anderem ein Symbol der Berliner LGBTQ-Szene und bildet den Endpunkt der jährlichen Parade am Christopher Street Day (CSD).

An der Nordseite des Großen Sterns, hinter der Bismarckstatue, beginnt der **Englische Garten** 4, ursprünglich ein Teil des Schlossparks Bellevue. Geht man parallel zur Altonaer Straße, kann man an der Ecke zur Bartningallee einen Abstecher nach links oder rechts ins **Hansaviertel** machen (▶ Seite 44).

Läuft man den Spreeweg entlang, gelangt man hingegen zum **Schloss Bellevue** 5. Der heutige Sitz des Bundespräsidenten war ursprünglich (1784) klassizistische Sommerresidenz von Prinz August Ferdinand von Preußen. Links daneben duckt sich dunkel und oval das moderne **Bundespräsidialamt** mit den Büros des Bundespräsidenten und seiner Mitarbeiter.

Weiter am Kanal in östlicher Richtung hinunter erscheint am gegenüberliegenden Ufer die 300 Meter lange „Bundesschlange" 6, ein wellenförmiger Wohnkomplex für Bundesbedienstete. Ein Stück weiter bietet die Kongresshalle, das heutige **Haus der Kulturen der Welt** 7, einen ungewöhnlichen Anblick. Die Kongresshalle wurde von Hugh Stubbins als amerikanischer Beitrag zur Interbau 1957 konzipiert. Das parabelförmige Schalendach stürzte jedoch 1980 ein, es gab ein Todesopfer. Nach dem Wiederaufbau überdacht es heute ein Welt-Kulturzentrum mit wechselnden Ausstellungen und Veranstaltungen. In Hörweite findet sich das größte **Carillion** Europas:

Cafe am Neuen See
Lichtensteinallee 2
(030) 2 54 49 30
Tgl. ab 9 Uhr
www.cafeamneuensee.de
Beliebter Biergarten. Bootsverleih gleich nebenan.

Schleusenkrug
Müller-Breslau-Straße
(030) 3 13 99 09
Tgl. 10–ca. 24 Uhr
www.schleusenkrug.de
Beliebtes Open-Air-Lokal an der Freiarchenbrücke

Restaurantschiff Capt'n Schillow
Straße des 17. Juni
(030) 31 50 50 15
Mo–Fr 12–22,
Sa/So 11–22 Uhr
www.capt-schillow.de

Haus der Kulturen der Welt
John-Forster-Dulles-Allee 10
(030) 39 78 71 75
Tgl. 10–19 Uhr
Ausstellungen
Mi–Mo 11–19 Uhr
www.hkw.de

ein Glockenturm aus Marmor mit insgesamt 68 Glocken, die täglich um 12 und 18 Uhr erklingen. Gleich dahinter schimmern die Umrisse des Kanzleramts durch das Geäst, hier beginnt das Regierungsviertel.
JOHANNA VON STÜLPNAGEL

Karte Seite 44

Start
S Bellevue
Ziel
S Tiergarten
Länge
2 km

Hansaviertel

Ikone der Moderne

Rund um Altonaer Straße und Hansaplatz schmiegt sich das Hansaviertel zwischen Tiergarten und Spree. Der Name geht auf das ursprüngliche, von Hamburger Unternehmen erbaute Wohnviertel zurück und erinnert auch daran, dass Berlin im 14. und 15. Jahrhundert zur Hanse gehörte. Achten Sie auf die Straßennamen: Sie verweisen fast durchgehend auf die Region Hamburg. Im Zweiten Weltkrieg wurde das Wohnviertel weitgehend zerstört und 1957 im Rahmen der Internationalen Bauausstellung nach damals modernsten Maßstäben neu bebaut.

Architektur-Liebhaber finden deshalb hier im südlichen Hansaviertel eine Art Freilichtmuseum der Architektur des sogenannten „Neuen Bauens“ vor

Von berühmten Architekten 1957 für die IBA gebaut: Punkthochhäuser in der Bartningallee

und können auf wenigen Metern Wohnhäuser der bekanntesten Architekten des 20. Jahrhunderts bewundern.

Eine gelbe Tafel gleich an der **S-Bahn-Station Bellevue** ❶ verzeichnet die 35 sehenswerten Bauten. An dieser Stelle ragen schon links und rechts zwei der fünf 16-geschossigen Punkthochhäuser unterschiedlicher Architekten auf – das ganz Linke erbaute Hans Schwippert, rechter Hand waren Lopez & Beaudouin aus Paris am Werk.

Gleich geradeaus am Hanseatenweg liegt das Gebäude der **Akademie der Künste** ❷, davor die Skulptur „Die Liegende" von Henry Moore. Der Hanseatenweg macht eine Kurve durch den Tiergarten. Wo er wieder auf die Bartningallee stößt, blickt man rechts auf Architektur von Max Taut, links auf ein Zeilenhochhaus von Egon Eiermann. Weiter geht es zum **Hansaplatz** ❸, eine weitläufige Freifläche mit niedrigen Ladengebäuden und der Kirche St. Ansgar von Willy Kreuer. Links fällt der Blick auf die Siegessäule, einige moderne Skulpturen und auf das auf dreieckigen Säulen ruhende Zeilenhaus von Oscar Niemeyer. Geradeaus geht es in die Klopstockstraße.

Akademie der Künste
Hanseatenweg 4
Tgl. 10–22 Uhr
(030) 2 00 57 20 00
www.adk.de

Grips-Theater Hansaplatz
Altonaer Straße 22
(030) 39 74 74 77
www.grips-theater.de
Kinder- und Jugendtheater

Kaiser-Friedrich-Gedächtniskirche
Händelallee 22
Mo/Mi/Fr 10–12, Sa 15–16 Uhr (Kirchenführung)
www.ev-gemeinde-tiergarten.de

KPM Berlin
Wegelystraße 1
Mo–Sa 10–18 Uhr
www.kpm-berlin.com

Informationen zum Hansaviertel und zu Führungen
www.hansaviertel.eu

Gleich linker Hand liegt der mit Leca-Platten verkleidete **Bau von Alvar Aalto** ❹. Hier biegt die Händelallee ein. Sie schlägt einen Bogen um eine Ansammlung von Bungalows, vier von Arne Jacobsen in Hausnummer 33–39. Dann öffnet sich der Platz zur **Kaiser-Friedrich-Gedächtniskirche** ❺, die u.a. ein großes Glasfenster von Georg Meistermann schmückt. Weiter geht es zur Händelallee 3–9, erbaut von Walter Gropius, und von dort aus wieder auf der Klopstockstraße in Richtung S-Bahnstation Tiergarten. Es bietet sich noch ein Abstecher zur Werksausstellung auf dem Gelände der Königlichen Porzellan-Manufaktur an, oder – falls gerade Wochenende ist – zum beliebten Flohmarkt zu Füßen des Charlottenburger Tors an der Straße des 17. Juni.

JULIA BRODAUF

Flohmarkt an der Straße des 17. Juni
Sa/So 10–17 Uhr

Karte Seite 48

Start
S Hauptbahnhof
Ziel
S/U Potsdamer Platz
Länge
3 km

Regierungsviertel & Potsdamer Platz
Aufstrebende Neubauten

Das Regierungsviertel und das Quartier am Potsdamer Platz wurden nach der Wende fast komplett neu aus dem Boden gestampft – nur weniges aus der Vorkriegszeit ist erhalten.

Als Startpunkt eines Spaziergangs bietet sich der **Hauptbahnhof** ❶ an. Prunkstück der 2006 eröffneten Station ist die mehrstöckige lichte Halle aus Glas und Stahl. Mit seinen über- wie unterirdischen Gleisen ist der Hauptbahnhof einer der größten Kreuzungsbahnhöfe Europas. Nur wenige Schritte vom Hauptbahnhof entfernt liegt an der Invalidenstraße der **Hamburger Bahnhof – Museum für Gegenwart.** In der ehemaligen Station von 1847 sind bedeutende Sammlungen der Modernen Kunst zu sehen.

Museum für Gegenwart im Hamburger Bahnhof
Invalidenstraße 50–51
(030) 2 66 42 42 42
Di–Fr 10–18, Do bis 20 Uhr, Sa/So 11–18 Uhr
www.smb.museum
Mekka der Modernen Kunst in einem Bahnhof von 1847

Für unseren Spaziergang aber verlassen wir den Hauptbahnhof in südlicher Richtung. An der Straße Alt Moabit sehen wir rechts den großen Komplex des neuen **Innenministeriums** ❷ liegen. Am Spreeufer lohnt sich ein Abstecher nach links: Im 2019 eröffneten **Futurium** geht es um unsere „Zukünfte". In der interaktiven Ausstellung dreht sich alles um die Frage: Wie wollen wir leben? Unser Spaziergang führt uns aber über die Spree – entweder auf der historischen **Moltkebrücke** oder über die neue Fußgängerbrücke – und wir passieren bald das Gebäude der **Schweizer Botschaft** 3. Ihr Altbau zeugt noch vom ehemaligen Diplomatenviertel am Spreebogen, das dem Krieg zum Opfer fiel. Das im Krieg kaum beschädigte Botschaftsgebäude befindet sich, um einen eleganten Anbau der Architekten Diener & Diener ergänzt, in unmittelbarer Nähe zum wuchtigen **Bundeskanzleramt** 4.

Von West nach Ost erstreckt sich mit Kanzlergarten und Bundeskanzleramt beginnend in gerader Linie das **Band des Bundes** der Architekten Axel Schultes und Charlotte Frank. Es reicht über das **Paul-Löbe-Haus** 5 bis hin zum **Marie-Elisabeth-Lüders-Haus** 6 jenseits der Spree in den ehemaligen Ostteil Berlins. Das „Band" zwischen den vormals getrennten Stadtteilen symbolisiert die wiedergewonnene Einheit der Bundesrepublik. Der Baukomplex ist durch zwei Stege über die Spree miteinander verbunden und beherbergt unter anderem die Büros der Abgeordneten und die Parlamentsbibliothek.

Das **Reichstagsgebäude** 7 (1894 erbaut) wurde nach dem Krieg zerstört und dann ohne Kuppel wiederaufgebaut und fristete ein Randdasein an der Mauer. Nach der Wende und dem Umbau durch Sir

Reichstagskuppel im Deutschen Bundestag
Platz der Republik
Tgl. 8–24 Uhr, letzter Einlass 23 Uhr
Besichtigung nur mit vorheriger Anmeldung über ein Online-Formular unter www.bundestag.de/besuche/kuppel.html

Futurium
Alexanderufer 2
10117 Berlin
(030) 4 08 18 97 77
www.futurium.de

Deutsches Spionagemuseum
Leipziger Platz 9
(030) 39 82 00 45
www.deutsches-spionagemuseum.de

Im Paul-Löbe-Haus arbeiten die Abgeordneten des Bundestages: Hier sind ihre Büros

Filmmuseum Berlin
Potsdamer Straße 2
(030) 3 00 90 30
Di–So 10–18, Do bis 20 Uhr
www.deutsche-kinemathek.de
Sehenswerte Sammlung zur Geschichte des Films

Aussichtsplattform Panorama
im 25. Stockwerk des Hochhauses Potsdamer Platz 1
Eingang Alte Potsdamer Straße
(030) 25 93 70 80
Tgl. 10–20 Uhr (letzte Auffahrt 19.30 Uhr)
Panoramacafé
Tgl. 11–19, im Winter bis 18 Uhr
www.panoramapunkt.de

Norman Foster ist es seit 1999 Sitz des Deutschen Bundestages. Die riesige, begehbare Glaskuppel mit tollem Ausblick ist ein Touristenmagnet – wer hinein will, muss sich mindestens zwei Tage im Voraus online anmelden.

Alternativ entflieht man dem Trubel und betritt den Großen Tiergarten in südlicher Richtung. Überquert man die Straße des 17. Juni, erkennt man rechter Hand in der Ferne die Siegessäule. Gleich rechts steht das von Panzern eingerahmte **Sowjetische Ehrenmal** 8, an dem im Zweiten Weltkrieg gefallene Soldaten der Roten Armee begraben sind. Linker Hand erstrahlt das **Brandenburger Tor** in neuem Glanz. Weiter geradeaus durch den urwüchsigsten Teil des Tiergartens gelangt man zum **Leipziger Platz.** Hier hat Ende 2014 die **Mall of Berlin** – das zweitgrößte Einkaufszentrum der Stadt – eröffnet. Angrenzend befindet sich der **Potsdamer Platz.** Die beiden Plätze gehörten im frühen 20. Jahrhundert zu den pulsierendsten Plätzen Europas. Heute erinnert einzig ein Nachbau einer frühen Verkehrsampel am Potsdamer Platz an diese Zeit. Im Krieg dem Erdboden gleichgemacht, lag der Platz in Zeiten des geteilten Berlins im Todesstreifen und erwachte erst nach der Wende jäh aus seinem Dornröschenschlaf. Das Areal wurde zeitweilig zu Europas größter Baustelle. Entstanden ist ein komplett neuer Stadtteil, gebaut von berühmten Architekten. Das Endprodukt gefällt nicht jedem, ist aber ein Wahrzeichen des neuen Berlin.

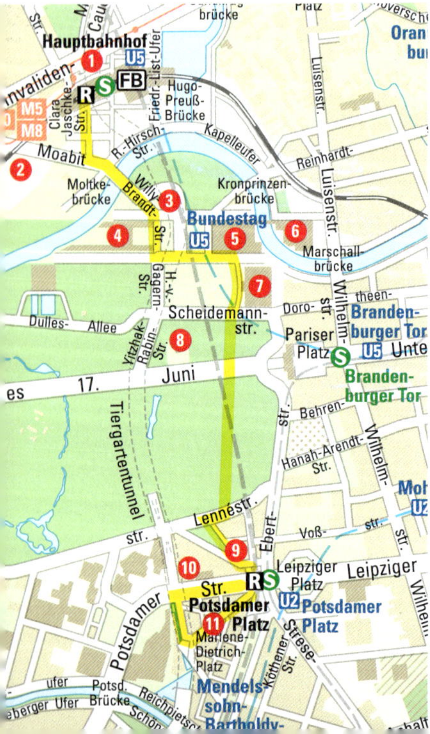

Den besten Überblick bekommt man direkt am Potsdamer Platz. Hier stehen die Hochhäuser von Helmut Jahn (Bahn-Tower), Renzo Piano und Hans Kollhoff. Der Bahn-Tower bietet eine Aussichtsplattform in 96 Metern Höhe. An der Nordseite stehen die beiden Edel-Hotels Ritz-Carlton und Marriot. Sie erinnern architektonisch an klassische, amerikanische Wolkenkratzer und gehören zum **Beisheim Center** 9, das auch Luxusapartments und Büros umfasst. Zentrum des **Sony Centers** 10 auf der Nordseite der Potsdamer Straße ist der überdachte Innenhof. Das spektakuläre zeltartige Glasdach wird nachts bunt illuminiert, der Springbrunnen in der Mitte lädt zum Verweilen und zur Einkehr in eines der Restaurants ein. Der im Gebäude integrierte **Kaisersaal** aus der Jahrhundertwendezeit (den man eigens 75 Meter weit vom Originalstandort „verschob") ist einzig übriggeblieben vom ehemaligen Hotel Esplanade.

Südlich der Potsdamer Straße erstreckt sich die ehemalige **Daimler City** 11 mit dem Marlene-Dietrich-Platz als Mittelpunkt. Der Komplex umfasst Hotels, Wohnungen, Büros, Bars, ein Spielkasino, Musicalbühnen und das Einkaufszentrum Potsdamer Platz Arkaden. Das ehrwürdige **Weinhaus Huth** von 1912 versteckt sich in der Alten Potsdamer Straße 5. Es ist das einzige historische Bauwerk und beherbergt unter anderem die Minimal-Art-Sammlung der Daimler AG. *JOHANNA VON STÜLPNAGEL*

Das Sony Center mit seinem spektakulären Dach

DDR-Grenzwachturm
Erna-Berger-Straße
Tgl. 11–17 Uhr
www.berlinwallexpo.de

Kulturforum & Botschaftsviertel

Musentempel und Diplomatenpaläste

Karte Seite 50

Start
S/U Potsdamer Platz
Ziel
Potsdamer Brücke
Bus M48, M85, M29
Länge
3 km

Südlich des Potsdamer Platzes liegen die Museen des Kulturforums – von hier aus bietet sich ein Spaziergang durch das Diplomatenviertel zur Gedenkstätte Deutscher Widerstand an. Das Gebiet zwischen Landwehrkanal und dem Großen Tiergarten war einst Wohngegend aufstrebender Großbürger und bereits vor dem Zweiten Weltkrieg Diplomatenviertel. Das Quartier, das durch den Krieg zerstört worden war,

Museen der Stiftung preußischer Kulturbesitz:
www.smb.museum
Information Kulturforum Potsdamer Platz:
(030) 266 42 42 42

Neue Nationalgalerie
Potsdamer Straße 50
Di–Fr 10–18, Do bis 20,
Sa/So 11–18 Uhr

Kupferstichkabinett
Matthäikirchplatz 8
Di–Fr 10–18,
Sa/So 11–18 Uhr

Gemäldegalerie
Matthäikirchplatz 4/6
Di–So 10–18, Do bis 20 Uhr,
Sa/So 11–18 Uhr

Kunstgewerbemuseum
Herbert-von-Karajan-Str. 10
Di–Fr 10–18,
Sa/So 11–18 Uhr

erlebte nach der Wende 1989 einen Bauboom, der es zum Schaukasten moderner Architektur machte.

Baubeginn des **Kulturforums** war bereits in den 1950er-Jahren. Ursprünglich entworfen von Hans Scharoun, wurden viele Gebäude des heterogenen Ensembles erst in den 80ern fertig gestellt. 1963 baute Scharoun die **Philharmonie** 1, sie besticht durch ihre markante, goldglänzende Giebelform. Im gleichen Komplex ist auch der **Kammermusiksaal** und das **Musikinstrumentenmuseum** untergebracht. Schräg gegenüber liegt an der Potsdamer Straße die baustilistisch ähnliche **Neue Staatsbibliothek** 2.

Am südlichen Ende des Forums steht als nüchterner Kontrapunkt der gläserne Kubus der von Mies van der Rohe entworfenen **Neuen Nationalgalerie** 3. Neben permanenten Sammlungen Bildender Kunst des 20. Jahrhunderts sind besonders die Wechselausstellungen oft spektakulär. In der Mitte des Forums erinnert einzig die von Stüler entworfene **Matthäikirche** 4 (1844–46) an vergangene Zeiten.

Der Reigen der Museen wird von der **Gemäldegalerie** 5 (europäische Malerei 13.–18. Jahrhundert), dem **Kunstgewerbemuseum** (mit Teilen des berühmten Welfenschatzes) und dem **Kupferstichkabinett** (eine der größten Kunstdruck- und Illustrationssammlungen der Welt) abgerundet.

Wendet man sich gen Norden und biegt links in die Tiergartenstraße, folgt eine bemerkenswerte Reihe Botschaftsgebäude. Der extravagante Neubau der **Österreichischen Botschaft** 6 bildet den Auftakt. Die **Italienische Botschaft** 7 wurde schon zu NS-Zeiten

Luftig und monumental: die Botschaft der Vereinigten Arabischen Emirate

als neoklassizistischer Palast erbaut. Umso schlichter erscheint die Ästhetik der benachbarten **Japanischen Botschaft** ❽. Sehenswert ist auch die luftig-ornamental gestaltete **Botschaft der Vereinigten Arabischen Emirate** ❾ in der Hiroshimastraße. Weiter auf der Tiergartenstraße, blickt man bald hinüber auf die kühn geschwungene, türkise Kupferfassade des „Felleshus". Das Gebäude der **Nordischen Botschaften** ❿ beherbergt die Vertretungen von Dänemark, Norwegen, Schweden, Island und Finnland. Um die Ecke in der Klingelhöferstraße beeindruckt die hoch aufragende, lamellenartige Betonpfeilerfassade der **Mexikanischen Botschaft** ⓫.

Die Straße entlanggehend biegt man auf Höhe der schiffsbugartigen Glasfassade der CDU-Zentrale links ab und folgt dem Reichpietschufer vorbei am markanten Gebäude des von Walter Gropius entworfenen **Bauhaus-Archivs** ⓬ (derzeit wegen Sanierung geschlossen). An der Ecke Stauffenbergstraße gelangt man zum **Bendlerblock** ⓭. Das ab 1914 von verschiedenen militärischen Ämtern genutzte Gebäude ist seit 1993 Berliner Dienstsitz des Bundesverteidigungsministeriums. Im Innenhof des Komplexes, Zugang von der Stauffenbergstraße 18, befindet sich die **Gedenkstätte Deutscher Widerstand.** Hier wurden einige der Offiziere hingerichtet, die am Attentat auf Hitler am 20. Juli 1944 beteiligt waren. In der Hofmitte erinnert eine Gedenktafel an sie. In den Räumen der Gedenkstätte gibt es eine sehr sehenswerte Ausstellung zum deutschen Widerstand gegen die Nationalsozialisten.

Zurück zum Reichpietschufer ostwärts gehend lohnt einen Blick auf die elegante, wellenförmige Fassade des **Shell-Hauses** (1930/31) von Emil Fahrenkamp. *Johanna von Stülpnagel*

Musikinstrumentenmuseum
Ben-Gurion-Straße
Di–Fr 9–17, Do bis 20,
Sa/So 10–17 Uhr
www.sim.spk-berlin.de

Gedenkort für Euthanasie-Opfer
Tiergartenstraße 4
www.stiftung-denkmal.de

Gedenkstätte Deutscher Widerstand
Stauffenbergstraße 13–14
Eingang über Ehrenhof
(030) 26 99 50 00
www.gdw-berlin.de
Mo–Fr 9–18,
Sa/So 10–18 Uhr

Bauhaus-Archiv Museum für Gestaltung
Bis vorauss. 2022 geschlossen, temporärer Standort:
Knesebeckstraße 1–2
(► S. 127)
www.bauhaus.de

Moabit
Insel der Backsteinbauten

Karte Seite 55

Start
S Beusselstraße
Ziel
S Hauptbahnhof
Länge
6,5 km
Wegen der großen Entfernungen empfiehlt sich ein Fahrrad

Moabit, das alte Industrie- und Arbeiterviertel, gilt als unspektakulär. Im Zentrum rund um Turmstraße und Arminius-Markthalle wohnt man meist in Mietshäusern der Gründerzeit. Schick ist anderswo. Dafür hat Moabit das Kriminalgericht und drei Gefängnisse zu bieten. Im Süden grenzt Moabit ans Regierungsviertel, und hier liegen am Spreeufer auch die nobleren Ecken. Nördlich des Hauptbahnhofs ist an der Heidestraße ein ganz neues Stadtviertel mit Wohnungen und Gewerbe entstanden, die Europacity.

Moabit ist von Wasser umschlossen – 25 Brücken führen über die Spree und die drei Kanäle, die es zur Insel machen. Noch bis Ende des 19. Jahrhunderts war es ein ländliches Ausflugsziel. Mit der Industrialisierung wuchsen Fabriken und Mietskasernen.

Der **S-Bahnhof Beusselstraße** ❶ liegt in dem Gebiet, in dem mehrere beeindruckende Industriebauten zu sehen sind. Von hier aus erreichen wir gut das ehemalige **Straßenbahndepot** ❷ in der Wiebehalle. Es wurde um 1900 errichtet und aufwendig saniert – heute parken blinkende polierte Oldtimer in den Räumen. In der „Classic Remise" können Automobilfans ihre blechernen Lieblinge einstellen und finden vor Ort Servicewerkstätten. Außerdem finden Auto-Ausstellungen statt. Wer sich dennoch vom Anblick von Lack und Felgen losreißen kann, erreicht an der Kreuzung zur Huttenstraße das Gelände der ehemaligen **Ludwig Loewe Maschinenfabrik** ❸. Loewe hatte mit Nähmaschinen begonnen, später Gewehre hergestellt und sich ab 1898 auf Werkzeugguss spezialisiert. Das Gebäude der Loewe'schen Fräs- und Bohrmaschinenfabrik mit wuchtigem Säulenportal zur Wiebestraße stammt von Alfred Grenander, der sich als Architekt der Berliner U-Bahn einen Namen machte und beispielsweise den Bahnhof Alexanderplatz baute. Auf dem ehemaligen Loewe-Gelände residiert heute Siemens. Im Verlauf der Huttenstraße gelangen wir zu einem der wichtigsten Industriedenkmäler Berlins: Die **AEG-Turbinenfabrik** ❹. Sie wurde 1908

Zentrum für Kunst und Urbanistik
Ort für künstlerische Projekte
Siemensstraße 27
www.zku-berlin.de

von Peter Behrens errichtet. Die Anlage mit sichtbaren Tragewerkkonstruktionen, großen Glasflächen und polygonalen Giebeln war eine bahnbrechende Abkehr vom historischen Verkleidungsstil und legte die Funktion des Gebäudes offen. Wir folgen der Reuchlingstraße nach Süden und kommen noch an der ehemaligen **Berlin-Anhaltischen Maschinenbau AG** vorbei, ein Backsteinbau, der heute von zahlreichen verschiedenen Gewerben genutzt wird.

Entlang der Kaiserin-Augusta-Allee öffnet sich der Ausblick über die Spree, sie wird im weiteren Verlauf zur Straße **Alt Moabit,** die bis ins Zentrum des Stadtteils führt. An der Gotzkowskystraße ein Blick nach rechts zur gleichnamigen Brücke 5. Auch ihre klassizistischen Pfosten stammen von Grenander. In Hausnummer 48 befand sich das legendäre Hansa-Theater – erbaut wurde es 1888 als Festsaal der Kronenbrauerei, Marlene Dietrich gab hier ihr Debüt. Pläne zur Wiedereröffnung wurden wieder verworfen.

Der Straße folgend, gelangen wir zum Ottoplatz, hier war einmal eine Baumschule. Heute liegt die

Classic Remise/Meilenwerk Berlin
Wiebestraße 36–37
(030) 3 64 07 80
www.remise.de
Autotempel in einem ehemaligen Straßenbahndepot

Fiaker Kaffeerösterei
Bochumer Straße 5
(030) 39 83 58 83
Mo–Fr 9–19,
Sa/So 10–19 Uhr
Wiener Kaffeespezialitäten aus eigener Röstung

Im Kriminalgericht ist Justitia nicht blind, sondern in Gerichtssälen aktiv

Arminiusmarkthalle
Arminiusstraße 2–4
Mo–Sa 8–22 Uhr
www.arminiusmarkt-halle.com

Galerie Nord / Kunstverein Tiergarten
Turmstraße 75 EG
(030) 9 01 83 34 53
Di–Sa 13–19 Uhr
www.kunstverein-tiergarten.de
Städtische Galerie, sehenswerte Ausstellungen zeitgenössischer Kunst

Buchstabenmuseum
Stadtbahnbogen 424
www.buchstabenmuseum.de
Do–So 13–17 Uhr

Grünanlage im Zentrum Moabits. Nach Norden führt die Thusnelda-Allee (die kürzeste Allee Deutschlands, wie jeder Taxifahrer weiß) zur **Turmstraße.** Die Verlängerung der Thusnelda-Allee führt zur **Arminius-Markthalle** 6. Diese beiden Namen erinnern an die dramatische Liebesgeschichte unter Germanen aus dem Jahre 9 – Thusneldas Vater war gegen die Verbindung. Die Markthalle stammt von 1891, ist restauriert, denkmalgeschützt und nach wie vor in Betrieb. Etwas weiter, an der Stromstraße, wurde die ehemalige Schultheiss-Brauerei zu einer Shopping-Mall ausgebaut und 2018 eröffnet.

Nordöstlich der Halle, jenseits der Stromstraße und der Perleberger Straße, erstreckt sich mit dem **Stephanskiez** 7 ein schmuckes, zu 90 Prozent erhaltenes Gründerzeitviertel mit prächtigen Häusern und kleinen Geschäften.

Kommen wir aber nun zu etwas ganz anderem: der Bedeutung Moabits als Standort der Justiz. Das markiert der monumentale Bau des **Kriminalgerichts** 8 in der Turmstraße 89–93, heute Amts- und Landgericht. Hinter der 210 Meter breiten Werksteinfassade mit zwei 60 Meter hohen Türmen verbirgt sich eine ebenso imposante Treppenhalle, die die Bedeutung der Rechtsprechung symbolisch unterstreicht. Es gibt 11 Innenhöfe, 16 Treppenhäuser und 21 Gerichtssäle.

Über die Rathenower Straße erreicht man die zum Gericht gehörige **JVA Moabit** 9. Dort sitzen circa 1300 Untersuchungshäftlinge ein. Über die hohen Mauern und den Stacheldraht sind die Gebäude der denkmalgeschützten Anstalt zu erkennen, in der unter anderem Erich Honecker und Erich Mielke einsaßen. Der konkave, gelbe Backsteinbau im Vordergrund ist das Frauengefängnis, die Flügel dahinter für die männlichen Insassen. Die Haftanstalt aus dem 19. Jahrhundert

An der Spree in Moabit

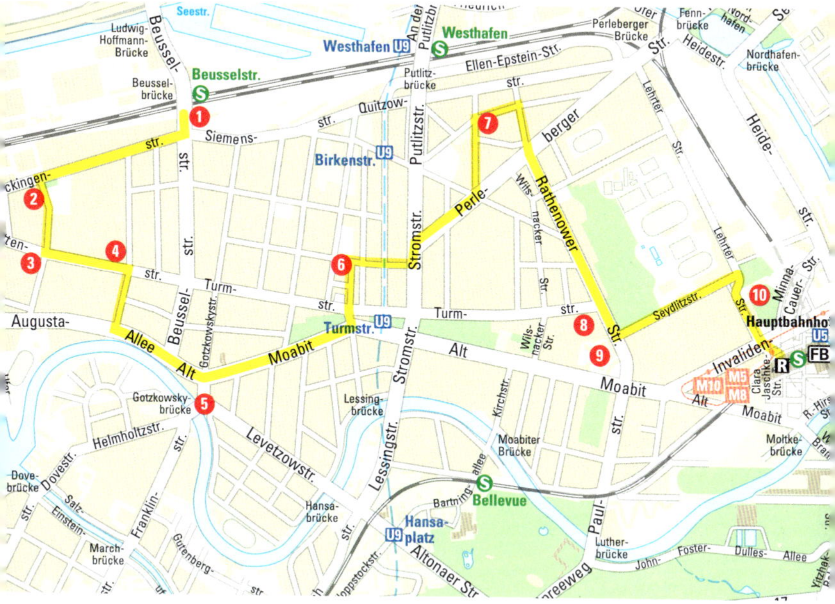

ist nach dem panoptischen System angelegt worden, nämlich mit sternförmigem Grundriss, so dass das ganze Gebäude von der überkuppelten Zentralhalle überwacht werden kann. Vorbild war das Gefängnis von Pentonville in England.

Auch das **Zellengefängnis Moabit** war in den 1940er-Jahren so gebaut worden. Allerdings steht es nicht mehr – ein **Geschichtspark** ⑩ innerhalb der alten Ummauerung befindet sich gegenüber dem Hauptbahnhof zwischen Europaplatz und Lehrter Straße. Tafeln erläutern die Bedeutung der einzelnen Objekte im Park, die Informationen gibt es auch gegen eine geringe Gebühr als Faltblatt bei der Berliner Stadtmission. In diesem Gefängnis saß beispielsweise Wilhelm Voigt, der „Hauptmann von Köpenick" ein. Am Park stehen Backsteinhäuschen, die ehemaligen Beamtenwohnhäuser des Gefängnisses. Besonders verwunschen: In der dahinter gelegenen Kleingartenanlage verwittert der kleine Friedhof für Gefangene und Beamte. *FELIX MÜLLER*

Infoblatt zum Denkmalpark Zellengefängnis
Berliner Stadtmission
Zentrum am Hauptbahnhof
Lehrter Straße 68

Bezirk: Mitte

Wedding

Der rote Wedding gehört nun schon längst offiziell zum Bezirk Mitte und das schlägt sich bei der derzeitigen Lage auf dem Immobilienmarkt auch in den Wohnungsanzeigen nieder. In diesem Stadtteil fungieren eigentlich Betonsilos aus der Wiederaufbau-Zeit als Kulisse für ein internationales Straßenbild. Hier trinkt man schwarzen Tee, ungesüßt, und kauft bei den türkischen Metzgern günstig, aber sehr gutes Fleisch ein. Und dennoch werden inzwischen auch im Sprengelkiez die Laptops aufgeklappt, Bioläden und Latte Macchiato halten Einzug. Diesen lebendigen Kiez am Schifffahrtskanal beschreibt noch keiner unserer Spaziergänge, aber Abenteuerlustigen können wir schon mal ein Café für den Zwischenstopp empfehlen. (▸ S. 58)

Industriebauten verdeutlichen, was der Wedding ursprünglich ist: ein Arbeiterbezirk. AEG, Schering, Osram sind nur die bekanntesten Firmennamen. Im 19. Jahrhundert entstanden riesige Wohnquartiere rund um die Fabriken. Dicht gedrängt lebten die Arbeiter in Mietskasernen. Im berüchtigten Meyers Hof in der Ackerstraße mit seinen sieben düsteren Höfen waren die Wohnbedingungen besonders schlecht. Viele Mietskasernen, so auch Meyers Hof, wurden in den 1970er-Jahren abgerissen. An ihrer Stelle entstanden moderne Wohnquartiere - die Kiezatmosphäre war allerdings dahin.

Interessante Siedlungen der Moderne wurden schon in den 1920er- und 1930er-Jahren am Rand des Weddings gebaut. Heute noch beeindrucken die Klarheit, Offenheit und Übersichtlichkeit der Siedlung am Schillerpark oder der Friedrich-Ebert-Siedlung. Endlich sind nun beide Wohnsiedlungen von der UNESCO zum Weltkulturerbe ernannt worden. In der Nachkriegszeit hingegen musste es schnell und günstig gehen – das Ergebnis ist ein sozialer Wohnungsbau, der aussieht wie ein Abklatsch der Ideen großer Modernisten wie Bruno Taut.

Steckbrief

Wedding mit Gesundbrunnen

Einwohner*innen
179 306

27–45 Jahre
34 %

Über 65 Jahre
13 %

Menschen mit ausländischem Pass
37 %

Die Osramhöfe an der Seestraße gehören zu den kulturellen Leuchttürmen im Wedding

Zu den Maßnahmen, die Lebensqualität in den Mietskasernen zu verbessern, gehörte ebenfalls die gezielte Schaffung diverser Grünanlagen: Der Volkspark Humboldthain, der Volkspark Rehberge und der Grünstreifen entlang des Flüsschens Panke sind so entstanden.

In den letzten Jahren hat auch die Berliner Kunstszene im Wedding Fuß gefasst. Viele Künstler haben hier Ateliers. Die Kolonie Wedding, ein loser Zusammenschluss von ansässigen Künstlern, organisiert regelmäßig Ausstellungen in leer stehenden Lokalen. So ist der Wedding heute ein höchst widersprüchlicher Bezirk und weitaus mehr als ein Problemkiez. Vielleicht hat gerade er von allen Bezirken derzeit die bunteste Mischung aus Berlins Möglichkeiten zu bieten. *Peter Steinhauer & Julia Brodauf*

Karte Seite 58

Start
U Leopoldplatz

Ziel
U Seestraße

Länge
5 km
Wegen der großen Entfernungen empfiehlt sich ein Fahrrad

Abstecher in den aufstrebenden Sprengelkiez

Café Schade
Tegeler Straße 23
(030) 45 79 76 62
www.cafeschade.de

Rund um die Müllerstraße

Der wilde Wedding und die Moderne

Der Leopoldplatz im Wedding ist der Ausgangspunkt für den Spaziergang über die Müllerstraße, zu den Osramhöfen und in einem großen Bogen durch den Norden des Bezirks. Am „Leo“ scheiden sich die Geister: Die Einen finden den Platz einfach nur laut und hässlich. Die Anderen romantisieren die Gegend als Alternative zum Einheitsstil der Einkaufszentren in der Stadtmitte. Es gibt sogar ein Baudenkmal am Leo: Gegenüber dem Karstadt mit Siebzigerjahre-Fassade steht die **Nazarethkirche** 1. Das 1832–34 gebaute, evangelische Gotteshaus ist eine der vier Kirchen, die Schinkel für die nördlichen Berliner Vorstädte entworfen hat. Der Bau wirkt putzig und ein wenig zu klein geraten. Das fand auch die Gemeinde und baute deshalb 1890 im Rücken des Schinkelbaus die deutlich größere neue Nazarethkirche.

Vorbei an der Schinkelkirche führt Sie Ihr Spaziergang weiter die Müllerstraße hinauf. Zwischen den

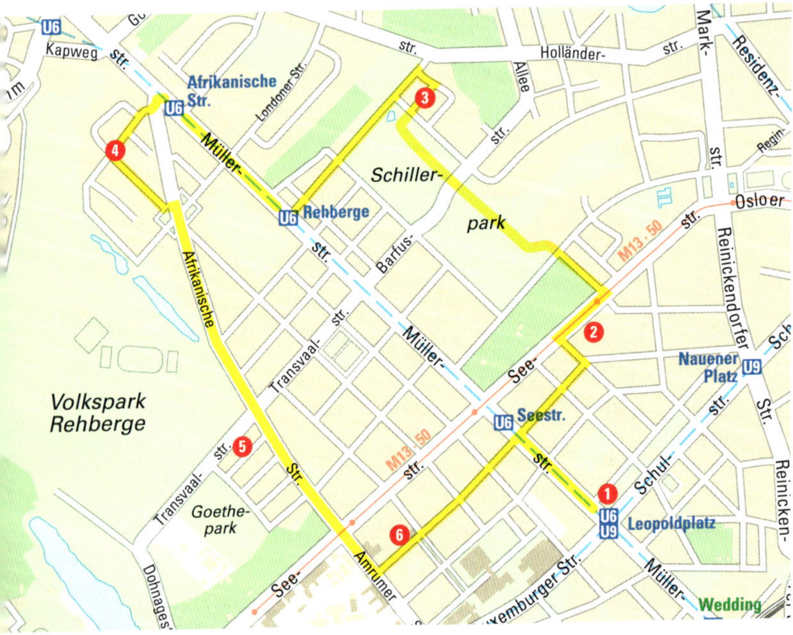

Als Schinkel die Nazarethkirche entwarf, lag sie noch in der Vorstadt

üblichen Filialgeschäften finden Sie auffällig viele Juweliergeschäfte, in denen die türkische Kundschaft sich mit Schmuck eindeckt. Sie treffen auf die Amsterdamer Straße, in die Sie nun abbiegen. An der Ecke zur Malplaquetstraße lädt der im Sommer schön begrünte Eingangshof des „Schraders" ein, dort oder in der Leopardenfell-Sitzecke im Innern einen kleinen Imbiss zu sich zu nehmen.

Am Ende der Malplaquetstraße treffen Sie auf die Seestraße. Lassen Sie sich vom Verkehr nicht abschrecken und folgen Sie ihr in Richtung Pankow. Auf der rechten Seite liegen die **Osramhöfe** 2. Anfang des 20. Jahrhunderts ließ Sigmund Bergmann zusammen mit Edison, dem Erfinder der Glühlampe, hier die Bergmann-Metallfadenlampe produzieren. Ab 1935 übernahm Osram das Gelände und es entstand einer der größten Industriekomplexe Berlins.

Nachdem in den 1980er-Jahren Osram große Teile der Produktion aus dem Wedding abzog, baute eine Entwicklungsgesellschaft das Gelände zum Dienstleistungszentrum aus. Auch wenn der Gebäudekomplex als bedeutendes Industriedenkmal gilt – die Osramhöfe leuchten heute nur noch wenig. Ein Besuch lohnt aber trotzdem. Über 60 Firmen, Dienstleister und Geschäfte mit insgesamt rund 3 000 Angestellten sind hier ansässig. Darunter das Restaurant LaLuz – vom Platz auf der Terrasse aus lässt sich tagsüber der Charme der historischen Industriearchitektur betrachten. Abends trifft sich hier die Berliner Flamenco-Szene, angeschlossen ist ein Tanzstudio. Donnerstags tagt die Lesebühne „Brauseboys".

Wessen Herz für moderne Architektur schlägt, der sollte noch einmal tief durchatmen und weitermarschieren. Nördlich der Seestraße befindet sich der **Schillerpark.** Wenn Sie ihn durchqueren bis

Schraders
Malplaquetstraße 16b
(030) 45 08 26 63
Di–Fr 15–23,
Sa/So 10–18 Uhr
www.schraders-berlin.de

Osram-Höfe
Oudenarder Straße 16–20

Restaurant LaLuz
in den Osram-Höfen
(030) 45 08 92 30
Mo–Fr 12–15 (Mittagstisch),
Do auch 19–24 (Lesebühne),
So 10–15 Uhr (Brunch)
www.laluz.de

Anti-Kriegs-Museum
Brüsseler Straße 21
(030) 45 49 01 10
Tgl. 16–20 Uhr
www.anti-kriegs-museum.de

Atze Musiktheater
Deutschlands größtes Musiktheater für Kinder
Luxemburger Straße 20
(030) 81 79 91 88
www.atzeberlin.de

zur Bristolstraße im Nordosten, erwartet Sie mitten im rauen Berliner Wedding ein Weltkulturerbe. Die **Siedlung am Schillerpark** 3 ist das erste große Berliner Siedlungsprojekt des Architekten Bruno Taut, gebaut in den 1920er-Jahren. Die UNESCO erklärte sie gemeinsam mit fünf anderen Siedlungen der Moderne 2008 zum Weltkulturerbe. Taut schuf Wohnungen mit viel Licht und Grün, die Flachdächer waren mit die ersten Berlins.

Den Park noch einmal in westlicher Richtung durchquert und der Müllerstraße bis hinter der Petersallee nach Norden folgend, findet man die **Friedrich-Ebert-Siedlung** 4, ebenfalls ein Werk Tauts im Stil der Neuen Sachlichkeit. Folgt man hier der Afrikanischen Straße nach Süden (die Namen der hiesigen Straßen erinnern an die deutsche Kolonialzeit), gelangt man vorbei am großen **Volkspark Rehberge** (mit Sportplätzen und Tiergehege) noch zu den **Reformwohnungsbauten** Mies van der Rohes 5 (Hausnummern 19–41, Zugang von der Sambesistraße). Auf dem Weg zurück zum U-Bahnhof Seestraße liegt noch das **Anti-Kriegs-Museum** 6 an der Strecke.

Peter Steinhauer

Karte Seite 63

Start
U Voltastraße

Ziel
U Reinickendorfer Straße oder U Osloer Straße

Länge
4 km

Gesundbrunnen

Zwischen Beamtentor und Luisenbad

Startpunkt Ihres Spaziergangs durch den Humboldthain und den Ortsteil Gesundbrunnen ist der U-Bahnhof **Voltastraße.** In nördliche Richtung passiert der Weg den Humboldthain und das Gesundbrunnencenter, führt durch den rauen Wedding, mündet am Flüsschen Panke – und könnte hier endlos fortgesetzt werden, denn der Uferweg führt über 20 Kilometer weit bis nach Bernau.

Doch zunächst ein Stopp am neugotischen **Beamtentor** 1, das an der Brunnenstraße im Schatten eines Büroturms steht und von den Architekten Paul Tropp und Franz Schwechten entworfen wurde. Das mit zahlreichen Symbolen zum Thema Elektrizität und Industrialisierung geschmückte Tor erinnert an die AEG. Die „Allgemeine Elektricitäts-Gesellschaft“

ging 1887 aus dem Ankauf der „Weddingschen Maschinenfabrik“ durch die Städtischen Elektrizitätswerke hervor und expandierte 1894 an diese Stelle, wo ursprünglich ein Viehmarkt gewesen war. Heute ist das Gelände ein Mix aus alten Fabrikgebäuden und neuer, wenig spektakulärer Büroarchitektur.

Gleich nebenan liegt der **Humboldthain.** Dieser ist einer der drei großen Volksparks, die im 19. Jahrhundert neu angelegt wurden. Der „Städtische Gartendirector zu Berlin“, Gustav Meyer, sorgte für die Anlage von Grünanlagen speziell für die einfachen Bürger. Vom ursprünglichen Park ist leider nicht mehr viel erhalten. Die Nazis ließen im Zweiten Weltkrieg von Zwangsarbeitern zwei Bunkeranlagen mit Türmen für die Flakabwehr im Park errichten. Den Flakturm haben die Alliierten nach dem Krieg zu sprengen versucht. Leider hat das nicht ganz hingehauen. Aber der **Trümmerberg** 2 bietet heute immerhin eine schöne Aussicht auf Berlin. Nehmen Sie sich etwas Zeit, auch das Innere der Bunkeranlage zu besichtigen. Auf dem Abstieg von der Aussichtsplattform finden Sie den Treffpunkt des Vereins „Berliner Unterwelten“ zu seiner Flakturmtour. Karten und Auskünfte sowie wie Angebote zu weiteren Führungen durch die Berliner Unterwelt gibt es in der Geschäftsstelle des Vereins neben dem Bahnhof Gesundbrunnen.

Den Baumbestand des Parks holzten die Berliner nach dem Krieg ab, um Brennholz für die Wintermonate zu gewinnen – inzwischen war jedoch genug Zeit, um große Bäume nachwachsen zu lassen. Am Parkausgang zur Brunnenstraße finden Sie noch den schönen Rosengarten, der nach der Zerstörung des Parks neu angelegt wurde.

Nun auf zum **Gesundbrunnen.** Hier liegen die historischen Wurzeln des Stadtteils. Im 18. Jahrhundert gab es an dieser Stelle tatsächlich einen Brunnen, dessen eisenhaltigem Wasser Heilkräfte nachgesagt wurden. Die Heilquelle baute der geschäftstüchtige Hofapotheker Heinrich Wilhelm Behm zu einem Bad aus, welches 1809 zu Ehren der Königin Luise in Luisenbad umbenannt wurde. Schnell entwickelte sich die Gegend zu einem der beliebtesten Ausflugsziele der Berliner. Rund um die Quelle – die 1882 wegen

Berliner Unterwelten e. V.
Brunnenstraße 105
(030) 49 91 05 18
www.berliner-unterwelten.de
Tickets gibt es im Pavillon des Vereins neben dem Bahnhof Gesundbrunnen (vor Kaufland).

Eis-Henri
Brunnenstraße 97
Tgl. 11–23, So ab 12 Uhr
Zur Stärkung für den Parkspaziergang

Durchs Beamtentor schritten einst die Mitarbeiter der AEG zur Arbeit

Informationen zum Panke-Wanderweg:
www.panke.info

Bauarbeiten versiegte – entstand eine regelrechte Vergnügungsmeile mit Varieté, Tanz und Rummel.

Heute steht genau hier ein Neubau, und man kann sich den Kurort nur noch schwer vorstellen. Der Gesundbrunnen ist für die Berliner hauptsächlich ein riesiges Einkaufszentrum am Verkehrsknotenpunkt von S-, U-, Regional- und Fernbahn. Direkt nebenan war über 70 Jahre lang die Spielstätte des Berliner Fußballclubs Hertha BSC, der Vorplatz des Gesundbrunnen-Centers ist nach dem Hertha-Kicker Johannes „Hanne" Sobek benannt.

Uferhallen
Badstraße 41a (Tor 1)
www.uferstudios.com

Architekturliebhaber schauen hinter dem Gesundbrunnen in der Behmstraße vorbei. Dort befindet sich die 1920 nach den Entwürfen des Architekten Rudolf Fränkel entworfene **Gartenstadt Atlantic** 3. Diese Wohnsiedlung steht glücklicherweise unter Denkmalschutz. Ihre durchdachte Gestaltung ist wohltuender Kontrast zu den trostlosen Sozialbauten nur wenige Meter die Behmstraße weiter hinauf.

Imren 2
Badstraße 46
(030) 4 65 58 43
Kräftig gewürztes Köfte

Gerichtshöfe
Atelierhaus. Zugänge:
Gerichtstraße 12–13,
Wiesenstraße 62
www.gerichtshoefe.de

Machen Sie nun unbedingt noch einen Abstecher in die Badstraße. Hier wurde 1895 mit der Strecke Badstraße-Pankow die erste regelmäßig verkehrende elektrische Straßenbahn Berlins in Betrieb genommen. Heute gibt es hier große türkische Supermärkte, wo man hervorragend frisches Gemüse und erstklassiges Lammfleisch einkaufen kann. Ein schönes Baudenkmal wartet Ecke Badstraße/Pankstraße: Die **Kirche St. Paul** 4 ist eine der vier Kirchen, die der in Berlin allgegenwärtige preußische Baumeister Schinkel für die Vorstädte im Norden entworfen hat. Der Bau ist einem griechischen Tempel nachempfunden und wirkt in der lärmenden Gegend wie eine Idylle.

Die einstige „Stinke-Panke" verschönert heute den Wedding

Ein paar Häuser weiter kreuzt die Panke. 34 Kilometer weit kommt sie aus Bernau geflossen und mündet am Schiffbauerdamm in Mitte unterirdisch in die Spree. Zwanzig ihrer Kilometer liegen im Berliner Stadtgebiet. Im Zeitalter der Industrialisierung wurde die Panke durch die Abwässer stark verschmutzt und kam so zum Namen „Stinke-Panke". Heute führt der **Panke-Wanderweg** an ihrem begrünten Ufer entlang und sorgt für unverhoffte Lauschigkeit.

Von der Brücke der Badstraße aus gibt es zwei Richtungen: Nach Westen führt der Weg erst einmal gegenüber der Uferhallen entlang, früher

Zentralwerkstätten der Berliner Verkehrsbetriebe. Heute werden die weitläufigen Hallen für Kulturveranstaltungen genutzt, es sind Künstlerateliers und ein Tanzstudio darin untergebracht. Dann liegt linker Hand ein großes Gebäude, um das sich herumzugehen lohnt: Das **Amtsgericht Wedding** ❺. Der opulente neugotische Bau ist angeblich der Meißener Albrechtsburg nachempfunden, besonders das Portal ist mit Maßwerk reich verziert, über der Tür thront eine energische Justitia. Die Uferstraße führt weiter in Richtung Innenstadt, schlängelt sich an Wohnblöcken und zerfallenen Fabriken vorbei, bis schließlich ein Hochhaus den Fluss überspannt.

Zweite Möglichkeit: Von der Badstraße aus an der Panke entlang gen Osten steht an der Ecke zunächst das rote Backsteinhaus, in dem sich einst die Tresorfabrik Arnheim befand. Zu diesem Firmenkomplex gehörten auch die Shedhallen am gegenüberliegenden Ufer, die heute die Bildhauerwerkstätten des Berufsverbands Bildender Künstler beherbergen. Das weiße Haus, das direkt am Ufer zu sehen ist, war eine Mühle – ein symbolisches Wasserrad erinnert daran.

Hinter der Tresorfabrik gibt es ein Überbleibsel des **Luisenbades** ❻: Die Schmuckfassade der „Kafé-Küche“, in der sich Ausflügler aus Berlin ihren eigenen Kaffee kochen konnten. Heute ist sie eingegliedert in das moderne Gebäude der Bibliothek am Luisenbad.

Nach Überqueren der Osloer Straße folgt der **Soldiner Kiez,** die Ufer-Promenade trägt hier den Namen Walter Nicklitz, der als Stadtbaurat in den 1950er-Jahren mit der Begrünung der Panke begann. Gartenkolonien prägen nun das Bild.

Peter Steinhauer & Julia Brodauf

Kolonie Wedding
Zusammenschluss von Ausstellungsräumen im Soldiner Kiez
www.koloniewedding.de

Gutes Wedding Schlechtes Wedding
im prime time theater
Müllerstraße 163
Eingang Burgsdorfstraße
Karten & Info: (030) 49 90 79 58 (Do–Mo 16–19 Uhr)
www.primetimetheater.de
Die Theater-Sitcom hat bereits über 100 Folgen

Bezirk: Pankow

Prenzlauer Berg

Steckbrief

Einwohner*innen
165 046

27–45 Jahre
39 %

Unter 15 Jahre
15 %

Maximale Höhe
91 m ü. NN

Er ist in aller Munde, der Prenzlauer Berg. Weit über die Stadtgrenze hinaus ist er der berühmteste Stadtteil Berlins. Ein Mythos, der in der Zeit vor der Wende begründet wurde und nach 1989 seine ungewöhnliche Fortsetzung fand.

Doch zunächst zum Anfang: Die Geschichte des hügeligen Geländes vor dem Prenzlauer und dem Schönhauser Stadttor beginnt mit dem Anbau von Getreide und Wein. Da es hier bis 1870 viele Windmühlen gab, wurde die Anhöhe Mühlenberg genannt. Die gute Qualität des Grundwassers und die Möglichkeiten zur Einrichtung von Lagerkellern machten das Gebiet ab 1840 zum größten Brauereistandort Europas. Die Biergärten und der schöne Blick auf das im Spreetal liegende Berlin lockten viele Ausflügler vor die Stadttore. Nach und nach begann mit der Industrialisierung Ende des 19. Jahrhunderts die noch heute typische Bebauung mit fünfgeschossigen Häusern, die im Wesentlichen innerhalb einer Rekordzeit von nur 20 Jahren entstanden ist. Überwiegend Arbeiter lebten in den „Mietskasernen".

Im Zweiten Weltkrieg blieb der Stadtteil von starken Zerstörungen verschont, doch danach ließ die Regierung der DDR die Gründerzeitbauten zunehmend verfallen. Viele der Einwohner zogen lieber in die modernen Plattenbauten mit Heizung und Bad am Rande der Stadt. In den leer stehenden Wohnungen bot sich Raum für Künstler, Alternative und Oppositionelle. Eine kleine, aber bunte Subkultur begann zu sprießen: Der Mythos wurde begründet. Gleichzeitig versuchte die Regierung Gegenpole zu setzen: im Nordosten des Bezirks ließ sie Mitte der 1980er-Jahre die städtische Gasanlage sprengen, um eine große Plattenbau-Wohnanlage zu bauen, den Ernst-Thälmann-Park.

Nach dem Fall der Mauer sorgten Hausbesetzer und der Zuzug von Experimentierfreudigen aus allen Teilen Deutschlands und der Welt für ein Aufblü-

Einer der schönsten Treffpunkte im Kiez: der Kollwitzplatz mit Cafés, Grünanlage und Kinderspielplatz

hen des Mythos „Prenzlauer Berg". Steuererleichterungen und öffentliche Fördermittel zogen ab Mitte der 1990er-Jahre Investitionen in die alten Gebäude sowie eine Welle von neuen Bewohnern nach sich.

Inzwischen sind die Sanierungsarbeiten weitgehend abgeschlossen und die Kieze haben ein neues Gesicht. Heute ist ein quirliges Metropolenleben inmitten der faszinierenden Gründerzeitarchitektur zu finden. In keinem anderen Bezirk der Stadt ist der Zuzug von Migranten so hoch wie hier, gleichzeitig gibt es einen enorm hohen Akademikeranteil. Gerade für junge und kreative Menschen ist die Anziehungskraft des Prenzlauer Bergs ungebrochen, allerdings steht er auch im Mittelpunkt der Mietpreis-Debatte.
Bettina Tacke

Karte Seite 69

Start
U Eberswalder Straße

Ziel
S/U Schönhauser Allee

Länge
4 km

Konnopke's Imbiß
Schönhauser Allee 44a
Mo–Fr 9.30–20 Uhr,
Sa 11.30–20 Uhr
www.konnopke-imbiss.de

Café Schwarzsauer
Kastanienallee 13/14
(030) 4 48 56 33
Tgl. ab 8 Uhr
www.schwarzsauer.com

Im Pratergarten

Kastanienallee & Mauerpark

Die Lieblingsstraße

Der Verkehrsknotenpunkt an der U-Bahn-Station Eberswalder Straße bildet den Ausgangspunkt des Spaziergangs. Von hier lässt sich gemütlich „die" Szenestraße des Bezirks erkunden, die Kastanienallee. Über die Oderberger Straße gelangt man dann zu Spuren der Berliner Mauer. Der hier befindliche Mauerpark lädt anschließend zum Flohmarkt-Stöbern und Picknicken ein.

Einen großen Stern bilden die sechs Straßen unter der Hochbahn an der **Schönhauser Allee Ecke Danziger Straße** ❶. Die „Ecke Schönhauser" war auch Namenspatronin eines DEFA-Films von 1957 über eine Gruppe Halbstarker, der in der DDR zum Kassenschlager wurde. Tradition hat der inzwischen legendäre Imbiss **Konnopke's** unter der Hochbahn, dem man die Einführung der Currywurst in Ost-Berlin nachsagt. Erwähnenswert insbesonders, da Ketchup in der DDR absolute Mangelware war. Noch immer ist die Herkunft und Zusammensetzung der rot-braunen Soße das große Geheimnis der Inhaberin Waltraud Ziervogel. Nach Sanierung der U-Bahn-Viadukte erstrahlt seit 2011 ein neuer Verkaufspavillon in goldenem Glanze. Vor allem Freitag und Samstag Abend ist unter der U-Bahn Hochbetrieb. Scharen von jungen, meist schönen Menschen treffen sich hier mit einer Flasche Bier, um abzuhängen und von hier aus in die Nacht zu ziehen.

Gegenüber, am Anfang der Kastanienallee, erinnert ein 1999 eingelassenes Mosaik des Berliner Künstlers Manfred Butzmann an die Brüder Skladanowsky. Die Pioniere der Kinematografie sind berühmt für die ersten deutschen Filmaufnahmen. Im Eckhaus der **Kastanienallee** zur Schönhauser hatten sie auf dem Dachboden ihr Atelier und begründeten damit schon früh den Filmruhm der Straße.

Ein Ruhm, der bis heute wirkt. „Castingallee" wird die Straße ironisch von den Berlinern genannt. Ohne große Sonnenbrille und das richtige Outfit flaniert hier niemand, der „in" sein will, die Straße hinunter. Die Kastanienallee ist die Szenestraße im Bezirk. Nirgendwo ist die Dichte an Designerboutiquen und

In-Meile des Prenzlauer Bergs: die Kastanienallee, hier an der Ecke zur Oderberger Straße

In-Friseuren größer. Über den 2011 begonnenen Umbau der Straße gab es weitreichende Diskussionen, eine Bürgerinitiative kämpfte gegen die Erneuerung. Verbreiterte Bürgersteige, ein separater Radstreifen und weniger Parkplätze schienen Anwohnern und Gewerbetreibenden dem originalen Flair der Straße zu schaden. Doch die Initiative scheiterte, so dass die Straße bis Mitte 2013 neu gestaltet wurde.

Von der Schönhauser kommend, trifft man als erstes rechter Hand auf einen der schönsten Biergärten der Stadt, den **Pratergarten** 2. Der älteste Bierausschank Berlins entstand 1837 weit vor den Stadttoren an einem Weg für Pferdefuhrwerke. Auf einer Bühne im Garten traten Sänger und Artisten auf, sodass die Berliner das Lokal nach dem Vorbild des Wiener Vergnügungsparks „Berliner Prater" nannten. Später war er Kundgebungs- und Versammlungsstätte der deutschen Sozialdemokratie, hier sprachen August Bebel, Rosa Luxemburg und Clara Zetkin. Eine Zeit lang war er die Heimat eines Kinos, nach dem Zweiten Weltkrieg Spielstätte der Volksbühne, in der DDR Kreiskulturhaus und erneut beliebtes Gartenlokal. Wie heute: Unter den großen Kastanien sitzt es sich prächtig, ein

Pratergarten
Kastanienallee 7–9
Mo–Sa ab 18, So ab 12 Uhr,
Küche tgl. bis 23 Uhr,
Biergarten Apr.–Sep.
tgl. ab 12 Uhr
www.pratergarten.de

Prater Galerie
Kastanienallee 5
Wiedereröffnung der kommunalen Galerie 2021 geplant
www.pratergalerie.de

Lichtblick-Kino
Das kleinste Kino Berlins
Kastanienallee 77
www.lichtblick-kino.org

Il Giradischi
Oderberger Straße 22
(030) 60 94 30 80
Tgl. 9–24 Uhr
Für Pizza- und Plattenfans

Cafés, kleine Läden und viel Grün: die Oderberger Straße

Spielplatz beschäftigt die Kinder und im dazugehörigen Restaurant speist man sehr gut und bürgerlich.

Setzt man den Spaziergang die Kastanienallee hinunter fort, sollte man ruhig bis zur Kreuzung Fehrbelliner Straße gehen, bis dort finden sich interessante Läden und schöne Cafés. Flaniert man auf der anderen Straßenseite zurück die Allee hoch, kommt man am **Dock 11** vorbei, einem kleinen, aber interessanten Off-Theater, und kann kurz darauf einen Blick auf vergangene Zeiten werfen. Die Kastanienallee 86, kurz K86, ist ein ehemalig besetztes Haus, das bis heute nicht saniert ist und seinen Vorwende-Charme bewusst bewahrt hat. Eine anarchistische Insel inmitten des Straßenlärms. Weiter oben an der Allee biegt man kurz vor der Schönhauser links in die **Oderberger Straße.**

Zu DDR-Zeiten war das Straßenbild vielerorts geprägt von grau und Tristesse. Die DDR-Führung hatte die Gründerzeitbauten des Bezirks über Jahrzehnte verfallen lassen, sodass der Putz von den Fassaden bröckelte. Es gab sogar Überlegungen, die Altbauten in der Straße abzureißen und sie durch Plattenbauten zu ersetzen. Proteste der Anwohner konnten das verhindern. Grün gab es damals kaum. Auf Initiative der Bewohner entstand Anfang der 1980er-Jahre ein verwunschener Hof mit Spielplatz und Veranstaltungsort, der als Treffpunkt von Künstlern und Subkultur über den Bezirk hinaus bekannt wurde: Der **Hirschhof** 3 hat seinen Namen von einer Metallskulptur, die heute noch den kleinen, idyllischen Ort dominiert. Leider ist der Hof seit 2011 nicht mehr öffentlich zugänglich. Besitzer anliegender Häuser beanspruchten ihn als Privateigentum und bekamen vor Gericht recht. Aber der Bezirk hat auf dem Nachbargrundstück einen zweiten Hirschhof geschaffen – einen noch kahlen Spielplatz mit großen Kletterge-

Dock 11
Tanzstudio und -Theater für modernen Tanz und Choreografie
Kastanienallee 79
(030) 4 48 12 22
www.dock11-berlin.de

Kiezkantine
Oderberger Straße 50
(030) 4 48 44 84
Mo–Fr 10–16, So ab 11 Uhr
www.kiezkantine-berlin.de
Versorgt den Kiez mit gutem Essen

Kauf Dich Glücklich
Oderberger Straße 44
www.kaufdichgluecklich-shop.de
Café und Mode

Pavillon am Milchhof
Ausstellungspavillon
rund um die Uhr zugänglich
Schwedter Straße 232
www.milchhofpavillon.de

rüsten – von dem aus man durch ein Tor in den alten kiebitzen kann.

Inzwischen hat die Szene auch von der Oderberger Straße Besitz ergriffen. Vor allem nach Second-Hand-Möbeln und Accessoires aus der DDR-Zeit lässt es sich hier gut stöbern. Am Ende der ehemaligen Sackgasse stößt man auf Spuren der Mauer, die längs der Bernauer Straße verlief und an der Oderberger Straße einen Knick in Richtung des heutigen Mauerparks machte. Zwei Jahre nach Mauerbau wurde 1963 ein 100 Meter breiter Streifen östlich der Mauer zum Grenzgebiet erklärt, das nur von Anwohnern betreten werden durfte. Besucher benötigten zur „Einreise" Passierscheine.

Am **Mauerpark** ❹ markieren eine Informationstafel und eine Reihe von Betonplomben auf dem Fußweg des Parks den Verlauf der Vorderlandmauer der ehemaligen Grenzanlage. Heute ist der Mauerpark beliebter Treffpunkt junger Leute. Hier kann man Fußballspielen, auf den Hängen des Parks picknicken und dem Sonnenuntergang entgegen schaukeln. Jeden Sonntag kann man auf einem lebendigen und umfangreichen Flohmarkt stöbern und im Amphitheater Karaoke singen.

Folgt man der ehemaligen Mauer ein Stück Richtung Norden, trifft man auf die Gleimstraße und rechts davon auf den **Falkplatz.** Am Platz befindet sich die nach dem Box-Idol benannte **Max-Schmeling-Halle** auf der Nordseite des Friedrich-Ludwig-Jahn-Sportparks. Die inzwischen für viele Veranstaltungen genutzte Halle wurde im Rahmen der gescheiterten Berliner Olympiabewerbung für das Jahr 2000 errichtet. Der kleine Platz davor wird im Sommer oft zum Grillen und Faulenzen genutzt, ein schöner Spielplatz bietet ideale Bedingungen für Eltern und Kinder. Den Rund-

Sonntagskaraoke im Mauerpark
www.bearpitkaraoke.com

Leben an der Schönhauser Allee
Kunst am Bau – Kunstprojekt zur Geschichte des Prenzlauer Bergs
Schönhauser Allee 52
Infos und Öffnungszeiten unter: www.lebenanderschoenhauser.de

Kohlenquelle
Biorestaurant und Cafébar
Kopenhagener Straße 16
www.kohlenquelle.de

Jugendfarm Moritzhof
Schwedter Straße 90
Zum Tieregucken im Vorbeispazieren

gang abschließen kann man, wenn man der Gleimstraße Richtung Osten folgt. Nach zehn Minuten erreicht man die Schönhauser Allee.

Wer aber noch weiterspazieren möchte, der sollte vom Falkplatz aus zur neu gebauten **Fußgängerbrücke** 5 gehen, die über den Bahnknoten am Nordkreuz führt. Von hier hat man einen herrlich weiten Blick über Prenzlauer Berg, Wedding und den ehemaligen Mauerstreifen. *BETTINA TACKE*

Karte Seite 70

Start
U Senefelder Platz

Ziel
U Eberswalder Straße

Länge
2 km

Kollwitzkiez

Das Herz steckt voller Leben und Geschichte

Hoch oben thront der **Pfefferberg** 1 an der Schönhauser Allee über dem Senefelder Platz. Von dieser ehemals ältesten Brauerei des Bezirks führt der Spaziergang hinein ins turbulente Herz des Prenzlauer Bergs, den **Kollwitzplatz.** Mehr gastronomische Einrichtungen an einem Ort lassen sich in ganz Berlin kaum finden. Zum Schluss führt der Weg erneut zu einer Brauerei und schließt den Kreis der Geschichte.

1841 erbaute der bayrische Braumeister Joseph Pfeffer die erste Brauerei vor den nördlichen Stadttoren. In Scharen zogen die Berliner am Wochenende „ins Jrüne“, um sich zu amüsieren und zu trinken. Dreiundzwanzig Unternehmer folgten Pfeffers Beispiel allein im heutigen Großbezirk Pankow, sodass der Geruch von Hopfen und Malz in den Straßen allgegenwärtig war. Heute wird in keiner der Brauereien mehr Bier gebraut, doch im Pfefferberg kann man der Atmosphäre der alten Zeit noch nachspüren.

Folgt man vom Pfefferberg der Schönhauser Allee stadtauswärts, passiert man rechter Hand das ehemalige Baruch Auerbachsche Waisenhaus, heute ein Erinne-

Restaurant Pfefferberg und Sommergarten
Schönhauser Allee 176
(030) 44 38 34 04
Mo–Fr 12–15 Uhr
www.restaurant-pfefferberg.de
Moderne Küche mit phänomenaler Weinkarte

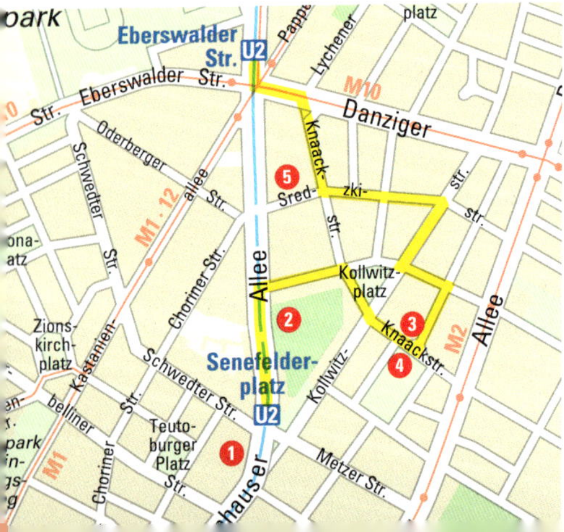

rungsort. Es diente Ende des 19. Jahrhunderts bis zur Schließung durch die Nationalsozialisten 1942 als Herberge für insgesamt rund 800 jüdische Kinder. Der sich anschließende **Jüdische Friedhof** 2 wurde nur zwischen 1827 und 1880 genutzt. Der Friedhof, auf dem unter anderem der Maler Max Liebermann liegt, wurde im Zweiten Weltkrieg größtenteils zerstört und erst 1990 restauriert. Heute kann er an Wochentagen besichtigt werden.

Geht man vom Friedhof ein Stück zurück und biegt links in die Kollwitzstraße, trifft man schnell auf den Kollwitzplatz. Doch wir folgen noch kurz den jüdischen Spuren und biegen vorher rechts in die Knaackstraße. An der nächsten Ecke stößt man an der Rykestraße auf die größte **Synagoge** 3 Deutschlands. Sie zeugt von dem ehemals blühenden Leben der jüdischen Gemeinde in diesem Bezirk.

Nahe der Synagoge steht auch der „dicke Herrmann", das Wahrzeichen des Bezirks. Der alte **Wasserturm** 4 sicherte um die Jahrhundertwende die Wasserversorgung der umliegenden Häuser. 1933 richteten SA-Truppen eines der ersten Konzentrationslager im Maschinenhaus der Anlage ein.

Zurück zum Herzen des Prenzlauer Berg: Am **Kollwitzplatz** kann man das bunte Leben hautnah erleben. Am besten samstags, wenn der schöne und vielfältige Wochenmarkt sich um den Platz schlängelt. Der Markt lockt sogar Berliner aus anderen Ortsteilen hierher, da er so ausgewählte Leckereien, Geschenke und Mode bietet. Donnerstags ist Ökomarkt. Von den Cafés und Restaurants rund um den Platz lässt sich das aufgeregte Treiben und der viel beschworene Kinderreichtum des Bezirks gut beobachten, wenn auf dem Spielplatz rund um die Statue von Käthe Kollwitz kein Fleckchen mehr frei bleibt.

Folgt man der Kollwitzstraße weiter Richtung Norden und biegt dann links in die Sredzkistraße, stößt man nach einigen Schritten auf die **Kulturbrauerei** 5. Die ehemalige Schultheißbrauerei wurde nach der Wende aufwendig saniert und ist heute ein beliebtes Kultur- und Veranstaltungszentrum. Ein Kino, zahlreiche Clubs, Restaurants und zwei Theater sind die Mieter in den ehemaligen Gärkellern und Sudhäusern. *BETTINA TACKE*

Wasserturm in der Knaackstraße

Wochenmarkt am Kollwitzplatz
Sa 9–18 Uhr
Ökomarkt Do 12–19 Uhr

Bezirksmuseum Pankow
Prenzlauer Allee 227/228
Dauerausstellung „Gegenentwürfe"
Di–So 10–18 Uhr
www.berlin.de/museum-pankow
Geschichte aus dem Bezirk

SowohlAlsAuch
Kollwitzstraße 88
(030) 4 42 93 11
Tgl. 8–2 Uhr
www.tortenundkuchen.de
Bester Kuchen im Kiez

Karte Seite 72

Start
U Eberswalder Straße

Ziel
Greifswalder Str./Danziger Str., Tram M4, M10

Länge
3 km

Deck 5
Strandbar auf dem Dach der Schönhauser Allee Arcaden
Schönhauser Allee 79
Tgl. 12–24 Uhr
(ca. Apr.–Sep.)
www.deck-5.com

Helmholtzkiez

Reise durchs LSD-Viertel

Nördlich der Danziger Straße und abseits vom Trubel rund um den Kollwitzplatz beginnt das so genannte **LSD-Viertel.** So heißt die Gegend nicht nur wegen der Anfangsbuchstaben der angrenzenden Lychener, Schliemann- und Dunckerstraße sondern auch wegen der alternativen Szene, die sich schon vor 1989 in dem Kiez ansiedelte. Jahrzehnte lang hatten die Politiker der DDR die Gegend verfallen lassen. Doch die vernachlässigten Altbauten und Wohnungen mit Ofenheizung und Toilette auf halber Treppe zogen viele Künstler und Oppositionelle an. Nach dem Umbruch 1989 wurde das Gebiet zum größten Sanierungsgebiet Europas erklärt und der Verfall wich nach und nach der schönen neuen Welt. Eine neue Szene eroberte das Gebiet. Unser Spaziergang führt durch den Kiez rund um den Helmholtzplatz bis hoch zur Gethsemanekirche und dann bis zum Ernst-Thälmann-Park, einer Gegend ganz anders als das LSD-Viertel. Doch dazu später mehr.

Der Spaziergang beginnt an der Schönhauser Allee Ecke Danziger Straße, der man in östlicher Richtung folgt. Gleich an der nächsten Kreuzung

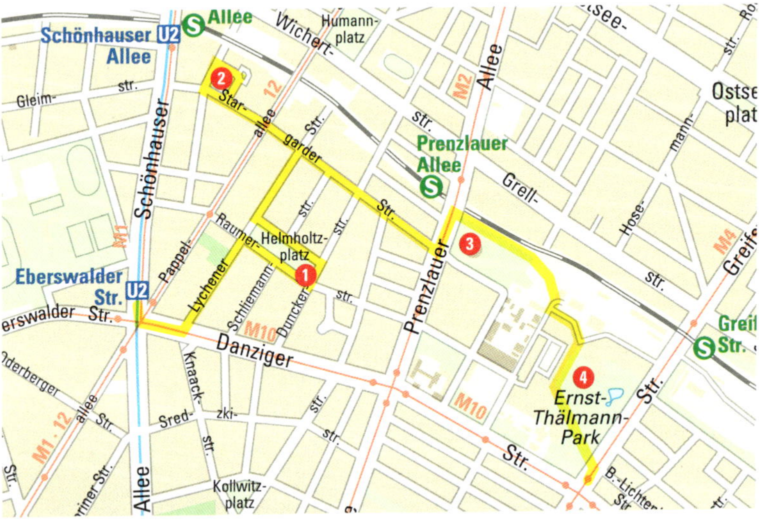

biegt man links in die Lychener Straße. Etliche Restaurants und interessante kleine Läden säumen die Straße. Kurz darauf trifft man auf den Helmholtzplatz.

Der **Helmholtzplatz** 1, das ist der Sommer vorm Balkon. Hier drehte Andreas Dresen die Geschichte zweier Freundinnen und machte den Kiez zum Schauplatz einer wundervollen Komödie. Leicht erhöht liegt der grüne Platz inmitten kleiner Läden, Cafés und Restaurants. Es lässt sich herrlich nach kleinen Mitbringseln in Berliner Design stöbern und im Anschluss bei einem leckeren Stück Kuchen den Trubel auf dem Platz betrachten. Kaum zu glauben, dass vor 150 Jahren hier eine Ziegelei stand, die die Steine für die umliegenden Häuser produzierte. Nach der Fertigstellung der Häuser wurde sie gesprengt und ein Schmuckplatz angelegt. Heute ist der Platz vor allem ein Paradies für die zahlreichen Kinder des Prenzlauer Bergs.

Sommer vorm Balkon am Helmholtzplatz

Folgt man der Lychener Straße Richtung Norden, stößt man bald auf die Stargarder Straße. Westlich sieht man im Hintergrund schon die **Gethsemanekirche** 2, die Ende des 19. Jahrhunderts nach den Plänen von August Orth erbaut wurde. Bekannt wurde sie wegen ihrer Rolle in der friedlichen Revolution in der DDR. Mit Mahnwachen demonstrierten im Herbst 1989 tausende DDR-Bürger gegen die Inhaftierung Oppositioneller aus Kirchen- und Friedenskreisen. Die Ereignisse rund um die Kirche wurden zu einem der entscheidenden Ausgangspunkte für die Auflösung der DDR.

Gegenüber der Kirche herrscht an Sommertagen riesiger Andrang: „Die kleine Eiszeit“ ist eine der vielen leckeren Eisdielen der Straße. Auch sonst lässt sich in dieser lebendigen Straße viel entdecken, wenn man sie Richtung Osten spaziert. Friseure und Anti-

Wohnzimmer
Lettestraße 6
(030) 4 45 54 58
www.wohnzimmer-bar.de
Tgl. ab 14 Uhr

tausche
Raumerstraße 8
(030) 40 30 17 70
www.tausche-berlin.de
Mo–Fr 10–20, Sa 10–18 Uhr
Taschen aus Berlin

Die kleine Eiszeit
Stargarder Straße 7
(030) 4 47 90 37
März–Okt. tgl. ab 12 Uhr

Zimmermeister Brunzel baut ein Mietshaus
Bauen und Wohnen in Prenzlauer Berg um 1900
Dunckerstraße 77
www.ausstellung-dunckerstrasse.de
tgl. außer Mi und So
11–16.30 Uhr
Sehenswerte Dauerausstellung

Das Planetarium wurde 1987 eröffnet

Zeiss-Großplanetarium
Prenzlauer Allee 80
(030) 42 18 45 10
www.planetarium.berlin
Kasse: Di 9–14, Mi/Do 9–20, Fr 9–20.30, Sa 9–11.30, So 10–18.30 Uhr

quitätenläden, Restaurants und Cafés sowie Design- und Modeläden laden zum Schlendern ein. Am Ende der Straße zeigt sich ein anderes Gesicht des Stadtteils. Schon von weitem sieht man das **Planetarium** ❸ silbern schimmern und im Hintergrund den **Ernst-Thälmann-Park** ❹, eine Plattenbauanlage mit viel Grün drum herum aus den 1980er-Jahren, benannt nach dem Vorsitzenden der KPD während der Weimarer Republik. Vor dem Bau der Wohnanlage standen hier die Gasometer der städtischen Gasanlage. Lange Zeit waren sie das Wahrzeichen des Bezirks, bis die DDR-Regierung die Anlage sprengen ließ. Es entstand das Prestigeobjekt der DDR zur 750-Jahr-Feier Berlins mit gut 1300 modernen Plattenbauwohnungen inklusive Thälmann-Denkmal und Planetarium. Unter dessen künstlichem Sternenhimmel werden neben den astronomischen Erläuterungen Konzerte und Hörspielkino angeboten. BETTINA TACKE

Karte Seite 75

Start
Mollstraße/Prenzlauer Allee, Tram M2, M8

Ziel
Am Friedrichshain, Tram M4, Bus 200

Länge
4 km

Wins- & Bötzowviertel

Alter Glanz und neue Gloria

Wir starten an der Kreuzung Torstraße/Prenzlauer Allee zu einer Runde durch das Wins- und Bötzowviertel. Das Prenzlauer Tor ist heute eine durchaus ungemütliche Kreuzung und wird beherrscht vom ehemaligen **Kaufhaus Jonaß** ❶, 1928/29 im Stil der Neuen Sachlichkeit errichtet. Als „Haus der Einheit" war es bis 1959 die Zentrale der SED und danach das Institut für Marxismus-Leninismus. Heute ist es dem Medien-Jet-Set vorbehalten: Das sanierte Haus ist eine Dependance des „Soho House" Privatclubs – hier steigt zum Beispiel Madonna ab.

Fast nahtlos geht dieser Gebäudekomplex in den der ehemaligen **Backfabrik** ❷ über. Anfang des 20. Jahrhunderts haben die Aschinger-Brüder – gewissermaßen die Väter des Fast-Food – von hier aus ihr legendäres Unternehmen mit Bierwürsten und Erbsensuppe beliefert. Zu DDR-Zeiten wurden hier die Brötchen für Frieden und Sozialismus gebacken. Nun, alles ist frisch renoviert, ist hier Platz für Künstlerateliers und weitere Kreative.

Genau gegenüber sehen wir das Eingangsportal zum **Nikolai-Friedhof** ❸, der leider immer wieder alte und neue Nazis zum Gedenken an Horst Wessel anzieht, weil eben der hier begraben ist. Gleich über die Saarbrücker Straße hinweg, liegt linker Hand das ehemalige Gelände der **Bötzow-Brauerei** ❹ – einst Berlins größte Privatbrauerei. Hier entsteht inzwischen ein weiteres Kreativzentrum. Vieles ist noch in Planung und im Bau, die Kunstausstellungen und die Bar „Le Croco Bleu" sind wegen Umbau geschlossen, die Wiedereröffnung soll bald erfolgen.

Der Weg führt nun ein ganzes Stück die Prenzlauer Allee bergan. Romantisch wird es erst, wenn wir rechts in die **Heinrich-Roller-Straße** einbiegen. Ruhig ist sie und grün. Die gesamte südliche Straßenseite säumen parkähnliche Friedhöfe, die schönen Gründerzeithäuser haben sozusagen Blick auf die Zukunft.

Einige Arztpraxen, Ladenbüros und alte, gusseiserne Wasserpumpen weiter, geht es links in die Winsstraße. Sie, die still und ein wenig düster beginnt, war bis in die 1990er-Jahre eine graue Häuserschlucht. Dennoch beherbergte sie ein umso bunteres Völkchen Prenzlauerberger Urbevölkerung. Die Häuser sind zum Teil sehr sorgsam saniert – schluchtartig wirkt die Straße immer noch. Für einen Prager Schriftsteller war sie ein Ort der Sehnsucht: Im Eckhaus Winsstraße/Immanuelkirchstraße 29 ❺ wohnte Felice Bauer, einst Verlobte von Franz Kafka.

Aromas Café
Marienburger Straße 16a
Tgl. geöffnet

Leise-Park
Hundefreier Park mit vielen Spielgelegenheiten auf dem Gelände eines ehemaligen Friedhofs
Heinrich-Roller-Straße 24
Tgl. bis 19 Uhr

Musikbrauerei
ehemalige Schneiderbrauerei, Musikstudios und Konzerte
Greifswalder Straße 23a
www.fb.me/musikbrauerei

Die Hufelandstraße im Bötzowviertel begeistert mit sanierten Altbauten, kleinen Geschäften und vielen Cafés

Die Marienburger Straße, in die wir rechts einbiegen, bietet ein anderes Bild: Die Straße beeindruckt durch ihre Breite, der Himmel scheint näher als anderswo. Die Gründerzeit-Fassaden wirken optisch klar gegliedert.

Nach Überquerung der breiten Greifswalder Straße wird es noch prächtiger: Die **Hufelandstraße** 6 liegt schon im Bötzowviertel und glänzt mit wundervollen Jugendstilfassaden. Namensgeber ist Christoph Wilhelm Hufeland, Leibarzt von Friedrich Wilhelm III. und einer der Begründer der Makrobiotik. Und so finden sich hier denn auch diverse Bio-Läden, Wollboutiquen und Yogapraxen. Auch eine Vielzahl französischer Restaurants und Geschäfte gibt es im Umkreis: In dieser Gegend wohnt das frankophile Berlin.

Fruchtbar
Hufelandstraße 21
Mo–Fr 8–18, Sa 9–18 Uhr
www.fruchtbar-berlin.de
Kaffee, Säfte, kleine Gerichte

Chez Maurice
Bötzowstraße 39
(030) 4 25 05 06
Tgl. ab 18 Uhr, Mittagstisch Di–Sa 12–15.30 Uhr
www.chez-maurice.com
Französischer Feinkostladen und Restaurant

Nach all der Pracht biegen wir links ein in die Bötzowstraße, Namensgeberin des Viertels. Sie ist schmaler und bescheidener. Die Fassaden der Häuser sind schmucklos – dank der „Entstuckung" seit 1945. Wir spazieren nach Norden bis zum **Arnswalder Platz** 7 an der Pasteurstraße. So richtig schön war er nie. Inmitten von Sport- und Spielplätzen poltert grobklotzig der Stierbrunnen aus rotem Rochlitzer Porphyrtuff, entworfen durch den Hamburger Bildhauer Hugo Lederer.

Der aufmerksame Beobachter wird hauptsächlich an der südöstlichen Platzseite Spuren der Bombenangriffe des letzten Krieges entdecken: 1950er-Jahre-Bauten dominieren die Häuserflucht. Auffällig, da das Viertel ansonsten den Krieg weitestgehend unbeschadet überstanden hat. Über die Hans-Otto-Straße wandern wir zur Straße Am Friedrichshain.

Diese bildet die Südseite des Bötzowviertels mit ehemals prächtigen Bürgerhäusern – leider auch fast sämtlich entstuckt – mit Blick direkt auf den Volkspark

Friedrichshain. Das an der Ecke zur Bötzowstraße stehende **Filmtheater am Friedrichshain** 8, einstmals Ufa-Kino und Theaterbühne, ist denkmalgeschützt. Im weiteren Verlauf der Straße wird die Architektur modern, wenn auch nicht schöner. Investoren bescherten das eine oder andere profane Gebäude. Interessant ist ein kleines Wohnviertel in leuchtendem Weiß: Die Stadthäuser der **Prenzlauer Gärten** 9 liegen an einer Privatstraße, nur zugänglich durch ein Tor, das allerdings (bisher) immer geöffnet ist. Paradox der Eindruck, dass ängstliche Neuberliner sich knapp 20 Jahre nach dem Mauerfall hier einmauerten.

Gegenüber tröstet der berühmte Märchenbrunnen im **Volkspark Friedrichshain** (▸ Seite 107) den Spaziergänger über so viel Ungereimtheit hinweg. Wieder an der Greifswalder Straße angelangt, führt auf der gegenüberliegenden Seite die Straße Prenzlauer Berg zwischen Friedhofsmauern direkt über eben diesen. Der ist eigentlich nur einer der Südbuckel der eiszeitlichen Geschiebeformation des Barnims. Wären die hohen Bäume des Friedhofs nicht, hätte man einen schönen Blick in Richtung Alexanderplatz auf das Berliner Urstromtal der Spree. *FELIX MÜLLER*

saphire bar
Bötzowstraße 31
(030) 25 56 21 58
www.saphirebar.de
Tgl. ab 20 Uhr
Erst klingeln und dann gibt's leckere Cocktails in der Raucher-Lounge

Der Märchenbrunnen im Volkspark Friedrichshain grenzt direkt an das Bötzowviertel

Bezirk: Pankow

Pankow

Steckbrief

Pankow mit nördlichen Vororten

Einwohner*innen
154 615

27–45 Jahre
27 %

Kleingartenkolonien
92

Anzahl der Parzellen
10 294

Pankow ist einer der beliebtesten Wohnbezirke Berlins und das war auch schon vor dem Mauerfall so. Ein Teil der DDR-Elite lebte einst in diesem Stadtteil im Nordosten Berlins. Hier wohnten Politiker wie Erich Honecker, Walter Ulbricht, Wilhelm Pieck oder Otto Grotewohl; ebenso Schriftsteller wie Heiner Müller, Johannes R. Becher oder Stephan Hermlin. Neben der Regierung und der Elite der Künstler, Musiker und Schauspieler waren zu DDR-Zeiten auch viele ausländische Botschaften in Pankow angesiedelt, was dem Stadtteil lange Zeit einen Sonderstatus verlieh.

Das Wachstum des ursprünglichen Dorfes am Flüsschen Panke (namensstiftend für den Ort und einer der wichtigsten Nebenflüsse der Spree) ist bemerkenswert: Die Anlage des Ortskerns lässt den Dorfanger des Weilers aus dem 13. Jahrhundert noch erkennen. Im 19. Jahrhundert nur 200 Einwohner stark, wurde er beliebtes Ausflugsziel. 1910 hatte Pankow bereits 45 000 Einwohner. Nach weiterem Zuzug und Eingemeindung nach Groß-Berlin 1920 wurde Pankow 2001 schließlich Namensgeber für den neuen Großbezirk, der Prenzlauer Berg und Weißensee mit einschließt. Heute leben im Ortsteil Pankow knapp 75 000 Menschen.

Pankow gehört auch nach den Turbulenzen der Wendejahre wieder zu den begehrtesten Wohnvierteln in Berlin, weil es stadtnah und doch im Grünen liegt. Die Berliner schätzen vor allem die hohe Lebensqualität im Nordosten ihrer Stadt. Leicht getrübt wurde diese lange Zeit durch die Einflugschneise zum Tegeler Flughafen. Doch im Herbst 2020 wurde tatsächlich der Großflughafen BER im Süden eröffnet und Tegel geschlossen, sodass der Himmel über Pankow nun verkehrsfrei ist.

Von Touristenbussen wie am Kollwitzplatz bleiben die Pankower verschont. Mit seinen schönen alten Parks – dem Bürgerpark und dem Schlosspark – bie-

Der weiße Pavillon steht im Rosengarten des Pankower Bürgerparks

tet der Stadtteil weitläufige, elegant gestaltete Grünflächen. In den vielen gut erhalten Altbauten kann man sich hemmungslos dem Schöner-Wohnen hingeben und dabei den aufgeregten Metropolen-Alltag fast vergessen.

Mit dem Abdanken der Ost-Elite hat das ehemalige Eliten-Viertel seinen Sonderstatus zwar verloren, doch beherbergt es nach wie vor viele bekannte Gesichter aus Politik und Showbiz.

Pankow gilt vor allem als idealer Ort für stadtnahes Familienwohnen – zwischen die Gründerzeitbauten quetschen sich bisweilen monumentale Wohnburgen der Marke Baugemeinschaftsprojekt. Die städtischen Planungen für Schul- und Parkplätze hinken diesen Entwicklungen allerdings weit hinterher. Trotzdem: Der Prenzlauer Berg ist nicht weit weg. Zum Essen oder Ausgehen schafft man es problemlos mit dem Lastenrad in eine der beliebten Szenemeilen.
Peter Steinhauer & Julia Brodauf

Karte Seite 80

Start/Ziel
S/U Pankow

Länge
4 km

Galerie Forum Amalienpark/ Raum für Kunst
Breite Straße 23
Di–Fr 14–19, Sa 12–17 Uhr
(030) 33 02 80 95
www.amalienpark.de

Café Eden***
Breite Straße 45
tgl. 9–18 Uhr
www.dock11-berlin.de

Wochenmarkt Pankow
Di, Mi, Fr 8–13 Uhr,
Sa 8–15 Uhr

Pankow-Zentrum

Auf einen Kaffee nach Pankow

Pankow Zentrum nähert man sich am besten vom S-Bahnhof Pankow aus. Die Runde durch den Ortskern zeigt einige Baudenkmäler und allerlei kulinarischen Reichtum.

Gleich an der S-Bahnstation fällt die neobarocke Fassade des ehemaligen **Jüdischen Waisenhauses** auf. Es ist heute ein Standort der Berliner Stadtbibliothek, im Haus gibt es auch noch einen historischen Betsaal. Ein Abstecher in die Hadlichstraße offenbart den Blick auf die ehemalige **Zigarettenfabrik Garbáty.** Das von den Nazis übernommene und später im VEB Zigarettenfabriken aufgegangene Imperium der jüdischen Familie hat in Pankow diverse Spuren hinterlassen. Das Gebäude zieren heute noch ein paar Logos, es ist aber längst eine Wohnimmobilie.

Doch zurück zur Berliner Straße und auf in Richtung Norden. In Hausnummer 127 war einst die Villa Garbáty, das Wohnhaus des Zigarettenfabrikanten. Heute residiert hier die Libanesische Botschaft. Nach ca. fünf Minuten treffen Sie auf die **Breite Straße** und befinden sich damit schon mittendrin im Zentrum. Rechts lohnt ein Abstecher zur Jugendstil-Doppelhaussiedlung **Amalienpark** ❶, in der es auch eine Galerie und Kunstwerkstatt gibt. Auch auf der anderen Straßenseite, wo sich der Komplex der Klinik Maria Heimsuchung erstreckt, gibt es noch schöne Gebäude hervorzuheben: Das schmucke, barocke Kavaliershaus in Hausnummer 45 aus dem Jahr 1770 ist frisch saniert in den Klinikbetrieb integriert. Daneben, in Hausnummer 45, ehemals Gartenhaus der Villa Garbáty, gibt es nun Tanzstudios und ein hübsches Café. Von der Berliner Straße aus linker Hand

gelegen wird die Breite Straße von einem Grünstreifen – dem historischen Dorfanger – geteilt. Hier steht die **Pfarrkirche Zu den vier Evangelisten** 2, erbaut von Zisterzienser-Mönchen im 13. Jahrhundert. Im 19. Jahrhundert haben Preußens berühmteste Architekten hier Hand angelegt, sowohl Schinkel als auch Friedrich August Stüler waren an Umbauten beteiligt. Daneben, ebenfalls eingekesselt vom lärmenden Verkehr der Breiten Straße, findet drei Mal in der Woche Berlins ältester Wochenmarkt statt.

Rund um die Pfarrkirche liegt das Pankower Zentrum

Die Geschäfte an der Breiten Straße sind leider, wie so oft in Stadtteil-Zentren, größtenteils Filialen der üblichen Ketten. Am Ende der Breiten Straße befindet sich das **Rathaus Pankow** 3. Der imposante, rot verklinkerte Bau stammt aus dem Jahr 1903 und ist das Wahrzeichen des Stadtteils. Sehenswert ist die Eingangshalle mit ihrer üppigen Stuckornamentik und den Jugendstil-Lampen. Die Skulpturen auf den Vorsprüngen um die Freitreppe stellen die Bürgertugenden dar, von Ost nach West: Gerechtigkeit, Bürgerfleiß, Bürgerehre, Mildtätigkeit.

Um die Ecke in der Wollankstraße befindet sich ein kleines historisches Museum: Aus dem Anwesen der Bäckersfamilie Hartmann ist ein Museum für Kindheit, eine Schaubäckerei und eine außergewöhnliche Ferienwohnung geworden. Dienstags und freitags gibt es „Märkisches Landbrot". Die Wollankstraße kann man noch bis Hausnummer 18/19 weitergehen, um einen Blick auf ein kleines Franziskanerkloster zu werfen. Zwischen den Vorderhäusern und dem Kloster betreiben die vier Patres eine Suppenküche. Oder man biegt direkt in die Görschstraße ein und nimmt den kürzeren Weg zur Florastraße. Die Florastraße ist eine hübsche Wohnstraße mit Second-Hand-Läden,

Alte Bäckerei
Museum für Kindheit in Pankow
Wollankstraße 130
www.alte-baeckerei-pankow.de
Museum Di 11–17 Uhr
Backstubenverkauf Di, Mi, Fr 15–18 Uhr

Museumswohnung Pankow
Heynstraße 8
Di, Do, Sa/So 10–18 Uhr
(030) 4 81 40 47
www.berlin.de/ba-pankow/museumsverbund
Bürgerliches Leben um 1900, ausgestellt in einer Beletage-wohnung

Café Paula
Florastraße 14
(0173) 61 7 14 27
Mo–Fr 8.30–19 Uhr,
Sa/So 11–19 Uhr
Café mit Originalfliesen aus der Jahrhundertwendezeit

Varietétheater
Zimmer 16
camera dell' arte
Florastraße 16
www.zimmer-16.de
Spielstätte mit offenen Bühnen und Ausstellungsraum

BuchSegler
Florastraße 88/89
(030) 43 72 41 20
www.buchsegler.de
Schöner Kinder- und Jugendbuchladen

Café Fritz Heyn
Heynstraße 15
(030) 45 30 47 23
Tgl. ab 15 Uhr
www.fritzheyn.de

Kinderläden, Cafés und mehr, die an die beliebten Straßen im südlich gelegenen Prenzlauer Berg erinnert. Davon kann man sich direkt an der Kreuzung Florastraße/Görschstraße überzeugen, wo das hübsche **Café Paula** mit Originalfliesen aus der Jahrhundertwendezeit leckere Kuchen und Snacks anbietet.

Ein weiterer Abstecher in Sachen Stadtgeschichte bietet sich an der Kreuzung zur Heynstraße an: In Hausnummer 8 befindet sich eine Museumswohnung. Sie gehörte einst dem Stuhlrohrfabrikant Fritz Heyn und seiner Familie – Teile der Dekoration und der Möblierung sind erhalten, auch Hof und Garten geben einen Einblick in bürgerliches Wohnen um 1900. Auf dem nebenan liegenden Gelände der ehemaligen Stuhlrohrfabrik florieren Studios, Werkstätten und ein schönes Café.

Nördlich der Florastraße, in der Neuen Schönholzer Straße, thront die **Alte Mälzerei** 4 mit ihren Türmen und Zinnen. Das Industriedenkmal wurde 1874 von der Schultheißbrauerei hier eingerichtet. Bis 1945 wurde hier Braumalz geröstet, zu DDR-Zeiten war der Komplex ein Lager der Handelsorganisation, seit 1990 stand es leer und verfiel. Nach vielen gescheiterten Nutzungsplänen wurde auch aus der Alten Mälzerei ein Wohnkomplex mit einer Piazza für Veranstaltungen. Der Weg zurück zur S-Bahn führt über die Florastraße und vorbei an vielen Möglichkeiten zum Trödeln und Schaufensterbummeln. *JULIA BRODAUF & PETER STEINHAUER*

Karte Seite 84

Start
Pankow Kirche,
Tram M1, 50

Ziel
Tschaikowskistraße,
Tram M1

Länge
1–2 km

Schlosspark & Majakowskiring

Ein Hauch von großer Welt

Ein Rundgang vorbei am Schloss Schönhausen und den benachbarten Botschaftsgebäuden zeugt von höchst unterschiedlichen Epochen in Pankow, während der Schlosspark ausdrücklich zum Entspannen einlädt.

Vom Zentrum Pankow aus erreichen Sie über die Ossietzkystraße den Park und gehen zunächst direkt auf das **Schloss Schönhausen** 1 zu. Nach langjährigen Renovierungsarbeiten erstrahlt es nun in einem neuen, rosafarbenen Kalkputz. Untergebracht sind hier nun Ausstellungen zur preußischen Geschichte in Original-Interieurs und eine Sammlung ostpreußischer Kunst und Adelskultur. In den Wachhäusern am Südtor widmet sich eine Ausstellung den DDR-Machthabern, die hier um die Ecke auch wohnten. Aber dazu später mehr.

Das im 18. Jahrhundert erbaute Schloss Schönhausen diente als Amtssitz von DDR-Präsident Wilhelm Pieck und später als Gästehaus der DDR-Regierung

Das Schloss Schönhausen ist kein verträumter Ort mit staubiger Porzellansammlung – hier haben sich einige interessante Kapitel deutscher Geschichte zugetragen. Das im 17. Jahrhundert errichtete Schloss war lange Zeit Wohnsitz der Königin Elisabeth Christine – bis zu ihrem Tode 1797. Mit ihrem Gatten, dem Preußenkönig Friedrich II., verstand sich die Monarchin leider nicht so gut. Friedrich war die Ehe aufgezwungen worden, er ließ sich im Schloss Schönhausen nie blicken. Die Königin hingegen engagierte sich in ihrem Wohnbezirk und führte hier unter anderem die Seidenraupenzucht ein.

Spätere Funktionen des Schlosses waren Lager für Kunstgegenstände im 19. Jahrhundert, Ausstellungshalle des Pankower Kunstvereins. Die Nazis nutzen den Preußenbau auch als Depot für so genannte „entartete“ Kunst. Nach 1945 wurde es sowjetisches Offizierskasino und später Internat für russische Schüler.

Der herrschaftliche Glanz kam erst nach DDR-Gründung in das Schloss zurück. Von 1949 bis 1960 diente der Preußenbau als Amtssitz des Präsidenten der DDR, Wilhelm Pieck. Er empfing hier große Staatsleute wie Ho Chi Minh oder Nikita Chruschtschow. Die letzten Gäste waren im Oktober 1989 der damalige sowjetische Staatschef Michail Gorbatschow und seine Frau.

Schloss Schönhausen
Tschaikowskistraße 1
Apr.–Okt. Di–So 10–18 Uhr
(Di–Fr nur mit Führung)
Nov.–März Sa/So 10–17 Uhr
(nur mit Führung)
www.spsg.de

Torhäuser der Schlossanlage Schönhausen
Ossietzkystraße 44–45
Tgl. 10–18 Uhr
www.pankower-machthaber.de
Ausstellung zur Geschichte des Areals nach 1945

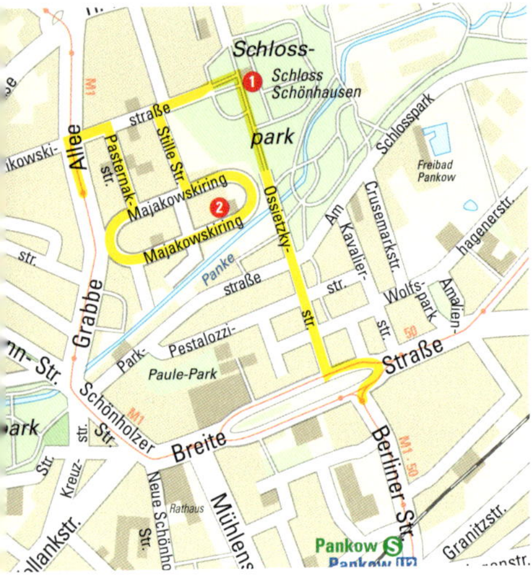

In der Nachwendezeit war Schloss Schönhausen Ort der runden Tische: Sowohl die Volkskammerwahlen von 1990 wurden hier erarbeitet als auch in den „Zwei-Plus-Vier-Verhandlungen“ mit den Alliierten die Wiedervereinigung ermöglicht.

Architektonisch ist das Gebäude vor allem wegen seines Innenlebens interessant. Der Festsaal bietet eine Rokokopracht, wie man sie sonst nur in Potsdam findet. Aber nicht nur Preußen-Fans kommen auf ihre Kosten. Wilhelm Piecks Arbeitszimmer mit seinen typischen DDR-Schleiflackmöbeln können Sie ebenso besichtigen wie das berühmte lila Badezimmer für die Staatsgäste der DDR.

Nach so viel Geschichte dürfen Sie sich ein wenig im **Schlosspark** entspannen, an dem im 19. Jahrhundert auch Peter Joseph Lenné gestalterisch Hand angelegt hat. Hier schlängelt sich die Panke vorbei an alten Baumbeständen und gepflegten Rasenflächen. Bei schönem Wetter kann man sich am südöstlichen Rand des Parks im **Sommerbad Pankow** ein wenig abkühlen.

Sommerbad Pankow
Wolfshagener Straße 91–93
(030) 47 49 72 20
Juni–Aug. 8–20 Uhr
www.berlinerbaeder.de

Alternativ dazu können Sie zurückschlendern und sich den **Majakowskiring** ❷ ansehen. Im Schloss Schönhausen machten die DDR-Oberen große Politik, am Majakowskiring haben sie lange Zeit gewohnt: Das Haus Nr. 2 war das Gästehaus der DDR-Regierung, in Nummer 28/30 lebten Lotte und Walter Ulbricht. Es wurde 1975 gesprengt, um die Erinnerung an Ulbrichts zu trüben. Lotte Ulbricht lebte seit 1973 und bis zu ihrem Tod 2002 in Haus Nr. 12. Haus Nr. 29 beherbergte Wilhelm Pieck und wurde später Gästehaus der Ost-Berliner Oberbürgermeister, in Nr. 34 wohnte Johannes R. Becher, in Nr. 46/48 Otto Grotewohl und in Nr. 58 schließlich Erich und Margot Honecker – ja, dort, wo heute die Kinder-Freizeiteinrichtung „Kulti“ untergebracht ist. In Haus

Nr. 47 weisen lebensgroße Figurinen auf Glasstelen im Garten auf eine Zweigstelle der polnischen Akademie der Wissenschaften hin. *Peter Steinhauer*

Bürgerpark & Schönholzer Heide
Durch Park und Heide

Karte Seite 86

Start
Bürgerpark Pankow, Tram M1

Ziel
S Schönholz

Länge
2 km

Der **Bürgerpark Pankow** bildet zusammen mit der **Schönholzer Heide** und dem **Gemeindefriedhof Pankow** eine der größten innerstädtischen Grünanlagen Berlins. Für einen Spaziergang durch das gesamte Areal sollte man deshalb mindestens einen halben Tag einplanen. Sie beginnen ihren Spaziergang am besten direkt am Eingangsportal 1 des Bürgerparks an der Wilhelm-Kuhr-Straße.

Das im Stil der italienischen Renaissance gestaltete Portal war ursprünglich Teil eines umfangreichen Ensembles. Der Gründer der Berliner Börsenzeitung Baron Killisch von Horn hatte das Gelände 1860 erworben und dort ein Herrenhaus errichtet. Seinen Gärtner Wilhelm Perring ließ er einen Garten nach englischem Vorbild anlegen. Leider haben die Luftangriffe im Zweiten Weltkrieg Teile des Gartens und auch das Herrenhaus zerstört. Sein heutiges Aussehen erhielt der Park in den Jahren 1965 68, als die Bezirksverwaltung ihn grundlegend erneuern ließ.

In den Park eingetreten, können Sie sich am Wasserlauf der **Panke** orientieren – sie begrenzt den Park im Norden. Nicht weit weg vom Eingansportal treffen Sie auf einen schönen **Rosengarten.** Zu der

Informationen zu Veranstaltungen im Park
www.buergerpark-pankow.de

Café im Rosengarten
Im Bürgerpark Pankow
Tgl. 11–22 Uhr
www.rosengarten-pankow.de

Sowjetisches Ehrenmal in der Schönholzer Heide

Gartenanlage gehört ein italienischer Pavillon, in dem im Sommer häufig Musikkonzerte stattfinden. Am Rande des Rosengartens finden Sie ebenfalls das Café Rosenstein.

Auf zwei künstlich angelegten Hügeln am Südrand des Parks ist ein Gehege für Bergziegen angelegt. Auch eine Voliere mit Pfauen, Fasanen und seltenen Tauben gibt es. Am Westrand des Parks wartet ein großer Spielplatz auf Besucher mit Kindern. Und gleich noch eine Attraktion befindet sich in direkter Nachbarschaft. Auf dem **Bauernhof Pinke-Panke** dürfen die Kinder Schweine, Ponys, Gänse oder Kaninchen füttern, streicheln oder einfach nur bestaunen.

Der Weg zur Schönholzer Heide führt vorbei am **Pankower Friedhof III** ❷, wo der Arbeitersänger und Schauspieler Ernst Busch beigesetzt ist. Sein Haus war gleich nebenan, Leonhard-Frank-Straße 11.

Die Schönholzer Heide ist kein Park, sondern eine weitläufige, naturbelassene Grünfläche. Sie finden schöne verwachsene Wege und sind mitten in der Natur. Wenn Sie es bis in den äußersten Nordwesten geschafft haben, wartet ein spektakuläres Bauwerk auf Sie: das **Sowjetische Ehrenmal** ❸ an der Germanenstraße. Die Gedenkstätte ist nicht so bekannt wie ihr Pendant im Treptower Park, aber ebenso imposant und außerdem 30 000 Quadratmeter groß. *Peter Steinhauer*

Kinderbauernhof Pinke-Panke
Am Bürgerpark 15–18
Infos zu Veranstaltungen:
www.kinderbauernhof-pinke-panke.de

Gartenküche
Waldsteg 65
(030) 9 16 78 52
Tgl. außer Mi 15–22 Uhr,
Sa/So ab 12 Uhr
Restaurant mit schöner Gartenterrasse

Rosenthal, Buch & Co

Ausflüge in den Berliner Norden

Pankow erstreckt sich weitläufig nach Norden, eine ganze Reihe von ehemaligen Landgemeinden säumen den Berliner Stadtrand in Richtung **Landkreis Barnim.** Die diversen Dorfkerne sind oftmals erhalten und lohnen, jeder für sich, einmal einen Besuch:

Rosenthal, Französisch Buchholz, Blankenfelde oder Buch zum Beispiel, daneben ein Botanischer Garten, ein verwunschener Park und eine historische Eisenbahn zum Mitfahren.

Rosenthal erreicht man mit der Straßenbahn M1. Der historische Dorfanger gruppiert sich um eine Kirche mit einem aufwendigen Turm – die ältesten Steine des Gebäudes stammen aus dem 13. Jahrhundert. In Rosenthal befindet sich auch der Haltepunkt der **Museumsbahn Heidekrautbahn,** die regelmäßig Ausflugsfahrten Richtung Barnim mit historischen Fahrzeugen unternimmt. Ab Ende 2023 sollen wieder reguläre Züge auf der Strecke fahren.

Auch das benachbarte **Pankow-Blankenfelde**, nicht zu verwechseln mit der Gemeinde Blankenfelde-Mahlow im Süden von Berlin, wartet mit zahlreichen guterhaltenen Bauernhöfen auf. Auch ein ehemaliger und zukünftiger Bahnhof der Heidekrautbahn gehört zu den denkmalgeschützten Bauten.

Zwischen beiden Ortsteilen befindet sich der **Botanische Volkspark**, ein beliebtes Ausflugsziel. Aufgrund seiner zahlreichen Sehenswürdigkeiten ist er ebenfalls denkmalgeschützt. Eine geologische Wand zeigt 123 heimische Gesteinsarten, es gibt Schaugewächshäuser mit einem hübschen Café darin und ein Rudel Damwild im Wildtiergehege. Der Park ist Teil des länderübergreifenden Naturparks Barnim.

Die prächtigste Dorfkirche im Berliner Norden steht im Ortsteil **Buch,** der heute vor allem für seine modernen Krankenhäuser bekannt ist. Der barocke Bau aus dem frühen 18. Jahrhundert vereint eine ganze Reihe stilistischer Besonderheiten. Er schließt direkt an den lauschigen Schlosspark mit zahlreichen Wasserläufen und Brücken an. Auf dem angrenzenden Gutshof befinden sich Künstlerateliers.

JULIA BRODAUF

Zur Alten Backstube
Hauptstraße 155
Berlin-Rosenthal
(030) 47 48 84 42
Do–So 13–18 Uhr
Café & Blumen

Heidekrautbahn
Infos zum Fahrplan unter:
www.berliner-eisenbahn-freunde.de
Haltepunkt Wilhelmsruher Damm

Botanischer Volkspark
Blankenfelder Chaussee 5
Tgl., detaillierte Zeiten und Infos unter:
www.gruen-berlin.de

Restaurant Künstlerhof Buch
Alt-Buch 45–51
Berlin-Buch
(030) 94 39 74 40
DI–Sa ab 12, So ab 10 Uhr
www.restaurant-stadtgut-berlin-buch.de

Die barocke Schlosskirche in Buch gibt es seit 1736

Bezirk: Pankow

Weißensee

Steckbrief

Weißensee mit nördlichen Vororten

Einwohner*innen
89 793

27–45 Jahre
29 %

Über 65 Jahre
18 %

Unter 15 Jahre
16 %

Es ist schon ein paar Tage her, dass der eiszeitliche Gletscher im heutigen Berliner Stadtteil Weißensee jede Menge Bodenlöcher mit Wasser füllte. Als im 19. Jahrhundert die Industrialisierung über Berlin hinwegfegte, vermarkteten Terraingesellschaften den Boden im Umland der Stadt und hinterließen in allen Himmelsrichtungen kleine und größere Inseln mit Industrie und Wohnvierteln für die neuen Berliner. So passierte es auch im Nordosten rund um Rittergut und Dorf Weißensee. Die natürlichen Reize des Gebietes ausnutzend machte ein Herr Sternecker in den 1880ern seinen Traum von einem Tivoli am Weißen See wahr und etablierte einen Vergnügungspark der Superlative mit dazugehöriger Brauerei. Von Industrie und Tivoli ist nicht viel geblieben, dennoch wartet der Stadtteil mit einem respektablen Angebot auf. Spielende Kinder, ruhebedürftige Sonnenanbeter oder Schattensucher, Strandba(r)der, Hundebesitzer und Vogelkundler kommen sich hier weniger in die Quere als anderswo.

Der Weiße See bringt alles mit, was ein Erholungsgebiet braucht, der Faule See präsentiert sich als urwüchsiges Naturschutzgebiet. Weißensee eignet sich als Architekturführer durch ambitionierte gemeindeeigene Bauvorhaben im Berlin der späten Kaiserzeit und Bauinnovationen à la Bruno Taut aus den 1920er-Jahren. Aufschlussreich und eindringlich erzählt der größte Jüdische Friedhof Europas vom ehemals bedeutenden Anteil jüdischer Bürger am Berliner Leben.

Kunst und Kultur sind in Weißensee nicht so eng gedrängt wie anderswo. Die Brotfabrik an der Prenzlauer Promenade ist die Kulturzentrale Weißensees mit Bühne, täglich geöffneter Galerie und einem Filmprogramm, das als Reminiszenz an „Klein-Hollywood" Weißensee geeignet ist. Große Studios und Freiflächen dienten bis Ende der 1920er-Jahre als Raum für Kulissen berühmter Monumentalfilme.

Der Weiße See mit seinem Freibad ist auch ein sommerlicher Kulturstandort

Helden der Filmgeschichte wie Marlene Dietrich und Emil Jannings arbeiteten hier. Fritz Langs Klassiker „Das Cabinett des Dr. Caligari" ist heute die berühmteste Produktion der damaligen Filmstadt Weißensee. Neue Platznamen wie Caligari- oder Joe-May-Platz schaffen Erinnerungen an Filmpioniere, von denen die meisten im Nationalsozialismus das Land verließen.

Neben der bekannten Kunsthochschule, neuen Galerien und Ateliers für Künstler blüht das Seebad am Weißen See zum sommerlichen Kulturstandort auf. Der Stadtteil Weißensee, der sich seit 2001 mit angesagten Größen wie dem Prenzlauer Berg unter einem Stadtbezirksdach tummelt, präsentiert sich in einer Mischung aus Aufbruch und Beschaulichkeit, was ihn spätestens auf den zweiten Blick nicht unsympathisch macht. KATJA VIRKUS

Karte Seite 92

Start/Ziel
Albertinenstraße,
Tram M4, M13, 12

Jüdischer Friedhof Weißensee
Markus-Reich-Platz 1
Sommerzeit:
Mo–Do 7.30–17,
Fr 7.30–14.30, So 8–17 Uhr
Winterzeit:
Mo–Do 7.30–16,
Fr 7.30–14.30, So 8–16 Uhr
Informationen zu Grabstellen und die notwendige Kopfbedeckung für Männer am Eingang

Es tickt die Uhr.
Dein Grab hat Zeit,
drei Meter lang,
ein Meter breit.
Du siehst noch drei, vier
fremde Städte,
du siehst noch eine nackte
Grete,
noch zwanzig-, dreißigmal
den Schnee –
Und dann:
Feld P – in Weißensee –
in Weißensee.

(Letzte Strophe des Gedichts „In Weißensee" von Kurt Tucholsky alias Theobald Tiger, Die Weltbühne, 19.05.1925, Nr. 20, S. 741)

Jüdischer Friedhof

Kultur der Erinnerung

Über das **Komponistenviertel** 1, ein stilles Gründerzeit-Wohngebiet, gelangt der Weißensee-Besucher zu Europas größtem **Jüdischen Friedhof.** Der damalige Zeitgeist in Form der Neorenaissance-Verwaltungsgebäude am Eingang 2 ist bereits das erste Zeichen der selbstverständlichen Teilnahme der jüdischen Gemeinde am Berliner Leben. 1880 hatte die Jüdische Reformgemeinde Berlins in dieser Gegend vor der Stadt den Friedhof eingeweiht. Heute liegt er mitten in Berlin und beherbergt 115 000 Gräber.

Einen kostenlosen Übersichtsplan zu dem in Planquadrate eingeteilten Areal erhält der Besucher am Eingang des Friedhofes, auf Nachfrage werden auch Stellen markiert. Wer es genauer wissen will, dem sei der Erwerb des detaillierten Friedhofsführers vor Ort (ca. 10 Euro) nahe gelegt, der künstlerisch bedeutende und Grabstätten bekannter Persönlichkeiten empfiehlt. Bei der Weitläufigkeit des Areals lohnt sich eine Voraborientierung auf dem Papier.

Eine jüdische Grabstätte ist unverletzlich, eine „Neubelegung" ausgeschlossen. Im hinteren Teil des Friedhofs lassen sich verwilderte Felder mit ähnlich geformten verwitterten Sandsteinen durchstreifen. Gemäß jüdischen Glaubens soll Höhe und Form der Grabsteine nicht auf den sozialen Status schließen. Hier in Weißensee lockerte sich dieser Brauch auf und ermöglichte Wohlhabenden an zentralen Plätzen Grabmalkunst wichtiger deutscher Architekten. Walter Gropius schuf ein repräsentatives Grab für Albert Mendel (Abt. P4), Ludwig Hoffmann – der wichtige Stadtbaudirektor – schuf eins für den Bankier und Kommunalpolitiker Eugen Panofsky (WT/Mauer). Das Erbbegräbnis Frenkel (B1/Mauer) geht auf Alfred Messel zurück. Deutlich nutzte der Berliner Bankier Aschrott die neuen Freiheiten der Selbstdarstellung nach dem Tode. Sein Grabmal (C2) entwarf der Erbauer des Leipziger Völkerschlachtdenkmals.

Die Gräber unterrichten in ihrer Vielfalt nicht nur Stilkunde, sondern zeigen eindringlich den Anteil des deutschen Judentums an der Berliner Kultur im 19. und 20. Jahrhundert. Manches Grab ist leer geblieben, so das elterliche Kurt Tucholskys (T2). Der früh verstorbene Vater ist zwar hier beerdigt, die Mutter entkam aber der Deportation nicht. Das Schicksal der Berliner Juden begegnet dem Besucher allenthalben: die Gedenkstätte mit geweihter Erde aus Auschwitz-Birkenau im Vorhof, ein Grab für geschändete Torarollen (A1) in der Reichspogromnacht, ein Urnenfeld von 1941 für die Asche jüdischer Opfer in Konzentrationslagern (G7). Die Asche erhielten die Angehörigen gewohnt perfide von den Mördern per Nachnahme. Der Grabstein für die Opfer der Gruppe um Herbert Baum (Ehrenfeld Abt. P1) und die nach ihm benannte Straße berichten vom jüdischen Widerstand. Den mutigen Anschlag im Mai 1942 auf die Hetzausstellung „Das Sowjetparadies" im Lustgarten bezahlten die jungen Berliner mit Folter und Tod. Der Jüdische Friedhof Weißensee ist Teil der Erinnerungskultur; mit unterschiedlichen Ausdrucksformen wird der Opfer der Verfolgung und des Holocausts gedacht.

Eingang zum Jüdischen Friedhof in Weißensee

Weithin unbekannt und momentan nicht zugänglich findet sich der **Friedhof von Adass Jisroel** ❸ in der Wittlicher Straße. Diese konservative jüdische Gemeinde und die Reformgemeinde grenzten sich im 19. Jahrhundert voneinander ab. Bis heute existiert Adass Jisroel als eigenständige kleine jüdische Gemeinde in Berlin.
Katja Virkus

Rund um den Weißen See
Leben zwischen Seen

Karte Seite 92

Start
Stadion Buschallee/Suermondtstraße, Tram 27

Ziel
Antonplatz,
Tram M4, M13, 12

Länge
4 km

Vom Faulen See über den Weißen See zum Kreuzpfuhl – diese drei größeren Gewässer eignen sich zu naturbeobachtenden, kulturellen und stadtgeschichtlichen Erkundungen.

Ein Seehopping sollte im **Naturschutzgebiet am Faulen See** ❹ starten. Je früher die Stunde, desto grandioser die Vogelstimmenkulisse im 25 Hektar großen Areal um den See mit Wegen durch verschiedene Vegetationen. In den letzten 80 Jahren wurden über 140 Vogelarten gesichtet. Hier brüten seltene

Botanische Wanderungen
Informationen unter:
www.agrar-boerse-ev.de

Bauten von Bruno Taut
Auswahl in Weißensee:

Buschallee 8–107
Trierer Straße 8–18

Lokale und Kultur am Weißen See:

Strandbad Weissensee
Badebetrieb, Kultur und Strandbar
Di–Do 14–20, Fr/Sa 11–22, So 11–21 Uhr
www.strandbadweissensee.de

Milchhäuschen
Feb.–Dez. tgl. 10–21 Uhr

Freilichtbühne Weißensee
www.freilichtbuehne-weissensee.de

Arten wie Waldkauz, Singdrossel, Kleinspecht, Pirol und Sumpfmeise. Beobachtung ja – am besten mit Fernglas, Zoogefühl nein: Auch im Winter wird hier niemand gefüttert. Pausengeeignet ist der Waldspielplatz mit Picknickecke.

Über die Buschallee geht es weiter in Richtung Weißer See. Bald schieben sich rechter Hand auffällige lang gezogene Häuser in den Blick – Bauten von Bruno Taut, dem visionären Architekten Deutschlands: Licht, Luft, Grün als Alternative zu Mietskasernen, erschwinglich und menschenwürdig. Die heute verglasten Balkone dienten an damals breiteren und begrünten Straßen dem gesunden Sonnenbad. Ein Blick auf die Hofseite der Häuser zeigt, was der Architekt mit grünem „Außenwohnraum" meinte. Wem das nicht genug Taut ist, der mache einen Schlenker zu dessen bunten **Papageienhäusern** 5 in der Trierer Straße. Auf der Berliner Allee kann man einen Blick auf die ehemalige **Dorfkirche** 6 aus dem 13. Jahrhundert und auf das zeitweilige **Domizil Bertolt Brechts** (Nr. 185) 7 werfen. Der **Weiße See** wartet mit Gärten, Liegewiesen direkt am Wasser, Spazierwegen und Lokalitäten wie dem Restaurant **Milchhäuschen** 8 auf. In der Saison bietet das Seebad neben den Rahmenbedingungen für Wasserfreuden und Karibikflair jede Menge Kultur, Aufführungen und Tanzevents open air. Bootsverleih, Spielplätze

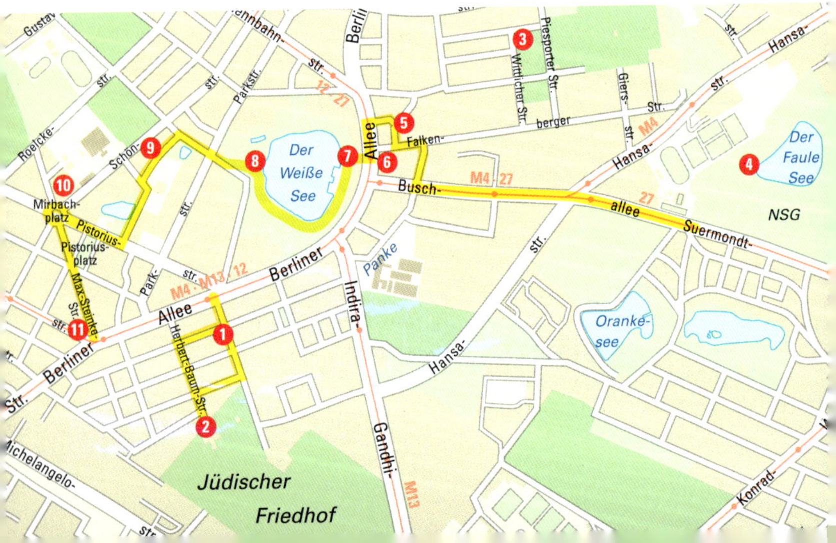

und Plansche, Sonnenuhr (hinter dem Bad) und Freilichtbühne machen das Angebot im Park am Weißen See rund. Auf dem Gelände der ehemaligen Brauerei mit Ausschank und Ballsaal entstanden bis 2013 Eigentumswohnungen. Nebenan verfällt das ehemalige Kulturhaus. Nutzungskonzepte trafen auf eigene und bislang gescheiterte anwohnerorientierte Ideen von Weißenseern.

Charakteristisch für das Holländerviertel sind die roten Backsteinfassaden und die Stufengiebel

Der Weg ist das Ziel zur dritten und letzten Seehopping-Station Kreuzpfuhl, eine Architektur-Zeitreise ins 20. Jahrhundert: Imposante Neue Sachlichkeit als Schulgebäude von 1931 an der Ecke Amalien-/Parkstraße, das markante historisierende **Holländerviertel** 9 in der Woelckpromenade aus den 1920ern und – kriegsbedingt unvollständig – das gemeindeeigene Munizipal-Viertel am Kreuzpfuhl von Carl James Bühring. Er schuf um 1910 eine vorbildliche Gemeinde mit Stadthalle, Sportstätten, Säuglingskrankenhaus, Gemeindeturnhalle und Ledigenwohnheim. Die soziale wie fortschrittliche Konzeption sollte Weißensee zum Stadttitel verhelfen. Daraus wurde nichts, bis 1920 sowieso alles um Berlin eingemeindet wurde. Seine „Stadt als Wohnort" um den Kreuzpfuhl in Weißensee aber machte Bühring bekannt.

Schließlich sei noch ein Kaffee im „Neue Liebe" im Schatten der ausdrucksvollen und mit Umbauplänen bedachten Ruine der **Bethanienkirche** 10 auf dem Mirbachplatz empfohlen. Auguste Viktoria, die gebefreudige letzte Kaiserin Deutschlands, war auch bei diesem Gotteshaus Spenderin. Die Max-Steinke-Straße hinunter in Richtung **Antonplatz** 11 erlaubt noch vorstädtische und dörfliche Ansichten. Am Antonplatz wartet die Tram darauf, den Seehopping-Absolventen zum Alexanderplatz zu bringen.

KATJA VIRKUS

Trattoria Diverso
Behaimstraße 64
(030) 92 04 56 12
Tgl. 12–24 Uhr
Große Terrasse am Mirbachplatz

Eisspatz
Schönstraße 1
im Sommer 13–19 Uhr (wetterbedingt)
www.eisspatz.de
Hausgemachte interessante Eissorten, Kaffee und Kuchen

Sepp Maiers 2raumwohnung
Langhansstraße 19
(030) 4 35 32 56
Mi 15–19 Uhr und nach Vereinbarung
www.seppmaiers2raumwohnung.de
Ausstellungen, Konzerte, Kindertheater

Bezirk: Friedrichshain-Kreuzberg

Friedrichshain

Steckbrief

Einwohner*innen
136 160
27–45 Jahre
47 %
Über 65 Jahre
9 %
Fläche
9,87 km²

Wer in den frühen 1990er-Jahren zuletzt Friedrichshain besucht hat, wird sich verwundert die Augen reiben: Aus dem einst so grauen Stadtteil mit heruntergekommenen Mietshäusern ist ein bunter, lebendiger Kiez geworden. Das gilt besonders für die Altbauquartiere rund um den Boxhagener Platz und für den Samariterkiez nördlich der Frankfurter Allee.

Friedrichshain war immer ein Kiez der kleinen Leute. Ende des 19. Jahrhunderts auf den Feldern rund um das Dorf Boxhagen entstanden, entwickelte er sich zum proletarischen Stadtteil. Der zentrale Berliner Schlachthof oberhalb des Samariterviertels wurde gebaut, im Osthafen an der Spree Waren für die schnell wachsende Metropole umgeschlagen. Dafür brauchte es Arbeiter, und für diese und ihre Familien Wohnungen. So entstanden zwischen 1870 und 1914 die typischen Berliner Mietskasernen mit engen Hinterhöfen und dunklen Kleinwohnungen.

Schon bald hatte Friedrichshain den Ruf eines wilden, rebellischen Stadtteils. Rund um den heutigen Ostbahnhof kontrollierten kriminelle „Ringvereine" den Kiez. In der Weimarer Republik galt Friedrichshain als „rot", hier hatten die Kommunisten viele Anhänger. Im Zweiten Weltkrieg wurde besonders der westliche Teil Friedrichshains durch Bomben zerstört. Deshalb begann gerade hier in den 1950er-Jahren der Neu-Aufbau Ostberlins. Bekanntestes Bauwerk aus dieser Zeit ist die ehemalige Stalinallee, heute Karl-Marx-Allee und mit 2,3 Kilometern das längste Baudenkmal Deutschlands.

Die wenig zerstörten, gründerzeitlichen Altbauviertel im östlichen Teil Friedrichshains verkamen in der DDR-Epoche mangels Modernisierung. Noch in den 1980er-Jahren hatten ein Drittel der Altbauwohnungen Außenklo, Ofenheizung war Standard. Wer konnte, zog weg.

Nach der Wende entdeckten zunächst Hausbesetzer und Lebenskünstler die leer stehenden Miets-

Das Gelände des ehemaligen Reichsbahn-Ausbesserungs-Werks (RAW) wurde 1998 von Künstlern und Kreativen übernommen. Heute blüht hier die Subkultur

häuser. Ganze Straßenzüge wurden „instandbesetzt". Es kam zu Räumungen und Straßenschlachten mit der Polizei. An der Räumung von zwölf Häusern in der Mainzer Straße mit mehr als 3 000 Polizisten zerbrach 1990 sogar die rot-grüne Stadtregierung.

Um das Jahr 2000 herum kam Friedrichshain in Mode: In der Simon-Dach-Straße entstanden Kneipen, kleine Läden, Galerien. Die seit Mitte der 1990er-Jahre aufgelegten Sanierungsprogramme zeigten Wirkung: Friedrichshain wurde attraktiv für Studenten und junge Familien. Längst gehören die Altbauquartiere zu den begehrten Innenstadtkiezen. Den Ruf des rebellischen Stadtteils hat sich Friedrichshain trotzdem bis heute erhalten. Hier leben weiterhin auch Punks, Linksautonome und Unangepasste aller Art. *Klaus Scheddel*

Karte Seite 97

Start
S/U Warschauer Straße

Ziel
S Ostkreuz

Länge
2 km

Cassiopeia
Revaler Straße 99
www.cassiopeia-berlin.de
Musik-Club auf dem RAW-Gelände, Biergarten

Privatbrauerei Schalander
Mit Biergarten, auf dem RAW-Gelände, Haus 9
Revaler Straße 99
www.schalander-berlin.de

Die Knorrpromenade ist eine bürgerliche Wohnoase

Boxhagener Kiez

Leben und feiern lassen

Eine Tour durch den betriebsamen Boxhagener Kiez, eröffnet durch eine Aussicht von der wuseligen **Warschauer Brücke** 1: Sie überspannt die Gleisanlagen der Stadtbahn, der Blick reicht vom Ostkreuz bis zum Fernsehturm. Gleich nach der Brücke biegen wir rechts in die Revaler Straße und gehen nach 100 Metern rechts eine unscheinbare Treppe hinunter in eine andere Welt: Das **RAW-Gelände** 2. Hier, im ehemaligen Reichsbahn-Ausbesserungs-Werk wurden bis 1994 Züge wieder flott gemacht. Nach der Wiedervereinigung war der Betrieb bald überflüssig. Das 60000 Quadratmeter große Gelände stand leer, bis 1998 Künstler, Lebenskünstler und andere Kreative einzogen und einen Teil der halb verfallenen Gebäude wieder herrichteten. Seitdem sind 60 Kleinbetriebe, Clubs, Ateliers und Veranstaltungsräume mit subkulturellem Charme entstanden. Sogar ein eine Art Freibad gibt es: In der Eventlocation Haubentaucher, einer Mischung aus Club, Biergarten und Schwimmbad, kann man sich zwischen historischen Backsteinhallen im Wasser abkühlen, im Liegestuhl sonnen oder abends in der Lounge chillen.

Wir verlassen das RAW-Gelände über den Ausgang gegenüber der **Simon-Dach-Straße.** Diese, benannt übrigens nach einem deutschen Barock-Dichter (1605–1659), ist eine bekannte Kneipenmeile. Besonders zwischen Kopernikusstraße und Grünberger Straße gibt es auf dem breiten Bürgersteig kaum einen Meter ohne Cafés, Restaurants und Bars. Biegt man von der Simon-Dach-Straße in die ruhige Krossener Straße ab, kommt man bald zum **Boxhagener Platz** 3, 1905 eingeweiht und von Gründerzeithäusern gesäumt. Der „Boxi“ ist ein grüner Flecken, beherbergt den traditionellen Wochenmarkt am Samstag und den Flohmarkt am Sonntag.

Von hier lohnt ein Abstecher über die Gärtnerstraße in Richtung Norden zur Mainzer Straße, Schauplatz jüngerer Friedrichshainer Geschichte. In der heute hübsch sanierten Gründerzeitstraße tobte im November 1990 der Straßenkampf, als 3000 Polizisten zwölf besetzte Häuser räumten.

Wieder zurück über den Boxhagener Platz führt die Gärtnerstraße bis zur Wühlischstraße. In beiden Straßen findet man kleine Designerläden. Von der Wühlischstraße zweigt nach zwei Häuserblocks links die **Knorrpromenade** 4 ab. Am Anfang der ungewöhnlichen Straße flankieren obeliskenbesetzte Pfeiler die Bürgersteige, dahinter öffnet sich eine ehemals großbürgerliche Wohnoase.

Zurück auf der Wühlischstraße weiter Richtung Südosten zum Wühlischplatz, hier zweigt halb rechts die **Sonntagstraße** ab. Rechter Hand der **Helenenhof** 5, eine vorbildhafte Wohnanlage von 1904. Die 442 hellen und komfortablen Wohnungen des klassizistischen Gebäudeensembles ziehen sich über zwei Straßenkarrees. Eine Ecke weiter liegt gegenüber an der Böcklinstraße die ehemalige **Max-Kreuziger-Schule** 6. Das Gebäudeensemble war in den frühen 1950er-Jahren im aufwändig historisierenden Sowjetstil gebaut worden und steht unter Denkmalschutz. 2008 wurde die Schule in eine noble Wohnanlage umgebaut. Aus der Schulturnhalle gegenüber wurde ein großes Restaurant mit Biergarten.

Geht man nun die Sonntagstraße weiter, säumen bald Bars und Restaurants die Straße. Im Vergleich zur trubeligen Simon-Dach-Straße ist hier jedoch das Ambiente etwas ruhiger. Am Ende der Sonntagstraße wartet der neu gestaltete Annemirl-Bauer-Platz (früher Lenbachplatz) auf erschöpfte Spaziergänger. Die große Grünanlage ist nach einer unangepassten Malerin aus der DDR benannt. Während an der Sonntagstraße eine baumbestandene Promenade Sitzgelegenheiten zum Ausruhen anbietet, gibt es im Inneren des Platzes Spielbereiche sowie eine Liegewiese.

Restaurant Papaya
Krossener Straße 11
(030) 29 77 12 31
www.papaya-service.de
Kleines, gutes Thai-Restaurant

Macondo
Gärtnerstraße 14 (am Boxhagener Platz)
Mo–Fr ab 12,
Sa/So ab 10 Uhr
www.macondocafebar.com
Retro-Café mit Latino-Küche und Blick auf den Boxi

Der Boxhagener Platz ist ein grüner Flecken mit Spielplatz

Gleich hinter dem Annemirl-Bauer-Platz liegt der S-Bahnhof Ostkreuz. Der wichtige Umsteigebahnhof wurde in den letzten Jahren umfassend renoviert und umgebaut. Womit es ihm ähnlich erging wie schon dem Boxi-Kiez. Drumherum herrscht weiterhin reger Baustellenebetrieb. *KLAUS SCHEDDEL*

Karte Seite 99

Start
S/U Warschauer Straße

Ziel
S Ostkreuz

Länge
4 km

Stralauer Kiez & Halbinsel Stralau

Von der Licht- zur Wasserstadt

U-Bahnhof Warschauer Straße, Hinterausgang: Die Treppen runter geht's zur **Oberbaum-City** ❶. Von 1906 bis 1992 wurden hier Glühlampen hergestellt, zunächst für Osram, später unter dem Namen Narva. Nach der Wende wurde die Glühbirnenproduktion eingestellt und die Fabrik zu einem Design- und Medienzentrum umgebaut. Der weithin sichtbare **Osram-Turm,** erbaut 1909, bekam einen fünf Stockwerke hohen Glaskubus aufgesetzt.

Nicht versäumen sollte man einen Blick in die öffentlich zugänglichen Höfe an der Rotherstraße (rechte Seite). Diese sind miteinander verbunden, die Innenfassaden sind mit Ornamenten verziert. Durch die Höfe gelangt man zur Naglerstraße, die man überquert, um im angrenzenden Block den Hofspaziergang fortzuführen. Hier finden sich vier miteinander verbundene Höfe mit quaderförmigen Brunnen – im Sommer kühle Oasen in der Oberbaum-City. Wir verlassen die Höfe an der Ehrenbergstraße. Gegenüber ist der luxuriöse Wohnkomplex Lautizia mit 14 Gebäuden um einen großen Innenhof entstanden.

Zurück in der Rotherstraße treffen wir bald auf den **Rudolfplatz.** In seiner Mitte liegt eine hübsche Grünanlage. An der Nord-West-Seite des Rudolfplatzes steht, eingebaut in einen Häuserblock, die Zwingli-Kirche. Das zweischiffige Backsteingebäude von 1908 wird heute für Kulturveranstaltungen genutzt.

An der Südostseite des Rudolfplatzes beginnt die Modersohnstraße. Sie führt geradezu zur **Modersohnbrücke** ❷, einem bei Friedrichshainern sehr beliebten Ort, um den Sonnenuntergang über dem Gleisgewirr der Stadtbahn zu erleben (romantisch!).

Trotzdem gehen wir weiter geradeaus, vorbei an der Emanuel-Lasker-Schule, einem verspielten Schul-

Zur Glühlampe
Lehmbruckstr. 1/Rudolfstr.
www.zurgluehlampe.com
Cocktailbar in einer ehemaligen Eckkneipe

Blick über die Rummelsburger Bucht, vorne ist das Backsteingebäude des Palmölspeichers zu erkennen

bau von 1912 des Stadtbaurats Ludwig Hoffmann. Am Ende der Straße, die nun Corinthstraße heißt, biegen wir rechts in den Markgrafendamm und dann links in die Straße Alt-Stralau ein zur Halbinsel.

Am nahen Spreeufer beginnt ein Rundweg. Gleich hinter der Bahnunterführung führt rechts ein Weg zum Spreeufer. Von hier führt ein schöner Uferweg um die ganze Stralauer Halbinsel. Seit den 1990er-Jahren wird auf Alt-Stralau gebaut: **Wasserstadt Stralau** nennt sich das Projekt, und entstanden sind meist hochwertige Wohnanlagen, viele davon mit Blick aufs Wasser. Bewohnt ist die Halbinsel aber schon seit vielen hundert Jahren, vor allem Fischer lebten hier. Beliebtes Volksfest war der Stralauer Fischzug, mit dem sich der Pfarrer des Ortes seit 1574 für Abgaben aus ihren Fischzügen bedankte – die Tradition endete 1873 wegen Alkoholexzessen und Schlägereien der herbeiströmenden Berliner Ausflügler.

Weiter den Uferwanderweg entlang ist bald eine Grünanlage mit einer **Karl-Marx-Gedenkstätte** 3 erreicht. Der Philosoph wohnte als Student im Sommer 1837 auf Alt-Stralau und bekam dafür in der DDR-Zeit ein Denkmal gesetzt. Weiter auf dem Uferweg durchquert man bald eine Grünanlage und stößt an deren Ende auf eine Mauer. Sie umgibt einen Friedhof, in dessen Mitte sich die **Stralauer Dorfkirche** 4 erhebt. Auffällig an dem 1464 erbauten Kirchlein ist der weiße Kirchturm, der sich um 5 Grad zur Seite neigt. Über die Tunnelstraße nähern wir uns nun der Spitze von Stralau. Hier gab es einst einen Straßenbahntunnel – die „Elektrische“ fuhr bis 1932 unter der Spree durch zum Treptower Park.

Von dem kleinen Park an der Halbinselspitze führt der Uferweg vorbei an der Marina und bietet einen schönen Blick auf die Rummelsburger Bucht. Weiter nördlich stößt man auf den **Palmölspeicher** ❺ von 1883. Er ist Überbleibsel einer Margarinefabrik. Inzwischen sind in dem charmanten Industriedenkmal Wohnungen und Künstlerateliers entstanden. Über das Paul und Paula-Ufer (▶ Seite 222) und die Kynaststraße erreicht man bald den S-Bahnhof Ostkreuz. Wer Lust hat, kann noch einen Abstecher in die Laskerstraße machen. Dort wartet die **Zukunft am Ostkreuz** ❻ mit Kino, Biergarten und Musikclub.

KLAUS SCHEDDEL

Zukunft am Ostkreuz
Laskerstraße 5 (Ecke Markgrafendamm)
www.zukunft-ostkreuz.de
Programm- und Freiluftkino, Musikclub und Biergarten in einer Industriebrache am Ostkreuz

Oberbaumbrücke & East Side Gallery

Rund um die Mauer

Karte Seite 101

Start
S/U Warschauer Straße

Ziel
Ostbahnhof

Länge
2 km

Die **Oberbaumbrücke** ❶, 1896 im Stil der Backsteingotik erbaut, verbindet Friedrichshain mit Kreuzberg. In der ersten Etage fährt die U-Bahn als Hochbahn über einem Arkadengang. Außer zwischen 1961 und 1989: Da verlief die Grenze zwischen Ost- und West-Berlin hier an der Spree. Die Brücke diente nur als Grenzübergang für Fußgänger. Als nach dem Mauerfall die U-Bahn wieder hergestellt werden sollte, wurde die Oberbaumbrücke mit ihren Zinnen und Türmchen restauriert. Nur der zerstörte Mittelteil der Arkaden wurde vom spanischen Architekten Calatrava durch eine elegante Stahlkonstruktion ersetzt.

Südlich der Oberbaumbrücke steht das riesige **Eierkühlhaus** des ehemaligen Osthafens. Hier ist vor einigen Jahren Universal-Music eingezogen. In dem großen Lagerhaus nebenan wurde bis 2018 das TV-Programm von MTV gemacht. Ein weiteres Hafengebäude wird als Showroom für Modelabels genutzt. Dahinter liegt das futuristische Nhow-Hotel, das sich besonders an (betuchte) Musiker und Künstler richtet.

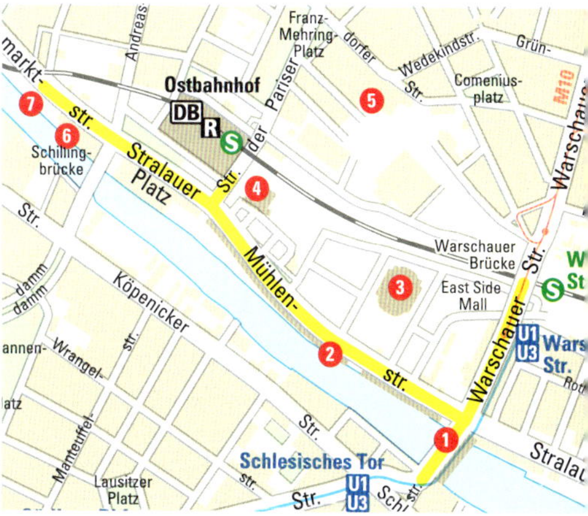

Die East Side Gallery zeigt Kunst auf einem ehemaligen Abschnitt der Berliner Mauer

Als Berlin noch geteilt war, verlief die Mauer auf der Ostseite der Spree. Und da steht sie in Teilen heute noch, nämlich als **East Side Gallery** ❷. Kurz nach dem Mauerfall hatten 188 Künstler aus 21 Ländern hier begonnen, die Mauer zu bemalen. Bald wurden die Bilder bekannt, und das Mauerstück eine Touristenattraktion. An zwei Stellen ist die East-Side-Gallery mittlerweile durchbrochen: In Höhe eines neuen Luxus-Wohnturms und gegenüber der **Mercedes-Benz Arena** ❸. Hier gibt es einen Landesteg an der Spree und man hat einen schönen Blick auf Kreuzberg und die Oberbaumbrücke. Zwischen Ufer und Ex-Mauer ist eine lauschige Promenade entstanden. Der Grünzug ist Teil des Projekts **Mediaspree,** in dessen Rahmen die Uferzonen rechts und links der Spree neu bebaut und gestaltet werden.

Rund um die Mercedes-Benz Arena ist ein neues Stadtquartier mit Wohnungen, Shoppingcenter, Hotels und Bürohochhäusern entstanden. Zwischen Arena und Warschauer Brücke hat im Herbst 2018 mit der „East Side Mall" ein weiteres Einkaufszentrum in Form eines Ufos eröffnet.

Rund um den Ostbahnhof stehen kulturelle Leuchttürme: In die renovierten Hallen des alten **Postbahnhofs** ❹ ist ein Club eingezogen, die lichtdurchflutete Gleishalle steht für Ausstellungen aller Art zur Verfügung. Auch nicht weit entfernt von der Spree steht am Wriezener Bahnhof die trutzige Burg des Techno-Clubs **Berghain** ❺. Das Gebäude wurde 1954 als Heizkraftwerk erbaut. Wen der Türsteher einlässt, darf in einem der berühmtesten Clubs der Welt bis in die Mittagsstunden feiern. Alle andern können es sich sommers im Biergarten hinter dem Berghain gut gehen lassen (Eingang von der Rüdersdorfer Straße). Zurück am Spreeufer findet man in Richtung Nor-

The Wall Museum
Mühlenstraße 78
(030) 94 51 29 00
www.thewallmuseum.com
Ausstellung zum Mauerfall

Berghain
Rüdersdorfer Straße 70
(030) 29 36 02 10
www.berghain.de

Radialsystem
Holzmarktstraße 33
(030) 28 87 88 50
www.radialsystem.de

den bald das **Radialsystem** ❻. Hier ist in einem alten Pumpwerk ein ganz besonderer Kunsttempel entstanden: Künstler, Kreative und Kulturbegeisterte entwickeln hier aus der Begegnung von Alter Musik und Zeitgenössischem Tanz, Bildender Kunst und Neuen Medien neue Formate und Genres.

Wir gehen noch eine Ecke weiter und entdecken hinter der Bahntrasse ein Areal, dass sich von den umliegenden Bauvorhaben unterscheidet: Ein Hüttendorf wuchert im Schatten eines Hochhauses, sogar die Dächer sind begehbar. Hier im **Holzmarkt** ❼ leben Freiberufler und kleinere Unternehmen den Traum selbstbestimmten, innerstädtischen Lebens. Es gibt etliche gastronomische Angebote und Veranstaltungen.
KLAUS SCHEDDEL

Restaurant Katerschmaus
Holzmarktstraße 25
(01 52) 29 41 32 62
Mo– Fr 12–16 und 19–22:30 Uhr, Sa 19–22:30 Uhr
katerschmaus.de
Auf dem Gelände des Holzmarkts

Samariterkiez

Zwischen Graffiti und Kaiserzeit

Karte Seite 103

Start
U Samariterstraße
Ziel
S Storkower Straße
Länge
2,5 km

Vom U-Bahnhof Samariterstraße führt die Samariterstraße leicht ansteigend in den auch Nordkiez genannten Stadtteil. Gleich die erste Querstraße ist eine Berliner Berühmtheit: In der **Rigaer Straße** gibt es linksautonome Wohnprojekte und immer mal wieder Randale. Biegt man in die Rigaer Straße links ein, sieht man bald mehr oder weniger fantasievoll bemalte Hausfassaden. Bald darauf passiert man die **Heinrich-Hertz-Oberschule** ❶. Das Gymnasium mit dem tempelartigen Giebel (Hausnummer 81–82) wurde um die Wende zum 20. Jahrhundert von Stadtbaurat Heinrich Hoffmann entworfen. Nach dem Überqueren der Proskauer Straße ist an der Ecke **Liebigstraße** bald der „Dorfplatz“ erreicht. So nennen die Linksautonomen die

In der Liebigstraße, Ecke Rigaer Straße werden besetzte Häuser nicht kampflos aufgegeben

Straßenkreuzung, in deren Umgebung autonome Wohnprojekte liegen. Als im Februar 2011 und Oktober 2020 Häuser geräumt wurden, tobte hier der Straßenkampf.

In die Liebigstraße rechts eingebogen, kommt man zum **Forckenbeckplatz,** der grünen Oase im Nordkiez. Am östlichen Ende des Platzes zeigt sich die **Bänschstraße** 2 von ihrer prunkvollen Seite. Die Allee hat eine breite Mittelpromenade und ist gesäumt von fast herrschaftlichen Mietshäusern der Gründerzeit. Heute sind die Gebäude wieder in den originalen Farben der Entstehungszeit – gelb, ocker, braun – getüncht.

Schon von Weitem leuchtet der rote Backsteinklinkerbau der **Samariterkirche** 3. Das Gotteshaus mit Türmchen und Bögen an der Ecke zur Samariterstraße sollte die Einwohnerschaft des Berliner Ostens dazu ermuntern „sich mit einem Samariterherzen der Not der Armen und Bedrängten anzunehmen", so Kaiserin Auguste Victoria 1884 in ihrer Einweihungsrede. Rund hundert Jahre später bot die Kirche Raum für die legendären Blues-Messen, bei denen sich unangepasste Jugendliche und Künstler aus der ganzen DDR trafen.

Die Samariterstraße hügelaufwärts und dann links in die Dolziger Straße eingebogen, erreicht man an der Eldenaer Straße bald das riesige Gelände des ehemaligen Zentralviehhofs von 1881. Hier wurde noch bis 1990 Vieh geschlachtet und Fleisch hergestellt.

Die einstöckigen Backsteinbauten gegenüber der Einmündung der Proskauer Straße waren einstmals **Hammelställe** 4 (heute Supermarkt und Getränkeshop). Durchquert man hier den Durchgang am Waagehäuschen, standen früher bald rechts die Kuhställe. Davon sind nur noch einzelne Fassaden an der Südfront erhalten, die nun in neu gebaute Reihenhäuser integriert wurden. Linker Hand aber steht die noch erhaltene und sanierte **Rinderauktionshalle** 5. Hier ist ein großes Fahrradcenter eingezogen.

Viñeria del Este
Bänschstraße 41
(030) 42 02 49 43
Mo–Sa ab 12, So ab 15 Uhr, Küche bis 24 Uhr
Spanisches Restaurant und Weinhandlung
www.vineriaytapas.de

Libelle
Bänschstraße 44
(030) 41 72 49 96
Schöner Kinderbuch- und Spielzeugladen
www.libelle-kinderland.de

Überall auf dem Schlachthofgelände findet man noch Reste der alten Bebauung zwischen Neubauten. So auch am neu angelegten **Hermann-Blankenstein-Park** ❻, gleich hinter dem (Rinderauktionshallen-) Fahrradcenter: Mitten im Park steht das Stahlskelett der Hammelauktionshalle.

Auf dem westlichen Teil des Schlachthofgeländes ist ein neues Stadtviertel mit Townhouses und Wohnungen entstanden. Der Weg vom Hermann-Blankenstein-Park zur S-Bahn führt noch einmal über den erhaltenen Rest eines Baudenkmals: Der **Lange Jammer** ❼, eine überdachte und verglaste Brücke, führte einst über Hunderte von Metern von der S-Bahn-Station über das Schlachthofgelände hinweg bis zur Eldenaer Straße. Heute endet sie als Stummelbrücke am Parkplatz eines Einkaufszentrums.

KLAUS SCHEDDEL

Karl-Marx-Allee & Volkspark Friedrichshain

Arbeiterpaläste und Märchenbrunnen

Karte Seite 106

Start
U Frankfurter Tor

Ziel
Platz der Vereinten Nationen, Tram M5, M6, M8

Länge
3,5 km

Das **Frankfurter Tor** ist der ideale Startpunkt zu einem Ausflug auf die Prachtstraße des Berliner Ostens, der **Karl-Marx-Allee.** Der Boulevard im Zuckerbäckerstil wurde zwischen 1949 und 1959 gebaut und hieß bis 1961 Stalinallee. Mit seinen 90 Metern Breite übertrifft er sogar die Pariser Champs-Élysées. Das Herzstück der Allee zieht sich vom Strausberger Platz bis zur Niederbarnimstraße.

Entstanden sind seinerzeit hochkomfortable Wohnungen mit Heizung, Fahrstuhl, Müllschlucker und Parkett – wahre Arbeiterpaläste. Die Fassaden wurden geschmückt mit klassizistischen Säulen, Gesimsen und Balustraden. Die Vorderfronten wurden repräsentativ verkleidet mit hunderttausenden Kacheln aus Meißen. Dass sich die kommunistische Führung aber beim Bau übernommen hatte, zeigte sich schon 1953: Ausgerechnet von der Vorzeigebaustelle Stalinallee ging der Aufstand des 17. Juni gegen überzogene Arbeitsnormen aus.

Am Frankfurter Tor baute Chefarchitekt Hermann Henselmann die spektakulärste Ecke der Stalinal-

Computerspielemuseum
Karl-Marx-Allee 93a
(030) 60 98 85 77
Tgl. 10–20 Uhr
www.computerspiele-museum.de
Computerspiele aller Generationen zum Ansehen und Mitspielen

lee: Die **Frankfurter Türme** ❶. Ihre von überall weit sichtbaren Kuppeln sind denen des deutschen und französischen Doms am Gendarmenmarkt nachempfunden. Geht man die Allee weiter in Richtung Westen, taucht bald rechts das **Kino Kosmos** ❷ auf. Das repräsentative Lichtspielhaus mit 1001 Plätzen wurde 1962 im modernen Stil erbaut. Schräg gegenüber, auf der südlichen Straßenseite stehen die beiden **Laubenganghäuser** ❸, die ersten Neubauten der Stalinallee. Nach der Fertigstellung befand man sie allerdings für nicht repräsentativ genug. Fortan wurde die Allee bis 1959 komplett im einheitlichen Zuckerbäckerstil gebaut. Südlich der Laubenganghäuser steht an der Marchlewskistraße das 1952 gebaute **Hochhaus an der Weberwiese** ❹. Das Gebäude war Vorbild und Prototyp für die Architektur, die dann auf der Stalinallee in großem Stil umgesetzt wurde.

Zurück auf der Allee geht es weiter bis zum **Strausberger Platz.** Auch hier gibt es wieder zwei Hochhäuser. In den obersten vier Etagen des südlichen Hochhauses war das „Haus des Kindes“ untergebracht, ein legendäres Kinderkaufhaus. Vom Strausberger Platz ist es nur ein Katzensprung zum **Platz der Vereinten Nationen.** Als die Anlage noch

Ein Prachtboulevard, breiter als die Champs-Elysées, ist die Karl-Marx-Allee

Leninplatz hieß, stand dort, wo heute eine Ansammlung von abgerundeten Steinen liegt, Genosse Lenin als überlebensgroße Statue. Die Skulptur wurde erst nach ihrer Demontage wirklich berühmt, als sie für den Film „Good Bye Lenin" noch einmal an einem Hubschrauber hängend über Berlin schweben durfte.

Gleich hinter den Hochhäusern beginnt der **Volkspark Friedrichshain.** 1848 eingeweiht, sollte der Park östliches Gegenstück zum Tiergarten sein. Heute ist der Friedrichshain mit seinen Liegewiesen, einem Schwanenteich, Biergarten und Freiluftkino ein echter Volkspark für die Bewohner von Friedrichshain und Prenzlauer Berg. Highlight und beliebter Treffpunkt ist der **Märchenbrunnen** 5 an der Ecke Friedenstraße/Am Friedrichshain. Die 1913 erbaute Brunnenanlage ist mit Skulpturen aus den Grimmschen Märchen geschmückt. Die beiden grünen Erhebungen im Park sind künstlicher Natur, nämlich mit Schutt aufgefüllte Flak-Bunker aus dem Zweiten Weltkrieg. Die bedeutendste Gedenkstätte im Park ist der **Friedhof der Märzgefallenen** 6, nahe der Zufahrtsstraße zum Klinikum Friedrichshain. Hier liegen hunderte Opfer der Barrikadenkämpfe von 1848 und der Novemberrevolution von 1918 begraben. Klaus Scheddel

Café Schönbrunn
(030) 4 53 05 65 25
www.schoenbrunn.net
Café und Biergarten im Volkspark Friedrichshain

Freiluftkino im Friedrichshain
www.freiluftkino-berlin.de

Bezirk: Friedrichshain-Kreuzberg

Kreuzberg

Kreuzberg ist eine Berliner Legende – und dies zu Recht. Vor dem Mauerfall war es der bunteste Stadtteil Westberlins, berühmt und berüchtigt für seine subkulturellen Szenen aus Künstlerkreisen und alternativer Politik. Nach dem Fall der Mauer bekam Kreuzberg in dieser Hinsicht Gesellschaft in den innerstädtischen Ost-Bezirken Mitte, Friedrichshain, Prenzlauer Berg. Doch nachdem diese größtenteils „gentrifiziert" (siehe Kasten ▸ Seite 111) wurden, damit ihre subkulturelle Pubertät durchlebt haben und sich nun erwachsen schick, renoviert und bürgerlich geben, bleibt Kreuzberg der ewige Berufsjugendliche. Was nicht heißt, dass es hier nicht sehr gediegene Ecken gibt, in denen polierte Gründerzeithäuser elegante Plätze oder verwunschene Kanäle säumen. Doch auch diese Orte sind stets nur eine Ecke entfernt von den sozialen Brennpunkten oder turbulenten Straßenzügen Kreuzbergs. Kreuzberg ist außerdem bekannt dafür, dass ein Drittel seiner 150 000 Einwohner Migranten sind und vor allem die türkische Gemeinde sehr präsent ist.

Der Stadtteil trägt seinen Namen des Kreuzbergs wegen, der in seinem westlichsten Ende als Ausläufer der Brandenburger Hochfläche Teltow immerhin 66 Meter emporragt und von einem schinkelschen Nationaldenkmal bekrönt wird. Um den Berg herum befindet sich die ruhigere Hälfte Kreuzbergs, nach dem ehemaligen Postzustellbezirk bis heute mit „61" bezeichnet. Hier tummelt sich ein bisschen Szene rund um die Bergmannstraße, ansonsten wird ruhig und größtenteils gut gelebt. Im Norden, nördlich noch vom Gebiet der südlichen Friedrichstadt (die im Zweiten Weltkrieg weitgehend zerstört und danach unschön neu bebaut wurde), befindet sich das Zeitungsviertel. Es war 1968 Schauplatz der Osterunruhen nach dem Attentat auf Rudi Dutschke. Gelebte Historie: Das Hochhaus des Axel-Springer-Verlags steht zwar an der nach ihm benannten Straße, aber

Steckbrief

Einwohner*innen
153 923

27–45 Jahre
36 %

Über 65 Jahre
11 %

Besucher beim Karneval der Kulturen (Umzug)
ca. 1 Million

Auch Kreuzberger Nachmittage sind lang – hier im Görlitzer Park

mittlerweile an der Kreuzung zur Rudi-Dutschke-Straße. Die Umbenennung wurde von der links-alternativen Tageszeitung „taz", die auch hier ansässig ist, initiiert. In den letzten Jahren haben sich in dieser Gegend immer mehr hochkarätige Galerien angesiedelt, darunter viele im Rheinland längst etablierte, sodass ein Spaziergang durch Dutschke-, Charlotten- und Zimmerstraße für Kunstinteressierte inzwischen spannender ist als durch Mitte.

Am Springer-Hochhaus beginnt auch die Oranienstraße und führt nach Osten durch den ehemaligen Postzustellbezirk „36", dem lärmenden Nebeneinander von internationaler Imbisskultur, Bars und bunten Geschäften. Noch einmal östlich davon, an der Spree, entwickelt sich auch auf der Kreuzberger Seite ein neuer Wirtschaftsstandort der Medienindustrie.
Julia Brodauf

Karte Seite 113

Start
U Hallesches Tor
Ziel
U Gneisenaustraße
Länge
3,5 km

Hammett
Krimibuchhandlung mit Antiquariat
Friesenstraße 27
Mo–Fr 10–20, Sa 9–18 Uhr
(030) 6 91 58 34
www.hammett-krimis.de

Bergmannkiez

Wo Kreuzberg jazzt

Der Spaziergang durch das westliche Kreuzberg beginnt am Hochbahnhof Hallesches Tor und führt gen Süden in den Bergmannkiez.

Gleich am Anfang fällt die **Amerika-Gedenkbibliothek** 1 auf, die ein Geschenk der USA nach der überstandenen Blockade 1948/49 war und 1954 eröffnet wurde. Südlich der Blücherstraße existieren seit 1735 die Friedhöfe am Halleschen Tor, insgesamt sechs und die älteste Anlage, die in Berlin noch in Betrieb ist. Reich verzierte Grabmäler und Mausoleen zeugen von den berühmten Persönlichkeiten, die hier begraben sind: E.T.A. Hoffmann, Georg Wenzeslaus von Knobelsdorff und Felix Mendelssohn-Bartholdy sind nur einige von ihnen. Folgt man dem Mehringdamm gen Süden, passiert man zu seiner Rechten das **Finanzamt** 2, das zwischen 1850 und 1853 als Kaserne des königlichen Garde-Dragoner-Regiments errichtet wurde und mit seinen Zinnen und Ecktürmen an eine Ritterburg erinnert. Kurz darauf bietet der legendäre Imbiss „Curry 36“ die Gelegenheit, sich berlin-gerecht Wegzehrung zu verschaffen.

Auf dem Kreuzberg: Ausblick aus immerhin 66 Metern Höhe

Biegt man rechts in die Yorckstraße ein, sieht man schräg gegenüber, eingebaut in die Häuserzeile, die Zwillingstürme der neugotischen Bonifatiuskirche (1906/1907 erbaut). 100 Meter rechts davon liegt der Eingang zu **Riehmers Hofgarten** 3. Der Wohnkomplex mit den reich verzierten Fassaden wurde 1881 für gut betuchte Bürger gebaut. Die großzügigen Wohnungen haben Balkone zu den begrünten Innenhöfen, die die Yorckstraße mit der Hagelbergerstraße und der Großbeerenstraße verbinden. Über die Großbeerenstraße gelangt man bald zum **Viktoriapark** und befindet sich am Fuße des Kreuzbergs, dessen stolze 66 Meter erklommen sein wollen. Von den Hängen des Parks bietet sich ein schöner Ausblick über die Dächer Kreuzbergs, besonders wenn man den Wegen bis zum „Gipfel“ folgt. Dort steht das **Nationaldenkmal** 4, das 1818–21 nach Plänen von Carl Friedrich Schinkel zur Erinnerung an die preußischen Befreiungskriege errichtet wurde.

Vom Park-Ausgang zur Methfesselstraße aus lässt sich durch eine Grünanlage der Weg zum Mehringdamm abkürzen und dort schräg gegenüber die Fidicinstraße nehmen. Auch hier ist's schmuck, die Gebäude dieser Gegend waren zur Zeit ihrer Erbauung Offiziersfamilien zugedacht. Vorbeispazierend am fensterlosen ehemaligen Wasserturm und durch die links abzweigende Kopischstraße führt der Weg über die Willibald-Alexis-Straße zum **Chamissoplatz** 5, dem Zentrum der bildhübschen Wohngegend. Das gesamte Ensemble der stuckverzierten Fassaden und Schinkelschen Gaslaternen steht unter Denkmalschutz und ist eine der lauschigsten Platzanlagen Berlins. Ganz anders die einen Block nördlicher liegende, quirlige **Bergmannstraße,** auf der türkische Händler, Designerboutiquen, Cafés

Gentrifizierung Das Wort stammt von dem englischen „Gentry“ ab, das den niederen Adel bezeichnet, und meint die soziale Veränderung und Umstrukturierung eines ärmeren Wohnbezirks durch den Zuzug von besser situierten Anwohnern. Dies geschieht meist in mehreren Schritten: Zunächst entdecken Künstler und Studenten die billigen Wohnungen eines heruntergekommenen Stadtviertels. Dadurch kommt das Viertel in Mode und weckt so das Interesse von Investoren und Besserverdienern. Dies führt dazu, dass mehr und mehr Häuser renoviert werden, sodass die Mieten steigen. In der Folge zieht die alteingesessene Bevölkerung weg, weil sie die höheren Mieten nicht bezahlen kann. Neue wohlhabendere Bewohner ziehen in den Stadtteil.
Teils werden von Seiten der Senatsverwaltung auch gezielt Anstrengungen unternommen, einen Stadtteil aufzuwerten und so für den Zuzug von besser Betuchten interessant zu machen.

Gentrifizierung hin oder her, wo es die beste Currywurst der Stadt gibt, wusste schon Altbundeskanzler Schröder

Curry 36
Mehringdamm 36
Tgl. 9–5 Uhr
Beste Currywurst West-Berlins

Mustafa's Gemüse Kebap
Mehringdamm 32
Tgl. 10–2 Uhr
Direkt neben Curry 36 und ebenso heiß begehrt

BKA-Theater
Berliner Kabarett Anstalt
Mehringdamm 34
Kartentelefon:
(030) 2 02 20 07
www.bka-theater.de
Kleinkunsttheater im 5. Stock seit 1988

Golgatha
(im Viktoriapark)
Dudenstraße 48–64
(030) 7 85 24 53
www.golgatha-berlin.de
Apr.–Okt. tgl. ab 9 Uhr
Größter Biergarten Kreuzbergs, Disko im Sockelgeschoss

Deutsches Technikmuseum
Trebbiner Straße 9
(030) 90 25 40
Di–Fr 9–17.30 Uhr
Sa/So 10–18 Uhr
www.sdtb.de
U Gleisdreieck

Ein Abstecher zum **Deutschen Technikmuseum** 7. Neben den allgemeinen technischen Phänomenen zeigt es Ausstellungen zur Luft- und Schifffahrt, zum Schienenverkehr und zur Fotografie. Beeindruckend auch das dazugehörige Freigelände mit Wind- und Wassermühlen, Schmiede und Brauerei. Gleich südlich davon liegt der innovative **Park am Gleisdreieck,** der auf dem Gelände des Anhalter Güterbahnhofs entstanden ist.

Markthalle am Marheinekeplatz
Mo–Fr 8–20,
Sa bis 8–18 Uhr

Grober Unfug
Zossener Straße 33
Mo–Fr 11–19 Uhr,
Sa 11–18 Uhr
(030) 69 40 14 90
www.groberunfug.de
Legendäre Comic-Galerie

und Ökoläden ihre Ware feilbieten. Abends ist der „Bergmannkiez" eine beliebte Kneipengegend. Auf der Bergmannstraße findet auch jährlich im Sommer das Jazzfest statt. Am östlichen Ende der Bergmannstraße befindet sich die historische **Markthalle am Marheinekeplatz** 6**,** die nun in modernisiertem Glanz erstrahlt. Im Innern bieten kleine Stände leckeres Essen und die Möglichkeit, mit Marktflair einzukaufen. Entlang der Zossener Straße finden sich ausgefallene Buchläden, ein stadtweit bekanntes Comicfachgeschäft und gut sortierte Plattenläden.
Johanna von Stülpnagel

Karte Seite 113

Start/Ziel
Admiralbrücke (5 Min. vom U Kottbusser Tor)

Länge
2,5 km

Graefekiez

Sonnenuntergang in Kreuzberg

Der **Graefekiez** verläuft zwischen dem Kottbusser Damm, der Urbanstraße, der Grimmstraße und dem Landwehrkanal. Im Vergleich zu den Kiezen im „echten" Kreuzberg 36 gibt er sich – obwohl Neukölln in der Nähe ist – äußerst aufgeräumt, herausgeputzt und ordentlich. Und so lohnt sich ein Spaziergang, denn es gibt gute Verweilplätze und genügend Lichtblicke in Form von interessanten Häusern und Bars.

Apropos Verweilplätze: Direkt am Anfang dieser Tour befindet sich nämlich einer der schönsten Orte zum Herumhängen im Sommer in ganz Berlin. Man kann sich ein Eis kaufen bei Isabel oder eine Pizza im überregional bekannten Il Casolare oder ein Bier im Kiosk und sich damit auf die **Admiralbrücke** 8 setzen, auf einen der Poller oder an die Reling, das tun hier vorzugsweise abends sehr viele Menschen. Dann gibt es meistens Straßenmusik, unter einem schippern die Ausflugsschiffe über den Kanal, und die Kronkorken sammeln sich im Fugenasphalt. Autos fahren Schritt, und zu aller Sicherheit lässt sich auch die Polizei mal blicken.

Von der Admiralbrücke aus lassen sich Schwäne, Gitarristen, Jogger und Ausflugsschiffe beobachten

Der unter der Brücke fließende Landwehrkanal, der sich in Blickweite zum **Urbanhafen** 9 verbreitert, ist Überbleibsel eines ehrgeizigen Bauprojekts, mit dem Ende des 19. Jahrhunderts die Spree entlastet werden sollte – von rechts mündete damals auch noch der Luisenstädtische Kanal ein. Doch das Gefälle war zu niedrig, der Kanal versumpfte und das Projekt erwies sich generell als unfunktionell. So wurde schließlich auch der ursprünglich riesige Urbanhafen zurückgebaut. Heute liegen hier ein Restaurantschiff und ein Bar-Kutter vor Anker. Auf der ehemaligen Ladeinsel steht seit den 1960er-Jahren das monumentale Hochhaus des Urbankrankenhauses.

Trattoria il Casolare
Grimmstraße 30
(030) 69 50 66 10
Tgl. 12–24 Uhr
Pizza und Atmo wie in Italien

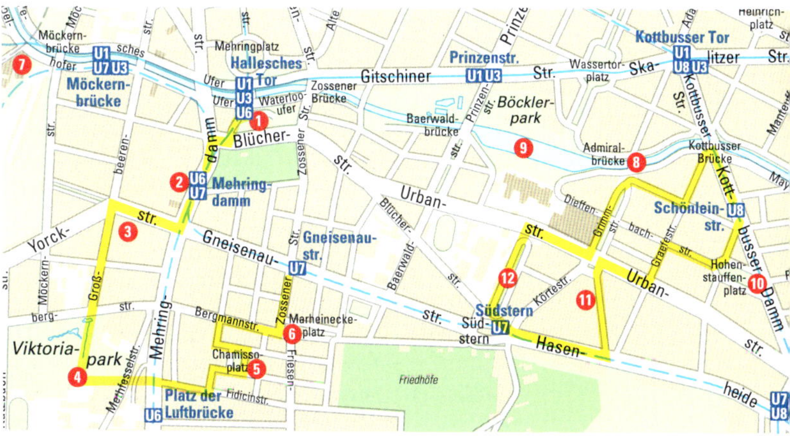

Ein bisschen schräg sind die Kreuzberger schon

Ebenfalls am Platze: Ein gutes Café, schon in der Böckhstraße. Hier geht man an einer altehrwürdigen Grundschule vorbei und auf die nächste Kreuzung zu, an der es wiederum einige Bars und Restaurants gibt. Wir ziehen einen Kreis: Gehen erst links die Graefestraße hinunter, an weiteren kleinen Geschäften vorbei, bis zur Kottbusser Brücke. Hier liegt der „Fuchsbau". Dienstags und freitags ist gegenüber am Ufer lebhaftes Markttreiben. Wir halten uns rechts und laufen ein Stück den belebten, leicht schmuddeligen und türkisch dominierten Kottbusser Damm hinauf. Hier gibt es Geschäfte und Gastronomie für die kleine Geldbörse.

Auf Höhe einer schön renovierten 1950er-Jahre-Apotheke geht's in die Schönleinstraße, wir halten auf den **Hohenstaufenplatz** ⑩ zu. Der hieß früher Zickenplatz, da dort Ziegen geweidet wurden, bevor der Stadtteil entstand. Eine Skulptur erinnert daran, einen Spielplatz gibt es auch. Rechts abgebogen in die **Dieffenbachstraße**, die dank gutbürgerlicher Gründerzeithäuser links und rechts wohl die eindrucksvollste im Kiez ist. Links biegen wir wieder in die Graefestraße, schauen im kleinsten Lokal der Stadt vorbei (der „Minibar"), gehen dann weiter in die Urbanstraße, die auf dieser Höhe noch Charakter hat. Auch in der **Körtestraße** und der **Fichtestraße** gibt es gute Lokale, zwischen ihnen erhebt sich die schmiedeeiserne Kuppel des **Gasometers** ⑪, der 1826 zum Zweck der Straßenbeleuchtung errichtet wurde. 1941 wurde der Steinzylinder zu einem sechsgeschossigen Bunker umgebaut, in dem in einzelnen Nächten bis zu 30 000 Menschen unterkamen. Das Dach des denkmalgeschützten Gasometers wurde zu Lofts ausgebaut, aber im Inneren des Gebäudes befindet sich eine historische Ausstellung, die im Rahmen von Führungen besichtigt werden kann.

Goldmarie
Grimmstraße 29
Tgl. ab 9 Uhr
Bagels und mehr

Minibar
Graefestraße 27
Ab 20 Uhr
DJs am Wochenende

Die Eismacher
Körtestraße 10
Tgl. 12–20.30 Uhr

Fuchsbau
Planufer 96
(030) 6 91 75 95
Cocktails und Wirtshaustisch
www.fuchsbaukreuzberg.de
Tgl. 16–23 Uhr

Van Loon
An der Baerwaldbrücke
Carl-Herz-Ufer 7
(030) 6 92 62 93
www.vanloon.de
Restaurantschiffe am Urbanhafen

Am Ende der Körtestraße steht die Kirche am **Südstern,** die 1897 als evangelische Garnisonkirche eingeweiht wurde – das katholische Pendant steht ein paar Meter die Lilienthalstraße hinauf. Ein feines italienisches Restaurant ist am Platz. Die **Fontanepromenade** ⓬, mit üppig grünem Mittelstreifen und diversen denkmalgeschützten Gebäuden führt zurück Richtung Landwehrkanal. An der Urbanstraße rechts und links in die Grimmstraße liegt die Admiralbrücke wieder vor uns. *RENÉ HAMANN*

Führungen im Gasometer
Jan–Jun/Sep.–Dez.
Do 16+18, Sa/So 12+14 Uhr,
Jul./Aug. tgl. 12, 14, 16,
Do zusätzlich 18 Uhr

Oranienstraße

Der Mariannenplatz war blau, soviel Bullen waren da

Karte Seite 115

Start
U Kochstraße

Ziel
U Görlitzer Bahnhof

Länge
3,5 km

Die **Oranienstraße,** auch liebevoll O-Straße genannt und von Außerirdischen, Touristen und Zugezogenen oft mit der Oranienburger Straße in Mitte verwechselt, zieht sich durch **Kreuzberg 36** und ist besonders im Abschnitt zwischen Oranienplatz und Skalitzer Straße Fressmeile, Publikumsmagnet und die Ausgehstraße überhaupt auf dieser Seite der Spree.

Sie beginnt als Fortsetzung der ehemaligen Kochstraße, dort, wo das **Springer-Hochhaus** ❶ steht. Und wo nach einem gewonnenen Bürgerbegehren jetzt die **Rudi-Dutschke-Straße** auf die Axel-Springer-Straße trifft. Dort dürfen sich der Wortführer der Studentenrebellion von 1968 und der antikommunistische Verlagsmogul noch post mortem ein Besserwisserduell

Im posthumen Duell mit dem Verleger Springer hat der Studentenführer Dutschke die Vorfahrt

liefern. Wir allerdings schauen kurz nach rechts und gehen die Lindenstraße hinunter, wo sich das **Jüdische Museum** ❷ befindet. Dieses wurde 2001 eröffnet und kombiniert das barocke Kollegienhaus mit dem dekonstruktivistischen Bau von Daniel Libeskind. Die Dauerausstellung dokumentiert jüdisches Leben in Deutschland. Gleich um die Ecke gibt es ein weiteres interessantes Museum: Die **Berlinische Galerie** ❸. Nachdem die Sammlung Berliner zeitgenössischer Kunst jahrelang heimatlos war, fand sie 2004 ihr Domizil im ehemaligen Glaslager.

Von der Lindenstraße weist ein Wegweiser zur Alten Jakobstraße. Diese entlang kommt man zum Museum und auch daran vorbei wieder zur Oranienstraße. Rechts eingebogen, passiert erst einmal eine Weile nichts. Es gibt Nachkriegs-Wohnblöcke, kleine Parks, Supermärkte, Bushaltestellen. Interessant wird es kurz vor dem **Moritzplatz,** dort macht sich linker Hand eine weiland innovative Wohnsiedlung breit, die **Otto-Suhr-Siedlung** ❹, erbaut zwischen 1956 und 1960. Nach den Fünfzigerjahren sieht sie auch aus. Gegenüber liegt die römisch anmutende Kirche St. Jacobi Luisenstadt. Ein Hinweis darauf, dass dieser Kiez ursprünglich **Luisenstadt** hieß. Zur Luisenstadt gehören auch die Teile von Mitte, die diesseits der Spree liegen.

Am Moritzplatz wurde aus dem ehemaligen Gebäude der Klavierfabrik Bechstein 2011 das Aufbau-Haus. Rund 60 Betriebe und Werkstätten aus dem Kreativbereich sind in den modernen Umbau eingezogen, darunter Galerien und eine Buchhandlung. Gegenüber liegen die Prinzessinengärten, wo auf einer Brachfläche ein Nutzgarten für urbane Landwirtschaft entstanden ist. In Richtung **Oranienplatz** ❺ liegt rechter Hand das Brauhaus „Max & Moritz", wo es neben Wiener Schnitzel regelmäßig Lesungen gibt.

Jüdisches Museum Berlin
Lindenstraße 9–14
(030) 25 99 33 00
www.jmberlin.de
Tgl. 10–20, Mo bis 22 Uhr

Berlinische Galerie
Landesmuseum
für Moderne Kunst,
Fotografie und Architektur
Alte Jakobstraße 124–128
Tgl. außer Di 10–18 Uhr
www.berlinischegalerie.de

Aufbau-Haus
Am Moritzplatz
Kreativzentrum mit Läden
und Werkstätten, Buchhandlung und Café
www.aufbauhaus.de

Prinzessinnengärten
Gartencafé
Am Moritzplatz
Apr.–Okt. tgl. 10–22 Uhr
http://prinzessinnengarten.net

Der Oranienplatz überzeugt mit einem preußisch akkuraten Grünstreifen, der entlang des ehemaligen Luisenstädtischen Kanals (in den 1930er-Jahren wegen mangelnder Fließgeschwindigkeit und Geruchsentwicklung zugeschüttet) verläuft. Davor war die Luisenstadt fast ein kleines Venedig! Hier kann man jetzt entweder in Richtung **Engelbecken** 6 oder zum **Landwehrkanal** flanieren. In einem repräsentativen Eckgebäude, das in seiner wechselvollen Geschichte schon viele Besitzer und Nutzungen kannte, kündet seit 2017 das schicke Boutique-Hotel Orania von einer neuen Zeit. Aber nun beginnt der lebhaftere Teil der Oranienstraße: eine Bar neben der anderen, Restaurants, kleine Galerien und schmucke Altbauten.

Bevor wir rechts in der „Luzia" halt machen, um uns unter jungen Leuten cool zu fühlen, ein kleiner Ausflug in die Soziologie dieses Stadtteils. Das SO36 und mit ihm die Hauptschlagader des Kiezes ist ein Patchwork der Kulturen. Der Charme des Kaputten, die türkischen Männerclubs, das auch architektonisch schwierige Problemviertel „Neues Kreuzberger Zentrum" (NKZ) am Kottbusser Tor, Hippies und Studenten, Autonome und Künstler, alles an einem Ort. Die Hausbesetzervergangenheit ist noch spürbar, zahlreiche Altbauten wurden durch Besetzungen gerettet und eine geplante Stadtautobahn verhindert. Inzwischen gibt es andere Zuwanderungen und viele Touristen hier. Behutsam und mit Widerständen erfährt der Kiez seine kleine Gentrifizierung – was weitaus langsamer vor sich geht als anderswo in der Stadt. Eine lebendige Szene hat sich gebildet, ein großes Gewimmel, was sich besonders in den stadtfestartigen Feiereien am 1. Mai, dem „Myfest", zeigt.

Der letzte Teil der O-Straße beginnt mit dem **Heinrichplatz** 7, an dem sich ebenfalls viele ansprechende, teils legendäre Lokale und Clubs wie das „SO36", das „Bateau Ivre" und andere befinden. Nach links geht es zum in Pink gehaltenen **Mariannenplatz** 8. Im ehemaligen Krankenhaus und heutigen Kulturzentrum Bethanien ist noch die Apotheke erhalten, in der einst Theodor Fontane arbeitete.

Zurück auf der Oranienstraße gibt es noch eine Waffel in der „Cassonade". Vor uns liegt schon der Görlitzer Bahnhof. RENÉ HAMANN

Max & Moritz
Oranienstraße 162
(030) 69 51 59 11
www.maxundmoritzberlin.de
Tgl. ab 17 Uhr
Eisbein!

SO36
Oranienstraße 190
(030) 61 40 13 06
www.so36.de

fhxb Friedrichshain-Kreuzberg Museum
Stadtteilmuseum
Adalbertstraße 95a
(030) 50 58 52 33
Di–So 10–19 Uhr
www.fhxb-museum.de

Voo Store
Luxus-Designer-Klamotten
Oranienstraße 24 & 181
Mo–Sa 10–20 Uhr
www.vooberlin.com

SOX
Kunst im Schaufenster
Oranienstraße 175
www.sox-berlin.com

Wo schon David Bowie tanzen ging: das SO36 in der Oranienstraße

Karte Seite 119

Start/Ziel
U Görlitzer Bahnhof

Länge
3,5 km (mit Abstecher zum Badeschiff 4 km)

Wrangelkiez

Leben und leben lassen

Der Wrangelkiez erstreckt sich im östlichen Kreuzberg zwischen Görlitzer Park und Schlesischer Straße, sowie jenseits der Skalitzer Straße zwischen Lausitzer Platz und Köpenicker Straße. Es ist ein lebhaftes und abwechslungsreiches Stadtviertel, hier wird wirklich eine Menge geboten.

Steigt man am Görlitzer Bahnhof aus, muss man sich links halten, dann ein kleines Stück die Skalitzer Straße hinuntergehen. Gegenüber der Lausitzer Kirche schlüpfen wir kurz in den Görli, den **Görlitzer Park** ❶, um großstädtisches Parkleben zu sehen. Er befindet sich auf dem Gelände des ehemaligen Kopfbahnhofs der Berlin-Görlitzer Eisenbahn, der allerdings im Krieg schwer beschädigt und nach und nach abgewickelt wurde. Bahnschuppen und vereinzelte Gleise sowie der alte Bahndamm, der nach Treptow hinüberführt, erinnern daran. Viele Verstecke, türkische Familien mit Campingausstattung und Grillfieber, Akrobaten, schlechte Gitarreros, Picknickgesellschaften meist jüngerer Couleur, vollgetagte Gemäuer, diese komische Mischung aus Stein und Gras, die so typisch ist für Berliner Parks, all das und noch viel mehr gibt es hier zu erleben. Allerdings hat der Park auch seit einigen Jahren ein Drogen- und Kriminalitätsproblem. Bevor wir den gigantischen Bombenkrater in der Mitte des Parks hinabwandern, biegen wir lieber links ab und gehen in Richtung Görlitzer Straße.

Auch hier herrscht die hübsche Kreuzberger Mischung aus vernachlässigten Altbauten, Restaurants, Jugendkultur und alternativ-bürgerlichem Dasein. Wir passieren einige Lokalitäten, sehen

Eisdiele und Pizzeria Aldemir
Falckensteinstraße 7
Tgl. 10–24 Uhr

Café Sofia
Wrangelstraße 93
Mo–Fr ab 9, Sa ab 11 Uhr
www.sofia-berlin.blogspot.com

Qual der Wahl im Eiscafé Aldemir: „Omas Apfelkuchen", „Quark-Sesam-Honig" oder „Schoko-Chili", „Ingwer" oder „Keks", oder alle?

tätowierte Erwachsene und besprühte Gemäuer (ohne Bekritzelung geht es nicht) und biegen in die verkehrsberuhigte Cuvrystraße ein. Hier sieht es fast noch aus wie in den 1980er-Jahren, als Kreuzberg ein verschlafener Randbezirk war. Indes haben am Ende der Straße auf einer der letzten Brachflächen, die bis ans Spreeufer reichte und um die lange gestritten wurde, die Bauarbeiten für einen riesigen Bürokomplex begonnen. Rechts geht es Richtung Schlesische Brücke zu den netten Bars am Kanal, die wir heute mal ignorieren, stattdessen gehen wir links die **Schlesische Straße** hinauf. Im „Lido", der ehemaligen Probebühne der „Schaubühne", finden Konzerte statt. Auf der Straßenseite gegenüber gibt es das „Mysliwska", eine polnische, sehr nette Bar. Daneben noch nicht gentrifizierte Häuser und in Blickweite den U-Bahnhof Schlesisches Tor.

Aber soweit gehen wir nicht. Stattdessen biegen wir links in die **Falckensteinstraße** ❷, der nettesten Straße in diesem Kiez. Sympathische Läden (Bücher, Kleider), beliebte Pizzerien und mit dem „Aldemir Eiscafé" eine Anlaufstelle für Eisschlecker, das alles gibt dem Kiez eine fast mediterrane Atmosphäre. Kauft man sich ein Eis oder ein Stück Pizza, kann man sich damit auf einen der Betonpoller niederlassen. Das machen hier alle so.

Und dann kommt sie endlich, die dem Kiez den Namen gebende **Wrangelstraße.** Wrangel ist übrigens der Name eines baltischen Adelsgeschlechts, das so manchen Kriegstreiber hervorgebracht hat, aber entgegen anders lautender Gerüchte, die rund um Migration und Widerstand gegen die Gentrifizierung ranken, geht es im Wrangelkiez eigentlich recht friedlich zu. Überzeugen kann man sich davon im „Sofia", einem netten, leicht hippiesken Café, oder auch im allerersten McDonald's Kreuzbergs auf

Kinderbauernhof auf dem Görlitzer e. V.
Am Eingang Wiener Straße
Im Sommer Mo, Di, Do, Fr 10–19 Uhr
Sa/So 11–18 Uhr
Im Winter jeweils bis 17 Uhr
www.kinderbauernhof-berlin.de

Mysliwska
Schlesische Straße 35
Tgl. ab 19 Uhr

Weltrestaurant Markthalle
Pücklerstraße 34
(030) 6 17 55 02
Tgl. ab 12 Uhr
www.weltrestaurant-markthalle.de
Herr Lehmann lässt grüßen

Freischwimmer
Vor dem Schlesischen Tor 2a
(030) 61 07 43 09
Mo–Fr ab 12,
Sa/So ab 10 Uhr
www.freischwimmer-berlin.com

Club der Visionäre
Am Flutgraben 1
(030) 69 51 89 44
www.clubdervisionäre.com
Mo–Fr ab 14, Sa/So ab 12 Uhr

Festsaal Kreuzberg
Am Flutgraben 2
(030) 47 05 60 87
www.festsaal-kreuzberg.de
Konzerte & Gastronomie

Badeschiff
Eichenstraße 4
(0152) 05 94 57 52
www.arena-berlin.de
Täglich geöffnet, im Winter als Sauna mit beheiztem Pool

Kunstfabrik am Flutgraben
Am Flutgraben 3
Infos zum Programm:
www.flutgraben.org

der anderen Seite der Skalitzer Straße (die „kapitalistische Gefahr" übernimmt auch Kreuzberg, allen McWiderstands zum Trotz). In diesem Teil des Wrangelkiezes warten noch das **Eiszeit-Kino,** eine Schule, hinten der **Bethaniendamm,** und quasi mittendrin die alte **Markthalle Neun** 3 in der Eisenbahnstraße. Die wurde 1891 erbaut und beherbergt seit der Renovierung 2011 kleine Händler, die faire, ökologisch und regional erzeugte Produkte anbieten (Di, Fr ab 12 Uhr, Sa ab 10 Uhr). Beim „Street Food Thursday" kann man hier donnerstags ab 17 Uhr leckeres Essen aus aller Welt probieren. Auf der Rückseite gibt es ein Restaurant. Hier wurden Szenen des Spielfilms „Herr Lehmann" gedreht. Das Ziel ist erreicht.

Abstecher von der Schlesischen Brücke – um die netten Bars am verwunschenen Kanal doch aufzusuchen. An den einstigen Mauerverlauf zwischen Kreuzberg und Treptower Park erinnert nur noch ein Wachturm. Links und rechts am **Flutgraben-Ufer** 4 ducken sich zwei lauschige Etablissements in Baracken. Der Freischwimmer, in den 1930er-Jahren als Bootswerkstatt entstanden, ist wohl Berlins längstes Café, 100 Meter, kleine Terrassen mit Liegestühlen sind angedockt. Von der anderen Seite des Wassers schallen gedämpfte elektronische Rhythmen herüber. Der Club der Visionäre ist nicht so winterfest wie das Café, doch des Sommers lagern auf einer Reihe von schwimmenden Pontons, Flößen und einem Boot dichtgedrängte Open-Air-Clubber.

Am Club vorbei weiter Richtung Treptow und Spreeufer gelangt man zum **Badeschiff** 5, das unter dem Namen „Spreebrücke" 2004 als Kunstprojekt entstanden ist. Es ist Ergebnis der Zusammenarbeit des spanischen Architektenbüros AMP und der Berliner Künstlerin Susanne Lorenz im Rahmen eines Wettbewerbs des Berliner Vereins Stadtkunstprojekte. Das Becken, 32 Meter lang und knapp 9 Meter breit, ist ein ehemaliger Lastkahn und schwimmt in der Spree. Schwimmen mit Panoramablick auf Berlin, im Winter Sauna, rund ums Jahr Bar und Entertainment.

RENÉ HAMANN

„Molecule Man": Wo Friedrichshain, Kreuzberg und Treptow aufeinandertreffen

Bezirk: Charlottenburg-Wilmersdorf

Charlottenburg

Steckbrief

Einwohner*innen
191 531

27–45 Jahre
27 %

Über 65 Jahre
22 %

Teufelsberg
115 m ü. NN

Vorübergehend hatte Charlottenburg wieder ein „Romanisches Café“. Ein klangvoller Name, der auf die Bedeutung der City West, damals noch „Neuer Westen“ genannt, als Künstler- und Literatenzentrum während der Roaring Twenties hinwies.

Die „Goldenen Zwanziger“, für diese Epoche steht Charlottenburg. Seinen Namen verdankt der Stadtteil Königin Sophie Charlotte. 1705 ließ die Gattin von Friedrich I. und Mutter des „Soldatenkönigs“ Friedrich Wilhelm I. vor den Toren der Stadt das Schloss samt Park bauen und nutzte es fortan als Ort für Zusammenkünfte von Adel, Kultur und Wissenschaft. Darum herum wuchs eine kleine und unabhängige Residenzstadt auf 300 000 Einwohner heran, samt eigener Universität und Elektrizitätswerk und wurde 1920 doch eingemeindet. Doch dann nahm der Schwung noch zu, entlang des Kurfürstendamms entstand eine prosperierende Mischung aus industriellem Erfolg und Vergnügungsmeile. Der Neue Westen gehörte dem Bürgertum, den Künstlern und der Halbwelt und wurde Hauptveranstaltungsort der Goldenen Zwanziger.

Dazu gehörte seinerzeit das Romanische Café. Es löste um 1915 das Café des Westens (am Ort des heutigen Kranzler Ecks am Ku’damm) als Treffpunkt der Literaturszene ab. Die, die wir heute als Avantgarde der Kultur des 20. Jahrhunderts kennen, zogen um dorthin, wo heute unter einem Mercedesstern das Europa-Center thront. Das Café galt als groß, ungemütlich und immer brechend voll. Lesser Ury hat es gemalt, Erich Kästner beschrieben, es ist überhaupt in der Literatur häufig erwähnt, was auch daran liegt, dass von Benn bis Zweig viele wichtige zeitgenössische Berliner Schriftsteller hier verkehrten. Die Machtergreifung der Nationalsozialisten machte dem ein Ende und im Zweiten Weltkrieg wurde auch das Gebäude zerstört.

Nicht nur der Eingang zum Schloss Charlottenburg ist repräsentativ, auch der barocke Schlosspark dahinter gibt sich königlich

Für ein paar Jahre wollte nun das 2013 eröffnete Luxushotel Waldorf Astoria an den großen Namen und die Literaturszene anknüpfen, aber wahrscheinlich war es doch kein guter Anlaufpunkt für mittellose Literaten. Nur vier Buchstaben sind geblieben, das Café heißt jetzt „Roca". Dennoch steht ebendieser Hochhaus-Hotelneubau für die Hoffnung, die City West zu ihrem dritten Frühling zu erwecken – wie es der noch junge Stadtteil ab 1900 erlebte, als das Kultur- und Geschäftsleben aus der alten Berliner Mitte an den Ku'damm abwanderte. Oder wie zur Zeit des geteilten Berlins, als Charlottenburg Stadtzentrum blieb. Nach der Wende musste die Gegend viel Aufmerksamkeit an die alte Mitte abtreten, nicht zuletzt verlor sie den Hauptbahnhof. Nun nimmt man neuen Anlauf, setzt architektonische Ausrufezeichen und will zurück ins Gespräch.

Julia Brodauf & Kerstin Müller

Karte Seite 124

Start
U Uhlandstraße

Ziel
U Wittenbergplatz

Länge
1 km

Kaiser-Wilhelm Gedächtniskirche
Breitscheidplatz
Tgl. 9–19 Uhr geöffnet
www.gedaechtniskirche-berlin.de

Kurfürstendamm

„Berliner Tempo, Betrieb und Tamtam"

Ausgewählte Einkaufstüten in historischer Kulisse tragen – das lässt sich am Besten rund um den **Ku'damm**. Dreieinhalb Kilometer Traditionsgeschäfte, Flagstores, Ladenzeilen und Einkaufspassagen. Im 16. Jahrhundert ritten hier die Kurfürsten entlang, doch seit 1886 gehört der Boulevard dem Fortschritt, dem Vergnügen, dem Nachtleben und der Modewelt.

Er ist das Symbol der Goldenen Zwanziger Jahre. Auf einem Spaziergang entlang des **Kurfürstendamms**, über den Tauentzien bis hin zum Wittenbergplatz, kann man vergangenen Epochen West-Berliner Geschichte begegnen und gleichzeitig das Entstehen der Skyline der sogenannten „City West" erleben. Am U-Bahnhof Uhlandstraße, dem Beginn der Route, verspricht bei Hausnummer 207 eine große Baustelle zu einem Geschäftshaus namens „Fürst" heranzuwachsen. Auch Richtung Osten, wo der beschädigte Turm der Gedächtniskirche aufragt, haben sich hohe Bürotürme dazugesellt. Auf sie gehen wir zu, aber zunächst werfen wir einen Blick auf die Gedenktafel an Hausnummer 217: Hier nämlich schrieb Robert Musil 1931 bis 1933 sein unvollendetes Meisterwerk „Der Mann ohne Eigenschaften".

Passend dazu ein Abstecher in die Fasanenstraße: Im Wintergartenensemble residiert das **Berliner Literaturhaus** ❶, das **Käthe-Kollwitz-Museum** und die Villa Grisebach, ein renommiertes Auktionshaus für Kunst

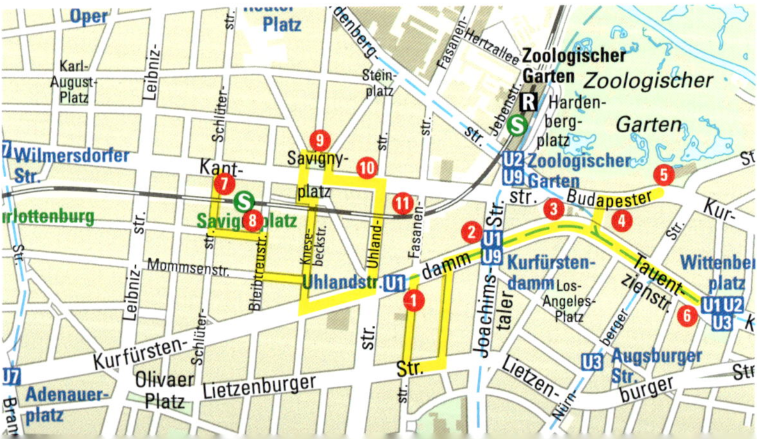

des 20. Jahrhunderts. Die Häuser wurden erbaut, als der Ku'damm noch ein Reitweg war und Neoklassizismus sowie Neogotik in Mode waren. In den 1980er-Jahren wurden die drei Gründerzeitvillen liebevoll restauriert. Das Café im Garten und im namensstiftenden Wintergarten sowie der Buchladen im Souterrain machen das Literaturhaus zum Rast- und Ruhepool des Ensembles. Doch Veränderung steht bevor: Die Käthe wird 2022 zum Schloss Charlottenburg wandern und dafür in Haus Nr. 24 ein neues Museum eingerichtet.

Seit Hilde Knef sich nach „Berliner Tempo, Betrieb und Tamtam" auf dem Kudamm sehnte, hat sich einiges getan

In einem Bogen geht es zurück zum Kurfürstendamm. An der Ecke zur Joachimsthaler Straße steht ein 54 Meter hoher Glasbau: das **Neue Kranzler Eck** ❷. Das von Helmut Jahn entworfene 16-stöckige Gebäude ragt spitz in den Ku'damm und punktet mit einer Open-Air-Joggingbahn auf seinem Dach. Auch innen jede Menge Superlative: 40 000 Quadratmeter Büroflächen und auf 20 000 Quadratmeter Gelegenheit zum Geldausgeben. Daneben wirkt der Namensgeber sehr bescheiden: Das **Café Kranzler** erkannte man immer an der rot-weißen Markise im Obergeschoss. Das Café in der Tradition des Wiener Zuckerbäckers Johann Kranzlers eröffnete an diesem Ort erstmals 1932. Der heutige Bau ist von 1957 und steht samt dem Schriftzug unter Denkmalschutz. Seit 2017 logiert hier eine Filiale des Kaffeerösters „THE BARN". Im Gebäude gibt es auch einen Volierengarten mit Papageien und im Sommer ebendort Open-Air-Kino. Gegenüber blinkt metropolitisch eine Werbetafel. Dennoch hat der Joachimstaler Platz nicht wirklich etwas mit dem Picadilly Circus oder gar dem Times Square zu tun ... dennoch hier bitte den Blick heben: Auf dem Vorsprung über der Leuchtreklame thront eine Skulptur von Markus Lüpertz. Es handelt sich

Literaturhaus Berlin
Fasanenstraße 23
(030) 8 87 28 60
www.literaturhaus-berlin.de

Café Wintergarten
im Literaturhaus
(030) 8 82 54 14
Tgl. 9–24 Uhr

Käthe-Kollwitz-Museum
Fasanenstraße 24
(030) 8 82 52 10
Tgl. 11–18, Di bis 21 Uhr
www.kaethe-kollwitz.de

THE BARN at Café Kranzler
Kurfürstendamm 18
Tgl. 10–20 Uhr
www.thebarn.de

Das zweite OG des Bikinihauses war ursprünglich ein Luftgeschoss und gab dem Haus eine „nabelfreie“ Gestalt

bei den Damen um die griechischen Göttinnen Hera, Aphrodite und Helena, die sich dem Urteil des Paris stellen. Und wo ist er, dieser Paris? Er hält sicheren Abstand. Viel Spaß beim Suchen.

Wir nähern uns dem Breitscheidtplatz. Hier, wo der Kurfürstendamm mit dem Tauentzien und der Budapester Straße zusammentrifft, ist es am lautesten, touristischsten und turbulentesten. Der **Breitscheidtplatz** gelangte im Dezember 2016 durch einen terroristischen Anschlag zu trauriger Berühmtheit. Überragt wird er durch das Hochhaus „Zoofenster“, in dem nun das Waldorf Astoria residiert. Im Hintergrund des Breitscheidtplatzes steht das im Jahr 2014 als Concept-Mall wiedereröffnete **Bikinihaus.** Der Flachbau aus den 1950er-Jahren beherbergt auf drei Etagen Läden edler, ungewöhnlicher und exklusiver Marken und grenzt sich damit ganz bewusst von üblichen Einkaufszentren ab. Neben weiteren Büroräumen in den Obergeschossen, gibt es eine 7 000 Quadratmeter große, frei zugängliche Dachterrasse, die einen wundervollen Blick auf den Zoo und den Affenfelsen ermöglicht.

Bikinihaus Berlin
www.bikiniberlin.de
Mo–Sa 9–21 Uhr,
So 12–18 Uhr
Concept Stores

Zoologischer Garten
Hardenbergplatz 8
(030) 25 40 10
Tgl. 9–19 Uhr
www.zoo-berlin.de

C/O Berlin Foundation
Hardenbergstraße 22–24
(030) 2 84 44 16 62
Tgl. 11–20 Uhr
www.co-berlin.org
Fotogalerie im sanierten Amerika-Haus

Inmitten all des Lärms ist genau der richtige Ort für eine besinnliche Gedenkstätte: Die **Kaiser-Wilhelm-Gedächtniskirche** 3, deren ruinöser Turm zum Mahnmal für die Schrecken jeglicher Bombardierung geworden ist. Kaum sind die Baugerüstes der letzten Sanierung des Alten Turms abgebaut, ist bald das nächste aufgebaut – denn auch der Turm der neuen Kirche sowie die Kapelle benötigen Reparatur. Egon Eiermann schuf dieses Gesamtensemble, zu dem auch der magische, aus blauen Glasbausteinen gemauerte Kirchenraum gehört.

Wir orientieren uns nach Osten. Das **Europa-Center** 4 – ein Einkaufszentrum aus den 1960er-Jahren – erkennt man am Mercedesstern auf dem Dach. Direkt neben ihm kann man baden: Auf dem Dach des Centers befinden sich die „Thermen am Europa-Center“ mit großartigem Ausblick.

Zum **Zoo** 5 selbst geht es auf der Budapester Straße – den Eingang erkennt man am „Elefanten-Tor“. Gehege und Aquarium beherbergen etwa 14000 Exemplare 1500 verschiedener Tierarten.

Zum **Kaufhaus des Westens** 6 am Wittenbergplatz gelangt man auf der Tauentzienstraße. Das größte Warenhaus Europas wurde 1907 von einem jüdischen Kaufmann gegründet, woraufhin die ganze Umgebung für weitere Händler attraktiv wurde. Der Höhepunkt im KaDeWe ist die Feinkostabteilung im Obergeschoss. Hier scheint es alles zu geben, was des Feinschmeckers Herz und Gaumen begehren, für ambitionierte Köche, aber auch zum Vor-Ort-Genießen. Deswegen erklären wir an dieser Stelle den Spaziergang für beendet und überlassen Sie der Entspannung. Es sei aber noch kurz darauf hingewiesen, dass sich gleich vor der Tür die U-Bahn-Station **Wittenbergplatz** befindet, die nach historischem Vorbild von 1813 originalgetreu restauriert ist und als Entwurf von Alfred Grenader geradezu exemplarisch für die Berliner U-Bahnhöfe steht. *JULIA BRODAUF UND KERSTIN MÜLLER*

Kaufhaus des Westens
Tauentzienstraße 21–24
(030) 2 12 10
10–20 Uhr
www.kadewe.de

Grandezza
Passauer Straße 8–9
(030) 21 91 24 83
Mo–Fr 11–19, Sa 11–16 Uhr
www.grandezza-shoes.de
Seltene Gelegenheit für Frauen, in Berlin an große Schuhe zu kommen

the temporary bauhaus-archiv / museum für gestaltung
Im denkmalgeschützten Haus Hardenberg mit bauhaus-shop
Knesebeckstraße 1–2
Mo–Sa 10–18 Uhr
Eintritt frei

Savignyplatz
Kunst, wohin man blickt

Karte Seite 124

Start/Ziel
S Savignyplatz
Länge
2 km

Wer das Viertel rund um den Savignyplatz bis hin zur Hardenbergstraße erkunden möchte, sollte Lust auf gutes Essen und schöne Kunst mitbringen. Denn das sind die beiden Themen, die in den kleinen Straßenzügen rund um den 1861 zur „Stadtentlüftung“ erbauten Platz vorherrschen. Benannt ist er nach dem preußischen Minister und Juristen Friedrich Carl von Savigny. Fünf Straßen münden in den Platz, die Kantstraße läuft mitten hindurch.

Die **S-Bahn-Station** 7 am Savignyplatz, deren Satteldach auf gusseisernen Säulen ruht, steht unter Denkmalschutz. Startet man hier, so lässt die erste

Bücherbogen
Stadtbahnbogen 593/
Savignyplatz
(030) 31 86 95 11
Mo–Fr 10–20, Sa 10–19 Uhr
www.buecherbogen.com

Dicke Wirtin
Carmerstraße 9
(030) 3 12 49 52
Tgl. ab 12 Uhr
Mittagstisch 12–17 Uhr
www.dicke-wirtin.de

Filmkunst 66
Bleibtreustraße 12
(030) 8 82 17 53
www.filmkunst66.de

A-Trane Berlin
Bleibtreustraße 1 / Ecke
Pestalozzistraße
(030) 3 13 25 50
www.a-trane.de
Tgl. ab 20 Uhr
International Jazz-Club
(seit 1992)

Versuchung nicht lange auf sich warten. Direkt vor dem Ausgang lockt das „12 Apostel", eine der bekanntesten Steinofen-Pizzerien Berlins mit uriger Wandbemalung. Käse-und-Wein-Sünden können im Anschluss leicht beim Schaufensterschlendern vergessen werden. Kleine Galerien, Boutiquen und Schmuckgeschäfte präsentieren ihre Auswahl an Luxusgütern.

Die Bleibtreustraße ist nichts für kleine Geldbörsen, aber auch zu schön zum Vorbeigehen. Eine Empfehlung für Filmfreunde ist das Programmkino **Filmkunst 66** 8. Hier laufen internationale Independent- und Low-Budget-Filme, kleine Meisterwerke auf großer Leinwand.

Folgt man der Mommsenstraße in die Knesebeckstraße, läuft man direkt auf den **Savignyplatz** 9 zu. 1926 wurde der Platz in einen Garten mit einem ausgeklügelten Blütensystem, das monatlich die Farbe wechselt, umgewandelt. So ähnlich wurde er in den 1980er-Jahren zum 750-jährigen Stadtjubiläum auch wieder hergestellt. Platanen, Linden und laubenartige, mit Rankpflanzen besetzte Sitznischen gibt es ebenfalls, außerdem zwei identische Bronzeskulpturen „Knabe mit Ziege" von August Kraus (1928).

Eine Sehenswürdigkeit am Platze ist ein kleines, rundes Häuschen mit einem spitzen Dach: Der Kiosk ist rund 100 Jahre alt und stammt von dem schwedischen Architekten Alfred Grenander. Sein winziges Bauwerk am Savignyplatz dient heute als Currywurstbude.

Knabe mit Ziegen auf dem Savignyplatz

Rund um den Platz finden sich unzählige kleine und größere Geschäfte. Fachlektüre für Architektur, Kunst und Fotografie bietet der **Bücherbogen.** Hier türmen sich dutzende Bücher unter und neben den zahlreichen S-Bahn-Bögen – ein echter Hingucker. Die Eisenwarenhandlung C. Adolph am anderen Ende des Platzes bietet seit 120 Jahren alles an Haushaltswaren, was einem im Fall der Fälle fehlen kann. Ein richtiger Trödel-Laden mit meterhohen Regalen voller Schrauben, Kordeln, Bohrern und vielen kleinen Seltsamkeiten, die es in keinem Baumarkt mehr gibt.

In der Carmerstraße im Kneipen-Restaurant „Dicke Wirtin“ kann man zünftige Hausmannskost zu sich nehmen. Wer der Carmerstraße folgt, entdeckt Geschäfte für Tee, Kinderbekleidung, Bilder oder Bücher. In der Kantstraße/Ecke Uhlandstraße erhebt sich mit geschwungener Fassade das Designkaufhaus **Stilwerk** ⑩. Unter seinem Dach haben sich verschiedene Einrichtungs- und Designerläden der höheren Preiskategorie angesiedelt. In der Nähe finden sich zwei „Dinosaurier“ des Westberliner Nachtlebens: Zum einen die **Paris Bar** ⑪, wo sich Promis aus Kunst, Theater und Politik gemeinsam betrinken. Die Szene liebt aber auch das eher schlicht gehaltene Restaurant Florian in der Grolmannstraße 52, das trotz ernsthafter, mediterraner Speisekarte mitten in der Nacht noch Nürnberger Würstchen serviert. Und eine Ecke weiter westlich gibt es täglich hochkarätige Jazzkonzerte im A-Trane. *Kerstin Müller*

Nomen est omen: Bücher und Bogen

Stilwerk
Kantstraße 17
(030) 31 51 50
www.stilwerk.de

Paris Bar
Kantstraße 152
(030) 3 13 80 52
Tgl. 12–2 Uhr
www.parisbar.net

Schloss Charlottenburg & Klausener Kiez

Königlicher Kiez

Karte Seite 131

Start
S/U Jungfernheide
Ziel
S Messe Nord/ICC
Länge
3 km

Wer in Berlin den Charme einer in sich ruhenden Residenzstadt vermisst, war noch nicht beim **Schloss Charlottenburg.** Auf einer Berlin-Karte fast schüchtern und klein wirkend, bietet dieser königliche Kiez zwischen Jungfernheide und Westend ein kompaktes Angebot an allem, was Hof und Adel einst benötigten und Charlottenburger heute zu schätzen wissen: Grandezza, Parks und hübsche Geschäfte, alles vor der Haustür.

Startet man an der Ringbahn-Station Jungfernheide, erreicht man Schloss und Schlosspark durch den Hintereingang. Auf der gegenüberliegenden Spreeseite lädt eine Baumallee zum Eintritt in einen Park ein. Nach nur wenigen Metern entlang eines Spielplatzes öffnet sich der riesengroße, zunächst wild-roman-

Das einstige Teehaus beherbergt heute das Museum Belvedere

Schloss Charlottenburg
Spandauer Damm 10–22
(030) 32 09 11
Di–So 10–17 Uhr,
Apr.–Okt. bis 18 Uhr
www.spsg.de

Sammlung Scharf-Gerstenberg
Schloßstraße 70
(030) 34 35 73 15
Di–So 10–18 Uhr
www.smb.museum

Museum Berggruen
Schloßstraße 1
(030) 3 26 95 80
Di–Fr 10–18 Uhr,
Sa/So 11–18 Uhr
www.smb.museum

Villa Oppenheim – Museum Charlottenburg-Wilmersdorf
Schloßstraße 55
(030) 9 02 92 41 08
www.villa-oppenheim-berlin.de
Di–Fr 10–17 Uhr,
Sa/So 11–17 Uhr

tisch bewachsene **Schlosspark** ❶. Breite Spazierwege wechseln sich ab mit kleinen Trampelpfaden. Wer letzteren folgt, wird die Perlen des einst als französischen Barockgarten angelegten Schlossgartens schnell finden: Nur wenige Meter von der Spree entfernt, ruht das einstige Teehaus und heutige **Museum Belvedere** ❷. Zu sehen gibt es hier eine der herausragendsten Fachsammlungen an königlichem Porzellan der Hauptstadt. Weiter mittig im Park, zwischen großen Bäumen, versteckt sich das unter Schinkels Beteiligung erbaute **Mausoleum** ❸ der 1810 jung verstorbenen Königin Luise, Gattin des Königs Friedrich Wilhelm III. Und schließlich kann man es von einer kleinen Brücke schon von weitem und wenig später in voller Pracht begutachten: das **Schloss** ❹, umgeben von einem perfekt getrimmten englischen Vorgarten.

Ende des 17. Jahrhunderts gab die damalige Fürstin und spätere Königin Sophie-Charlotte den Kern des italienisch-barocken Baus beim Architekten Nering in Auftrag – damals als Schloss Lietzenburg. Eosander von Göthe ergänzte das Schloss um seine Kuppel. Es ist der Liebe von König Friedrich I. zu seiner bereits 1705 verstorbenen Gemahlin zu verdanken, dass Charlottenburg als Stadt samt Schloss kurze Zeit später erst zu seinem Namen und dann zu seinem Stadtrecht kam. Auch Ehrenhof und Westflügel stammen aus dieser Zeit. In den folgenden Jahrzehnten wurde das Schloss mal mehr, mal weniger leidenschaftlich von den preußischen Königen genutzt. Friedrich II. ließ von Knobelsdorff den Rokoko-Flügel anbauen, und noch um 1806 fand sogar Napoleon hier vorübergehend eine Residenz, während seine Truppen ihr Heereslager dort aufgebaut hatten, wo heute die S-Bahn ihren Gleisen folgt.

Das Schloss beherbergt ein Museum. Zu sehen gibt es hier die größte Sammlung französischer Malereien des 18. Jhs. außerhalb Frankreichs. Beeindruckende Festsäle und Raumfluten entführen einen an authentische Orte in die Vergangenheit höfischer Kulturgeschichte. Zurück im Freien und vorbei an kleiner und großer Orangerie, kann man das Schloss samt Garten hinter sich lassen und den Blick auf die Bauten auf der anderen Straßenseite richten: einst von August

Stüler erbaute Gardekasernen des Regiments „Garde du Corps“, heute Herberge zweier Museen zur klassischen Moderne, die zur Nationalgalerie gehören. Im östlichen Stülerbau und dem Marstall befindet sich die **Sammlung Scharf-Gerstenberg** 5 mit Werken der Surrealisten und ihrer Vorläufer. Im westlichen Teil des Gebäudes präsentiert die **Sammlung Berggruen** 6 Arbeiten von Picasso, Matisse, Klee und Giacometti. In einem angrenzenden Gebäude ist ein weiteres Museum untergebracht, das **Bröhan-Museum** für Jugendstil und Art Déco. Zwischen den Gebäuden öffnet sich die prächtig baumbestandene Schloßstraße, sie flanieren wir hinunter. Entlang der Straße sind Gebäude der verschiedensten Epochen erhalten. Zum Beispiel eine Gründerzeitvilla in der Nr. 67 und zahlreiche „Freihäuser“ für Schlossangestellte im frühen 18. Jahrhundert. In der Nr. 55 steht die stattliche **Villa Oppenheim** mit dem Bezirksmuseum.

Gut erhalten und elegant sind auch die an die Schloßstraße angrenzenden Wohnviertel, so lohnt sich zum Beispiel ein Streifzug durch den westlich gelegenen **Klausener Kiez** 7. Zurück an der Schloßstraße, kann man den Spaziergang entlang der Witzlebenstraße bis zum **Lietzensee** 8 ausklingen lassen. Der sichelförmige See liegt südlich des Kaiserdamms äußerst idyllisch in einem Park, in dem sich einige Skulpturen befinden. Beim Rückweg via S-Bahnhof Messe Nord fällt noch das ICC sowie das Messegelände ins Auge. Auf letzterem steht der **Berliner Funkturm** 9, von dem von 1924 bis 1973 gesendet wurde.

Kerstin Müller

Bröhan-Museum
Schloßstraße 1a
(030) 32 69 06 00
www.broehan-museum.de
Di–So 10–18 Uhr

Abguss-Sammlung Antiker Plastik
Schloßstraße 69b
(030) 3 42 40 54
Do–So 14–17 Uhr
Eintritt frei!
www.abguss-sammlung-berlin.de

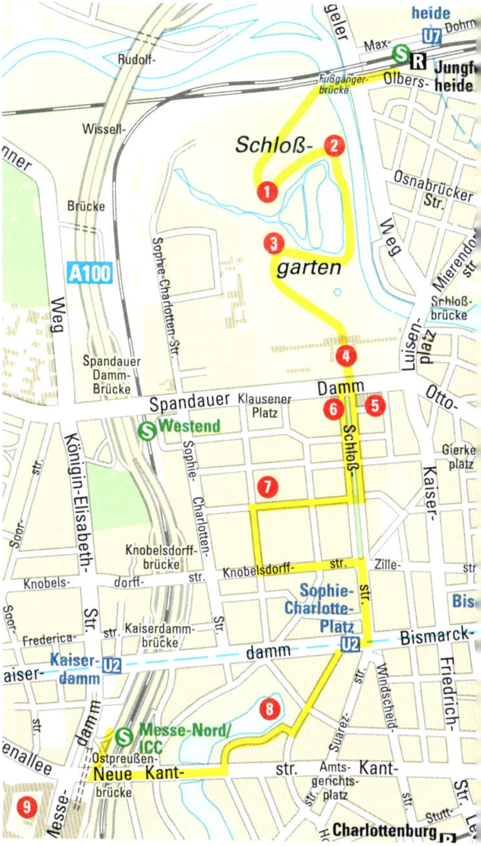

Karte Seite 133

Start
DRK-Kliniken Westend, Bus M45

Ziel
S Olympiastadion

Länge
4 km

Ausstellungs- und Besucherzentrum Glockenturm
Aussichtsplattform und Langemarckhalle, Ausstellung „Geschichtsort Olympiagelände 1909 – 1936 – 2006"
(030) 3 05 81 23
Tgl. 9–18 Uhr
www.glockenturm.de

Westend & Olympiastadion

Stadtteil der Rekorde

Der Berliner Ortsteil Westend entstand Ende des 19. Jahrhunderts – es ist ein friedliches Villenviertel, das wir von der Haltestelle DRK-Kliniken Westend aus durchqueren, um zum Olympiastadion zu gelangen.

Ein paar Meter am lärmigen Spandauer Damm, dann eingetaucht in das Viertel der Bäume. Egal ob entlang der Nussbaumallee, der Akazienallee, der Ulmenallee – Hauptsache, das Spazieren durch dieses beschauliche **Westend** 1 endet irgendwann am **Steubenplatz** 2. Von hier aus ist es nur ein kurzer Abstecher die Reichsstraße hinauf zum Brix-Platz. Er hieß noch Sachsenplatz, als hier eine Künstlerkolonie rund um den Kabarettisten, Dichter und Maler Joachim Ringelnatz bestand. Der Boxer Max Schmeling, Hausnummer 11, lernte hier seine Gattin Anny Ondra kennen – sie wohnte im Nachbarhaus. Im Haus Nummer 2 erinnert eine Tafel an den Komponisten Paul Hindemith. Alle besuchten die heute noch existierende Kneipe „Westend-Klause" am Steubenplatz. Folgen wir ihnen und gehen wieder zurück.

Vom Platz aus führt die Olympische Straße zur Olympischen Brücke. Nun tut sich geradeaus schon der riesige Parkplatz und das Portal des **Olympiastadions** 3 auf. Das Stadion ist ein Paradebeispiel nationalsozialistischer Herrschaftsarchitektur. Noch älter sind die Anlagen im Olympiapark: Trainingsanlagen, die bereits aus den 1920er-Jahren stammen und in denen sich heute das Sportmuseum befindet. Das Stadion nebst **Glockenturm** und **Langemarckhalle** 4 sowie die benachbarte **Waldbühne** 5 und auch das Maifeld (ein ehemaliger Exerzierplatz), das es umgibt, wurden für die Berliner olympischen Spiele 1936 gebaut und

Ort des Sports ...

sind seither in Benutzung. Zur Fußball-WM 2006 bekam das Stadion ein neues Dach, auch der Glockenturm wurde saniert und um einen gläsernen Aufzug ergänzt. Von der Plattform des Turms hat man eine herrliche Aussicht weit über das Olympiagelände.

Die Langemarckhalle, integriert in das Tribünengebäude unterhalb des Glockenturms, diente dem Andenken im Ersten Weltkrieg gefallener Sportler. Heute wird hier eine Dokumentationsausstellung des Deutschen Historischen Museums gezeigt, die die Geschichte des Sports, der Olympiade 1936 und des Gebäudes präsentiert.

Neben dem Olympiastadion liegt der **Parkfriedhof Heerstraße** 6, auf dem viele berühmte Persönlichkeiten liegen, der Bildhauer Georg Kolbe zum Beispiel, der Schriftsteller Felix Hollaender und auch der Schauspieler Klaus Wussow. Der Spaziergang lässt sich auf dem Friedhof fortsetzen, es liegt ein kleiner See auf dem Gelände. An der Flatowallee steht ein denkmalgeschütztes Bauwerk der Moderne: das langgestreckte **Corbusierhaus** 7, auch „Wohnmaschine“ genannt. Denselben Hochhaustyp baute Corbusier unter anderem auch in Marseilles und Nantes. Dieses hier entstand 1957 für die Internationale Bauausstellung. Die S-Bahn-Station Olympiastadion ist gleich nebenan. *JULIA BRODAUF*

... mit musealen Qualitäten: das Olympiastadion

Corbusierhaus
Flatowallee 16
Informationen und Führungen unter:
www.corbusierhaus-berlin.de

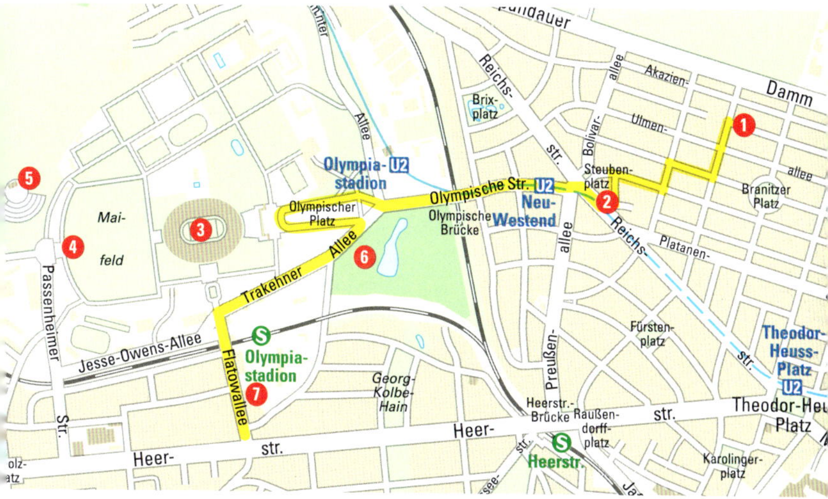

Bezirk: Charlottenburg-Wilmersdorf

Wilmersdorf

Steckbrief

Einwohner*innen
151 419
27–45 Jahre
25 %
Über 65 Jahre
25 %
Historischer Kern
Wilhelmsaue

Wenn es einen Bezirk in Berlin gibt, dem es immer wieder misslungen ist, seine Unabhängigkeit zu bewahren, dann ist es Wilmersdorf. 1907 erhielt der aufstrebende Ort als Deutsch-Wilmersdorf das Stadtrecht, fünf Jahre später hieß er Berlin-Wilmersdorf, seit 2001 gehört er zu Charlottenburg-Wilmersdorf. Alphabetisch weit hintenan, gehört dieser Kiez geschichtlich jedoch zu den Schätzen der Hauptstadt.

Mitte des 18. Jahrhunderts erwarben die ersten gut situierten Berliner ihre Sommersitze in der Wilhelmsaue, dem historischen Kern von Alt-Wilmersdorf. Rundherum entstanden weitläufige Grünanlagen und prunkvolle Landhäuser. Mittendrin das älteste Haus des Bezirks: das Schoeler-Schlösschen von 1752. Die „Millionenbauernfamilie" Blisse, sehr reich geworden durch den Verkauf ihrer Grundstücke an wohlhabende Städter und Namensgeber der U-Bahn-Station Blissestraße, ermöglichte 1911 mit einer Stiftung über 3 Millionen Mark den Bau eines Waisenhauses – des Blissestifts, ebenfalls in der Wilhelmsaue. Heute sind verschiedene öffentliche Träger dort beheimatet: eine Kita, eine Suchtberatung und andere Anlaufstellen für ganz moderne Bedürfnisse und Probleme. Ein Kontrast, der sich durchzieht durch diesen Kiez. In Wilmersdorf treffen Glanz und Sünde der Vergangenheit immer wieder aufeinander. Neugotische Hochkultur in Alt-Wilmersdorf, Nazi-Bauten am Fehrbelliner Platz, prachtvolle Landhäuser rund um die Eichkamp-Siedlung und Gedenktafeln für die Opfer des Nationalsozialismus. 1933 lebten fast 14 Prozent Juden in Wilmersdorf. Auch die Schriftsteller Heinrich Mann und Arnold Zweig, Egon Erwin Kisch und der Künstler George Grosz wohnten hier. In der Königsallee in Grunewald wurde 1922 Reichsminister Walther Rathenau durch einen früh-nationalsozialistischen Terrorakt ermordet, auf Gleis 17 des S-Bahnhofs Grunewald erinnert ein Mahnmal

Die halbrunden Verwaltungsgebäude am Fehrbelliner Platz entstanden in den 1930er-Jahren. Der Fassadenschmuck zeugt vom Geschmack der nationalsozialistischen Bauherren

an die Deportationen in die Konzentrationslager. Ein Bezirk voller Reichtum und Reue. Außerdem ein Bezirk, der viel Grün zu bieten hat: Neben Grunewald, Volkspark, Preußen- und Schoelerpark laden mit Bäumen bestandene Plätze wie der Ludwigkirchplatz und der Rüdesheimer Platz im Rheingau-Viertel in Schmargendorf zum Verweilen ein.

In Wilmersdorf (und dem benachbarten Zehlendorf) leben die meisten über 65-Jährigen von ganz Berlin, in der Mehrheit weiblich. Und dennoch findet man sie hier nicht – die Wilmersdorfer Witwen. Die bleiben Teil der glanzvollen Seite dieses Bezirks, besungen im legendären Musical „Linie 1" – heute noch zu sehen im GRIPS Theater. *Kerstin Müller*

Karte Seite 136

Start
U Fehrbelliner Platz

Ziel
U Berliner Straße

Länge
1 km

Thai-Markt im Preußenpark
Apr.–Okt. Sa/So ab 12 Uhr
Deutschlands größter Streetfood-Markt

Rund um die Wilhelmsaue

Hinein ins Auenland

Wer aus der Tiefe der U-Bahn-Station **Fehrbelliner Platz** ❶ emporsteigt, erblickt eine einschüchternde Umgebung. Rechts und links thronen Verwaltungsgebäude aus der Nazizeit, in der Mitte springt das knallig-rote Eingangsgebäude der U-Bahn-Station ins Auge. Zweimal in der Woche ist hier Wochenmarkt, dann bekommt man einen Vorgeschmack auf das, was dieses Viertel noch zu bieten hat: eine lebendige Einkaufsmeile fernab vom Trubel in Mitte.

Ein Spaziergang entlang der Brandenburgischen Straße im Osten des Platzes bis hin zum **Schoelerpark** ❷ führt einen durch das Gewühl der Schaufenster-Bummler. Wache Augen erkennen aber schon bald die verborgene Seite dieses Kiezes: Dicht begrünte Seitenstraßen mit Café-Oasen laden zum Anhalten und Entdecken der historischen Wurzeln ein. Über die Berliner Straße führt ein Abstecher in die Mehlitzstraße weg von blinkenden Supermarkt- und Bankenlogos und hinein in eine grüne Allee. Die **Wilhelmsaue,** der alte Kern von Wilmersdorf, eröffnet auf der linken Straßenseite mit dem gläsernen Gebäude des ältesten deutschen Druckhauses: dem Schmidt-Römhild Verlag. Die beschauliche Straße teilt sich rund um einen Grünstreifen samt Spielplatz. Einige Gründerzeitvillen verleihen dem Ensemble historisches Flair – sie erinnern nicht mehr an das ursprüngliche Dorf Deutsch-Wilmersdorf, sondern an das 19. Jahrhundert, als die Bauernfamilien durch Landverkäufe zu Geld gekommen waren. Die „Millionenbauern“ profitierten vom Platzbedarf der wachsenden Stadt und der Ringbahn und etablierten auf dem Gelände des heutigen **Volkspark Wilmersdorf** einen regen Ausflugsbetrieb für die Berliner.

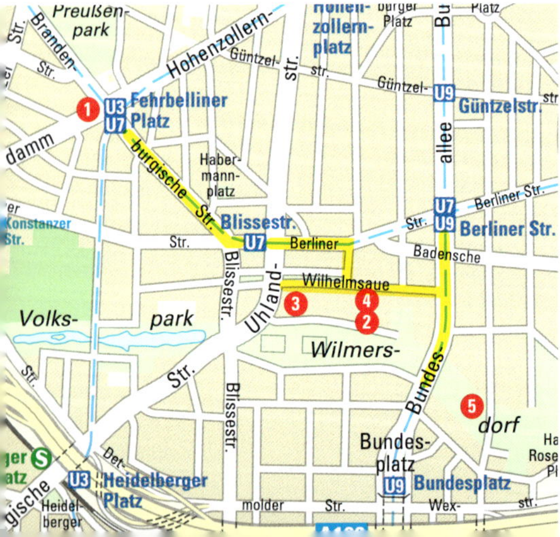

Das Vermögen der Familie Blisse floss in das imposante **Blissestift** in der Wilhelmsaue 116 – ursprünglich ein Waisenhaus, heute unter anderem ein Kinderhort.

Das Schoeler-Schlösschen nach der Restaurierung

Die Wilhelmsaue wird vom 63 Meter hohen Turm der **Auenkirche** 3 überragt. Sie stammt aus dem Jahr 1895, ihre Orgel gilt als die zweitgrößte Berlins nach dem Instrument im Berliner Dom. Das Glasmosaik, das ihre Fassade schmückt, zählt etwa 70000 Steinchen. Noch historischer, aber ganz frisch aufgearbeitet, ist das **Schoeler-Schlösschen** 4 (erbaut 1756) in der Wilhelmsaue 126. Das älteste Gebäude in Wilmersdorf war ursprünglich ein Bauernhaus, wurde zum Herrenhaus umgebaut, gehörte dann dem Augenarzt Schoeler und wurde später für die Hitler-Jugend und ihre Heimatstube aufgestockt. Alle Umbauten wurden nun rückgängig gemacht und die Barock-Architektur wiederhergestellt. Nach der Restaurierung kehrte das Leben zurück. Im Schlösschen veranstaltet der Fachbereich Kultur des Bezirks nun Ausstellungen zeitgenössischer Kunst.

Hinter dem Schlösschen befindet sich ein malerischer, kleiner Park, der **Schoelerpark** 2, der die Wilhelmsaue mit dem großen **Volkspark Wilmersdorf** 5 verbindet. Mit allerlei Zubehör, darunter Fußball- und Spielplätze, Minigolf und Kiosk, Bänke und Wiesen, Schachtische und lange Spazierwege, bildet dieser ein grünes Band vom Fennsee und dem großen Gemeindefriedhof im Westen bis zum Schöneberger Rathaus in östlicher Richtung. Ein ausgedehnter Park-Spaziergang, vielleicht gar bis nach **Schöneberg** (▸ Seite 142), bietet sich an dieser Stelle also an. Oder der unerschrockene Rückweg entlang der Bundesallee zur U-Bahn-Station Berliner Straße, wo sich die gefühlte Lebensgeschwindigkeit wieder erhöht.
KERSTIN MÜLLER

Wochenmarkt Fehrbelliner Platz
U Fehrbelliner Platz
Di/Do 11–16 Uhr

Vollkornbäckerei Weichardt
Mehlitzstraße 7
Mo–Fr 7.30–18 Uhr,
Sa 7.30–14 Uhr
www.weichardt.de

Kaaswinkel
Berliner Straße 36
Do/Fr 12–19, Sa 9–14 Uhr
Biologische Molkereiprodukte

Parkcafé
an Fehrbelliner Platz und Preußenpark
Tgl. 8.30–2 Uhr
www.parkcafe-berlin.de

Karte Seite 139

Start/Ziel
S Grunewald

Länge
8 km mit Seeumrundung

Teufelsberg
Oberhalb des Grunewaldsees ist die kugelförmige ehemalige Abhörstation der Amerikaner sichtbar, heute ein Ausflugsziel mit historischem Input, viel künstlerischem Wildwuchs und einem fantastischen Ausblick über die Stadt.
www.teufelsberg-berlin.de
Mi–So 11–20 Uhr
Vom S-Bhf. Heerstraße zu Fuß erreichbar

Grunewald

Ruhe. Reichtum. Residenz.

Das Millionärs- und Villenviertel rund um die S-Bahn-Station **Grunewald** ❶ macht seinem Ruf alle Ehre. Selbstbewußte Prachtbauten, hohe Zäune und überall Kameras – ein Spaziergang rund um die Winkler-, Wangenheim- und Douglasstraße hat etwas voyeuristisches, aber das macht ja bekanntermaßen Spaß. Hier, wo einst Legenden wie Dietrich Bonhoeffer, Hildegard Knef, Gerhard Hauptmann oder Harald Juhnke lebten, fehlen heute Namensschilder an den Klingeln: Es ist ein Ort der Prominenz. Es lohnt sich, einen Stadtplan einzupacken, Stunden kann man von Straße zu Straße schlendern und einfach nur gucken und staunen. In der **Winklerstraße** ❷ befinden sich noch heute besonders prächtige Villen aus der Gründerzeit. Baudenkmale sind die Nummern 10 bis 15, rechts und links um die „Villa M." herum. Interessanter architektonischer Kontrast ist der Neubau der norwegischen Botschaft. Auf dem Grundstück Winklerstraße 20 ein Stilwechsel: Hier steht die Residenz des Botschafters der Vereinigten Arabischen Emirate. Romy Schneider wohnte in Nummer 22 der Winklerstraße, Hildegard Knef in der Bettinastraße 12 ❸ und in der Brahmsstraße 12 ❹.

Keine Angst – „Der will nur schwimmen!" – Hundebadestelle im Grunewaldsee

Botschaften verstecken sich vielerorts in Grunewald. Neben den pompösen Grundstücken Nobelkarrossen fahrender Notare und Rechtsanwälte fallen die Residenzen von Luxemburg, Äthiopien, Serbien und dem Libanon schon fast bescheiden aus und man erkennt sie eher zufällig an den wehenden Fahnen im Vorgarten. Autokennzeichen weisen auf Diplomaten hin, die hier Haus an Haus wohnen. Ihre Autos alle gleich, ihre Alarmanlagen alle scharf. Noch etwas macht Grunewald so exklusiv: Nirgends sonst in Berlin reicht eine Seenkette bis in die Gärten hinein. Königs-, Hertha- und Dianasee – Großteile der Ufer, die unterhalb der Königsallee immer wieder Einblicke in die Gewässer gewähren, liegen in Privatbesitz. Hier ist sogar die Natur käuflich.

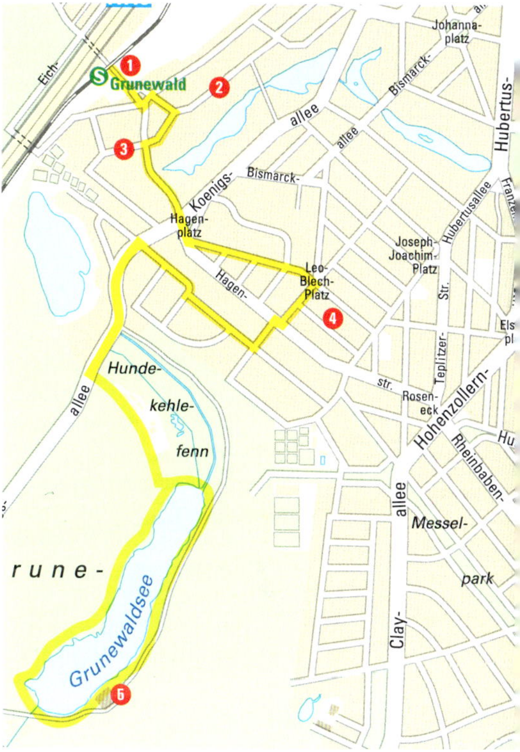

Natur im Großen und für alle zugänglich hat Grunewald nur wenige Meter parallel zur Hagenstraße zu bieten. Der **Grunewaldsee** mit Jagdschloss und großem Hundeauslaufbereich ist einen Ausflug wert. Nirgends sonst können Hund und Herrchen in der Hauptstadt so ausgelassen toben, baden und spielen. Für Hundebesitzer ein Paradies, für Hundeliebhaber ein aufregender Schauplatz. Für Menschen mit Angst vor Vierbeinern kann ein Aufenthalt am Grunewaldsee jedoch schnell anstrengend werden. Als Mensch ist man hier in der Unterzahl.

Ein Zufluchtsort vor dem tierischen Gerangel entlang des Seeufers ist da das **Jagdschloss Grunewald** 5. Seit 1932 Museum, werden heute im Schloss neben Möbeln und Porzellanen bedeutende Gemälde des 15. bis 18. Jahrhunderts ausgestellt. Am Museum angekommen, bieten sich zwei Rückwege zum Ausgangspunkt: Ein Rundweg führt um den See – ohne Hundebereich, dafür entlang des FKK-Ufers.

Zurück am Hagenplatz, lädt das Bosco Verde zum Dinner. Saftige Preise, nobles Ambiente, exotisches Angebot, aber auch günstige Pasta und Pizza. Das Promi-Gefühl gibt's gratis dazu. Wer es rustikaler

Jagdschloss Grunewald
Hüttenweg 100 (am Grunewaldsee)
(030) 8 13 35 97
Mai–Okt. Di–So 10–18 Uhr,
Nov.–Apr. Sa/So 10–16 Uhr,
Jan./Feb. geschlossen
www.spsg.de

mag, findet gleich hinter der S-Bahn-Station Grunewald zwei Biergarten-Restaurants: die „Scheune“ mit einer empfehlenswerten deutschen Küche auf der linken und die „Oase“ auf der rechten Seite. Beide liegen an der S-Bahn-Trasse und nahe zur Autobahn – eine gute Einstimmung für den Weg zurück in die Metropole, die man hier für einige Stunden vergessen hat. *KERSTIN MÜLLER*

Karte Seite 141

Start/Ziel
S Wannsee und Bus 218, Haltestelle Grunewaldturm

Länge
7 km

Grunewald II

Ein Waldausflug

Der Grunewald mauserte sich im Laufe der Jahre vom fürstlichen Jagdgebiet zu einem der beliebtesten Naherholungsgebiete Berlins. Wege führen kreuz und quer durch den Forst, die Grunewaldseenkette zieht sich hindurch. Oben heraus ragt 120 Meter hoch der Teufelsberg – ein Trümmerberg. An der Havel ist das Ufer nicht von Privatgrundstücken verbaut und lädt immer wieder zum Baden ein. Da möchten wir hin und nehmen deshalb den Bus zum ziegelroten **Grunewaldturm** ❶. Der thront auf einem 79 Meter hohen Hügel namens „Karlsberg“ und fügt dem noch einmal 56 Meter hinzu. Nach 204 Stufen öffnet sich der Blick in alle Richtungen, auf die unzähligen immergrünen Wipfel des Grunewalds, das Olympiastadion im Norden und den Wannsee im Süden, die Havel erstreckt sich im Westen und im Osten ist die blaue Silhouette Berlins zu sehen. Der Grunewaldturm wurde zum 100. Geburtstag Kaiser Wilhelms I. erbaut und 1898 fertiggestellt. Im Sinne der märkischen Backsteingotik ist er mit Türmchen und spitzgiebeligen Fenstern verziert. Im Fuß befindet sich ein Café mit Havelblick und Terrasse.

Der Grunewaldturm steht auf dem Karlsberg und ragt 56 Meter in die Höhe

Von hier aus führt der Havel-Höhenweg am Wasser entlang zur Spitze der Landzunge **Schildhorn.** Unterwegs

tun sich verschiedene stille Buchten zum Baden auf, immer wieder öffnet sich dann der Blick auf den See und das gegenüberliegende Gatow. Am Schildhorn erinnert die stülersche **Schildhornsäule** ❷ an die Jaczo-Sage: Der Wendenfürst ritt 1157 durch die Havel, erreichte das Ufer gerade so und hängte dann seinen Schild und sein Horn (sic!) an einen Baum.

Wo von der Havel der Stößensee abzweigt, liegt ein Segler-Hafen und das 35 Meter lange Schiff **Alte Liebe** ❸. Es ist genauso alt wie die Titanic und fuhr bis Mitte der 1960er-Jahre als ein Fährschiff auf der Elbe zwischen Hamburg und Helgoland. Nun ist der Kahn ein zünftiges Ausflugslokal mit Seeblick, Fischgerichten und Blick gen Sonnenuntergang.

Nun kann man entweder sofort den Bus zurück nehmen (Haltestelle Postfenn). Oder an der Haltestelle Havelweg noch einmal aussteigen (zu Fuß ist es auf dem Weg entlang der Havelchaussee etwa einen Kilometer bis hierhin) und auf dem Schildhornweg in den Wald hineingehen. Der **Selbstmörderfriedhof** ❹ ist hier ausgeschildert. Er entstand, weil wer immer (sich) in die Havel stürzte, der Strömung wegen am Schildhorn angespült wurde. Da die kirchlichen Friedhöfe die Selbstmörder nicht annahmen, wurden sie hier im Wald begraben. Später kamen Opfer der Weltkriege dazu und Berliner, die den verwunschenen Ort schätzten. Der „Freiwilligen“ berühmteste ist Nico, Sängerin von Velvet Underground und Muse der Popart-Ikone Andy Warhol. Noch ein paar andere halbwegs prominente Namen sind auf den Grabsteinen zu finden, darunter der Schriftsteller Clemens Laar und der Rundfunksprecher Götz Clarén.

JULIA BRODAUF

Schiffsrestaurant Alte Liebe
Havelchaussee 107
(030) 3 04 82 58
Tgl. ab 12 Uhr
www.alte-liebe-berlin.de

Waldhaus an der Havelchaussee
Havelchaussee 66
(030) 3 04 05 95
Di–So 10.30–22 Uhr

Bezirk: Tempelhof-Schöneberg

Schöneberg

Steckbrief

Einwohner*innen
151 465

27–45 Jahre
29 %

Über 65 Jahre
18 %

Fläche
12,3 km²

Schöneberg hat ein gutes Image. Rund 150 000 Menschen leben heute in dem Stadtteil, der wie kaum ein anderer für Vielfalt und Toleranz steht. Auf den Straßen sieht man Lederschwule, Studienräte, türkische Großfamilien, schöne Schauspielerinnen, Öko-Freaks und Rapper-Kids. Sie alle zusammen machen Schöneberg zu einer Gegend, in der ganz verschiedene Lebensstile ohne große Probleme nebeneinander existieren.

1264 wurde das Dorf Schöneberg erstmals urkundlich erwähnt. Der Siedlungskern lag entlang der Hauptstraße zwischen heutiger Dominicus- und Akazienstraße. Ende des 19. Jahrhunderts, im Zuge von Industrialisierung und Reichsgründung, entwickelte sich das märkische Dorf explosionsartig von der Landgemeinde zur Großstadt. Im Jahr 1871 betrug die Einwohnerzahl Schönebergs 4 500. Knapp fünfzig Jahre später, im Jahr 1919, hatte Schöneberg 175 000 Einwohner.

Mit der Bildung von Groß-Berlin 1920 verlor Schöneberg seine Selbstständigkeit, punktete aber in den Goldenen Zwanziger Jahren mit dem schillernden Nachtleben rund um den Nollendorfplatz. Legendär waren die Transvestitenlokale „Eldorado“, die in der Lutherstraße und der Motzstraße lagen. Die Gegend um den Nollendorfplatz steht bis heute im Zeichen von gay pride – aus Tradition.

Nach dem Zweiten Weltkrieg gehörte der Bezirk Schöneberg zum Amerikanischen Sektor von Berlin. Während der Teilung der Stadt hatten das Berliner Abgeordnetenhaus und der Senat von West-Berlin ihren Sitz im Rathaus Schöneberg. Im Turm des Gebäudes wurde 1950 die Freiheitsglocke, ein Geschenk der Amerikaner, installiert. „Sie leben auf einer verteidigten Insel der Freiheit“, hatte US-Präsident John F. Kennedy in seiner Rede am 26. Juni 1963 gesagt und sie mit dem berühmten Satz beendet: „Ich bin

Auf nach Schöneberg – hier lebt man entspannt nebeneinander

ein Berliner.“ Schöneberg wurde zum Symbol für westliche Standfestigkeit im Kalten Krieg.

Am Hans-Rosenthal-Platz, wo heute das Deutschlandradio Kultur sendet, strahlte jahrzehntelang der von der amerikanischen Regierung gegründete RIAS (Rundfunk im amerikanischen Sektor) seine Sendungen aus, die in West und Ost gehört wurden.

Heute ist Schöneberg so etwas wie der Prenzlauer Berg des Westens, nur entspannter. Kneipen, Cafés und besondere Läden gibt es in der Gegend um die Goltzstraße unzählige, nur der Coolness-Zwang ist nicht so ausgeprägt wie in den Szenevierteln des Ostens. Ein großer Vorteil. *Elisabeth Schwiontek*

Karte Seite 147

Start
U Nollendorfplatz
Ziel
S Julius-Leber-Brücke
Länge
2 km

Nollendorfkiez

Dichters Delight: das Viertel der Intellektuellen und Bunten

Das Herz Schönebergs pulsiert zwischen **Nollendorfplatz** und **Akazienstraße.** Wer Zeit und Muße hat, kann es bei einem Streifzug durch dieses entspannte Viertel voller Lebenslust und Toleranz entdecken.

Der Nollendorfplatz ist das Eingangstor nach Schöneberg. Kultur, schwule Subkultur und Amüsement gehörten in diesem Kiez schon immer zusammen. 1899 soll hier der „Nachtbetrieb des Westens" mit der Eröffnung der „Nollendorfbar" an der Ecke Maaßenstraße seinen Anfang genommen haben. Unübersehbar ist das **Metropol** ❶ am Nollendorfplatz. Der fünfgeschossige Bau mit der Jugendstilfassade wurde 1906 als Neues Deutsches Schauspielhaus eröffnet, mit „proletarischem Aktionstheater" von Regisseur Erwin Piscator. In den Goldenen Zwanzigern war das Theater auch Kabarett und Künstler-Treffpunkt. Nach dem Zweiten Weltkrieg in „Metropol" umbenannt, begann in den 1970ern seine legendäre Ära als Diskothek und Konzerthalle. An die glanzvollen Zeiten, als hier David Bowie, Joe Cocker oder Tom Waits auf der Bühne standen, konnte das Metropol seither nicht mehr anknüpfen. Und auch der anschließende, prunkvolle Clubbetrieb unter dem Namen „goya" war nicht all zu lange erfolgreich.

Wir folgen der Motzstraße, die rechts vom Metropol abgeht. In der Nr. 7, dem heutigen **Hotel Sachsenhof** ❷, lebte bis 1933 die Dichterin Else Lasker-Schüler, in der Nr. 38 wohnte der Schriftsteller Robert Musil im Jahr 1927, und im Haus Nr. 30 gründete Rudolf Steiner 1913 die Anthroposophische Gesellschaft. Gleich um die Ecke, in der Nollendorfstraße 17, erinnert eine Gedenktafel an den Schriftsteller Christopher Isherwood, der 1929–33 hier lebte. Motive seiner Romane wurden zur Grundlage für das Erfolgsmusical „Cabaret". Fetischgeschäfte und einschlägige Bars säumen den Weg durch den Schwulen-Kiez entlang der Motzstraße, bis die Szenerie am **Viktoria-Luise-Platz** gediegen bürgerlich wird. Billy Wilder wohnte Ende der 1920er-Jahre an dem mit schmucken Gründerzeithäusern bebauten Platz (Haus

Café M
Goltzstraße 33
(030) 2 16 70 92
Mo–Fr ab 9.30 Uhr,
Sa/So ab 12 Uhr
www.cafe-m.de

Mamsell
Goltzstraße 48
(030) 92 12 29 00
Mo–Fr 11–19, Sa 10–17,
So 14–18 Uhr
www.mamsellberlin.de
Café und Laden für Schokoladen de luxe, Torten und feine Accessoires

Die Maaßenstraße führt vom Nollendorfplatz direkt zum Winterfeldtplatz und wurde 2015 als Begegnungszone gestaltet

Nr. 11), Albert Einstein ging hier spazieren und Erich Kästners „Emil und die Detektive" jagten den Dieb Grundeis über diesen Platz.

Die Winterfeldtstraße mit Antiquitätenläden, Antiquariaten und Cafés führt zum **Winterfeldtplatz** 3, der immer samstags zu Hochtouren aufläuft: Dann findet hier der berühmte, quirlige Wochenmarkt statt. Die **Goltzstraße** 4 mit indischen und arabischen Restaurants und dem unverwüstlichen Szene-Treff „Café M" stößt auf die **Akazienstraße** 5, deren Charme in ihrer entspannten Vielfalt liegt. Gospelkonzerte bringen von Zeit zu Zeit die **Apostel-Paulus-Kirche** 6 zum Vibrieren, der Zeitungshändler frühstückt an seinem kleinen Klapptisch am Gehsteig. Die Strumpfverkäuferin unterhält sich mit dem libanesischen Gemüsehändler, der bärtige Inhaber des Stoffladens scherzt mit der Wein-Verkäuferin nebenan, und wir nehmen zum Abschluss einen Kaffee im winzigen Laden „Double Eye", der von einem Barista-Weltmeister betrieben wird. Danach lohnt noch ein Abstecher in die ruhige **Crellestraße** 7 mit ihren Straßencafés.

ELISABETH SCHWIONTEK

Double Eye
Akazienstraße 22
Mo–Fr 8.30–18.30 Uhr,
So 9–18 Uhr
www.doubleeye.de
Kaffee vom Weltmeister

Karte Seite 147

Start
U Bülowstraße

Ziel
U Kleistpark

Länge
1,5 km

Urban Nation Museum
Museum for Urban Contemporary Art
Bülowstraße 7
Tgl. außer Mo 10–18 Uhr
www.urban-nation.com

An der Potsdamer Straße, Ecke Pallasstraße stand der legendäre Sportpalast. Heute steht hier ein sozialer Wohnungsbau

Potsdamer Straße

Eine raue Gesellin

Man muss nicht schön sein, um zur Legende zu werden. Aber man braucht Charakter und Geschichte. Das beweist die **Potsdamer Straße** 8, die wir ausgehend vom Hochbahnhof **Bülowstraße** 9 erkunden.

1902 wurde der Bahnhof als Jugendstilbau mit Schmuckportalen und Sandsteinpfeilern eröffnet. Er passte in die Gegend, denn zu dieser Zeit prägten herrschaftliche Wohnhäuser und feine Geschäftsadressen die Potsdamer Straße. Dass von diesem Glanz nichts mehr übrig ist, liegt nicht nur an den Kriegszerstörungen. Nach dem Bau der Mauer 1961 wurde der einst so wichtige Teil der Reichsstraße 1 plötzlich zur Sackgasse. Fatale Folgen hatte auch die Kahlschlagsanierung der 1960er-Jahre. Gegen die Zerstörung der preiswerten Altbauquartiere formierte sich Widerstand, in den 1970er-Jahren wurde die Potsdamer Straße zu einem der Zentren der Hausbesetzer-Szene. Am 22. September 1981 ließ der Senat acht besetzte Häuser räumen. Bei dem Polizeieinsatz wurde der 18-jährige Klaus-Jürgen Rattay in den fließenden Verkehr getrieben und starb unter den Rädern eines BVG-Busses. An seinen Tod erinnert ein kreuzförmiger, in den Gehweg eingelassener Pflasterstein an der Potsdamer/Ecke Bülowstraße.

Als Rotlicht-Meile mit Bordellen und Spielhöllen machte die „Potse“ in den 1980er-Jahren Schlagzeilen. Doch die Straße hat sich wieder aufgerappelt. Heute ist sie ein Großstadt-Kaleidoskop: Im „Birlik Market“ türmen sich Obst und Gemüse, bei Woolworth werden Grabbeltische inspiziert, Dealer drücken sich am Bahnhof herum und die Beamten im schwarzen Kasten des Finanzamts erstellen ungerührt ihre Bescheide.

Der raue Charme der Potsdamer Straße zieht Kunst und Künstler an. Zwischen Kurfürstenstraße und Schöneberger Ufer haben inzwischen namhafte Galerien eröffnet. Werfen Sie zum Beispiel einen Blick in den Hinterhof der Hausnummer 77–78.

Eine Institution in der Gegend ist die Joseph-Roth-Diele, wo es deftiges Essen zum bodenständigen Preis gibt. Die Wände der Gaststube sind eine

Hommage an den Schriftsteller Joseph Roth, der kurze Zeit im Haus nebenan wohnte. Einen Besuch wert ist auch der angrenzende Devotionalien-Laden Ave Maria, den der Heilige Geist zu durchwehen scheint. Es gibt mehr als 40 Sorten Weihrauch, Rosenkränze und Bibeln. Schräg gegenüber liegt das Wintergarten-Varieté, wo Akrobaten, Jongleure und Zauberer das Publikum unterhalten.

Eisrevuen, rauschende Ballnächte, Boxkämpfe mit Max Schmeling und Radrennen zur Melodie des „Sportpalastwalzers“: Amüsement wurde auch im Sportpalast groß geschrieben. 1910 wurde die legendäre Halle in der Potsdamer Straße eröffnet. 1943 war sie Schauplatz von Goebbels’ Aufruf zum „totalen Krieg“, dreißig Jahre später wurde sie abgerissen. Ihr Standort befand sich im südlichen Teil der Potsdamer Straße/Pallasstraße, da, wo heute der **„Sozialpalast“** ⑩ steht, ein mit Satellitenschüsseln gepflasterter Wohnkomplex aus den 1970er-Jahren.

Einige Meter weiter südlich liegt der **Heinrich-von-Kleist-Park** ⑪, der zum 100. Todestag des Dichters 1911 nach ihm benannt wurde. 1801 war hier ein Botanischer Garten angelegt worden, den der Dichter und Naturforscher Adelbert von Chamisso (1781–1838) als Kustos betreute. Das mächtige Gebäude am Park wurde 1909–1913 als Preußisches Kammergericht gebaut. In der Nazizeit tagte hier der Volksgerichtshof unter Roland Freisler und sprach unter anderem die Todesurteile gegen die Widerstandskämpfer des 20. Juli. Nach dem Krieg war das Gebäude Sitz des Alliierten Kontrollrats, der von Mai 1945 bis 1949 die oberste Regierungsgewalt in Deutschland innehatte. Am Kleistpark endet die Potsdamer Straße – und mit ihr auch unser Streifzug durch ihre Geschichten und Metamorphosen.

ELISABETH SCHWIONTEK

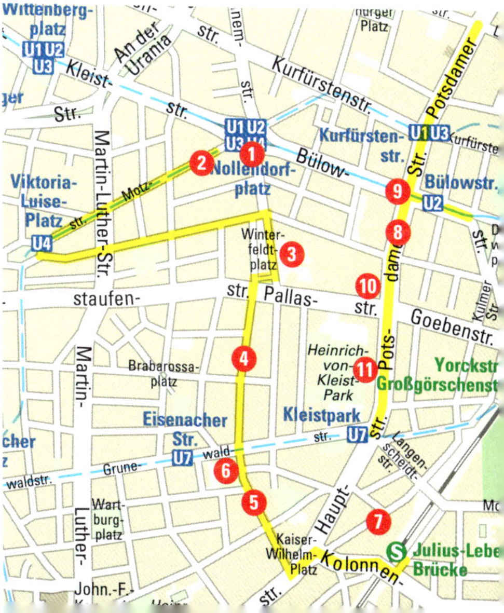

Joseph-Roth-Diele
Gast- und Lesestube
Potsdamer Straße 75
(030) 26 36 98 84
Mo–Fr 10–24 Uhr
www.joseph-roth-diele.de

Ave Maria
Potsdamer Straße 75
(030) 2 65 22 84
www.avemaria-berlin.de
Mo–Fr 12–18, Sa 12–15 Uhr

Wintergarten-Varieté
Potsdamer Straße 93
(030) 5 88 43 40
Ticket-Hotline:
(030) 58 84 33
Musik, Varité & Show

Kumpelnest 3000
Lützowstraße 23
(030) 2 61 69 18
www.kumpelnest3000.com
Schräge Institution für
Nachtschwärmer

Karte Seite 148

Start
S Friedenau

Ziel
S/U Bundesplatz

Länge
2,8 km

Friedenau

Auf den Spuren der Künstler

Friedenau liegt mitten in der Großstadt und ist doch fern von jeder Hektik. Das zog immer auch Künstler und Schriftsteller an. Wir erkunden das Friedenauer Lebensgefühl ausgehend vom S-Bahnhof Friedenau.

Wer sich zuvor noch stärken möchte, kann das gleich im angenehm entspannten S-Café tun. Es befindet sich im Bahnhofsgebäude, das 1874 im Fachwerk-Stil eines „Schweizerhäuschens" errichtet wurde. Der Weg führt dann über die Baumeisterstraße zu der in den 1920er-Jahren erbauten Gartenstadt **Ceciliengärten** 1. An der Semperstraße steht der markante **Atelierturm** 2, in dem der Maler und Grafiker Hans Baluschek (1870–1935) lebte. Der Turm ist heute ein Wahrzeichen der Gartensiedlung mit ihren Zierkirschen und Kastanien. Die ornamentgeschmückten Fassaden, Brunnen und Skulpturen machen die Ceciliengärten zu einem Freilichtmuseum des Art Déco.

Die Hedwigstraße entlang gelangen wir zum Breslauer Platz, an dem das **Rathaus Friedenau** 3 steht. Das gleichnamige Viertel entstand ab 1871 als Landhauskolonie, und ihr stiller Charme hat sich bis heute erhalten.

Das beweist die **Niedstraße** 4, in die wir einbiegen. Sie wird auch „Grass-Gasse" genannt, denn Schriftsteller fühlten sich von der Straße mit den malerischen Backsteinvillen, den stuckverzierten Jugendstil-Häusern, den schmiedeeisernen Gartenzäunen und prächtigen Kastanien wohl besonders angezogen. Gleich rechts, im Haus Nr. 5, wohnte Erich Kästner. Seine Sekretärin tippte im zweiten Stock unermüdlich seine Texte. Nobelpreisträger und Hobby-Koch Günter Grass kaufte auf dem Friedenauer Wochenmarkt die Zutaten für seine legendären Essen: In den 1960er-Jahren lebte er mit seiner Familie in

... und zitiere aus dem Sonett „Abschied vom Leben" von Theodor Körner

der ländlichen Villa mit dem verwunschenen Garten an der Niedstraße 13. Auf der Veranda des 1881 errichteten Backsteinbaus saßen schon so berühmte Gäste wie Willy Brandt, Egon Bahr sowie die Schriftsteller Max Frisch und Uwe Johnson. Dieser hatte den kürzesten Weg, denn er wohnte von 1959 bis 1968 gleich nebenan im stuckverzierten Haus Nummer 14 – im einstigen Atelier des expressionistischen Malers Karl Schmidt-Rottluff. Das Mitglied der Künstlergruppe „Die Brücke" lebte und arbeitete hier von 1911–1933.

Wir schlendern weiter bis zur Bundesallee und biegen dann nach rechts in die **Sarrazinstraße** 5 ein. In dem Mietshaus Nummer 8 auf der linken Seite, erster Stock rechts, wohnte ab 1972 zeitweilig der Schriftsteller Max Frisch. In seiner autobiografischen Erzählung „Montauk" beschreibt der Schweizer auch Friedenau und berichtet von einem Streit, der ihn in einer Winternacht vor Wut auf die Straße trieb, nur mit einem Pyjama am Leib.

Am Grab von Marlene Dietrich endet unser Spaziergang. Der Weg führt über Straßen, die nach Wagners Opernheroinen benannt sind: Wir biegen von der Sarrazinstraße in die Elsastraße ein, gehen über den Cosimaplatz und die Sentastraße. Wir überqueren die Bundesallee in die Mainauer Straße, kreuzen den Südwestkorso und gelangen zum **Friedhof an der Stubenrauchstraße** 43–45 6. „Hier steh ich an den Marken meiner Tage" steht auf dem Grabstein der Diva, die im Mai 1992 hier beigesetzt wurde. Ein Zitat aus dem Sonett „Abschied vom Leben" von Theodor Körner (1791–1813).

Nicht weit entfernt liegt das Grab des Fotografen Helmut Newton (1920–2004). Wie Marlene Dietrich ist er in Schöneberg geboren, wie sie fand er nach einer internationalen Karriere hier seine letzte Ruhe.

ELISABETH SCHWIONTEK

Städtischer Friedhof Stubenrauchstraße
Stubenrauchstraße 43–45

S-Café Friedenau
Bahnhofstraße 4c
(030) 8 52 06 00
Tgl. 9–1 Uhr
www.s-cafe-friedenau.de
Im historischen Fachwerk-S-Bahnhof

Karte Seite 151

Start
U Rathaus Schöneberg
Ziel
S Julius-Leber-Brücke
Länge
3 km

Rathaus Schöneberg & Rote Insel

Die Insel, auf der die Diven wohnten

Vom Goldenen Hirschen zum Gasometer: Diese Tour verbindet zwei Schöneberger Wahrzeichen und führt vom „Rathaus Kennedy" zur Roten Insel, wo große Diven ihre Kindheit als Berliner Gören verbrachten.

Der Spaziergang beginnt am 1911–1914 errichteten **Rathaus Schöneberg** ❶, das eine besondere Karriere hinter sich hat: vom Bezirksrathaus zum Brennpunkt der Weltpolitik und wieder zurück. 1949, nach der Spaltung der Stadt, wurde der viergeschossige Bau Tagungsort des West-Berliner Stadtparlaments und Sitz des Regierenden Bürgermeisters. Mehr als 40 Jahre lang, bis zur Wiedervereinigung, sollte das Rathaus diese Funktionen behalten – und wurde in dieser Zeit zu einem Symbol für die Standfestigkeit West-Berlins als „Insel der Freiheit". Im 70 Meter hohen Turm läutet bis heute die 1950 installierte Freiheitsglocke, ein amerikanisches Geschenk an Berlin. Die legendären Worte „Ich bin ein Berliner" sprach der amerikanische Präsident John F. Kennedy bei seinem Berlin-Besuch im Juni 1963 vor dem Rathaus Schöneberg. Nach seiner Ermordung wenige Monate später wurde der Platz vor dem Rathaus in John-F.-Kennedy-Platz umbenannt.

Rathaus Schöneberg
John-F.-Kennedy-Platz
Dauerausstellung „Wir waren Nachbarn" zu jüdischen Biografien
Information und Anmeldung: (030) 9 02 77 45 27
www.wirwarennachbarn.de
Tgl. 10–18 Uhr, Eintritt und Führungen kostenfrei

Vom Rathaus Schöneberg aus wurde zwischendurch auch ganz West-Berlin regiert

Verschnaufpause im Grünen: Gleich neben dem Rathaus liegt der **Rudolph-Wilde-Park** ❷. Hoch auf einer steinernen Säule thront der Goldene Hirsch, eines der Wahrzeichen von Schöneberg, das sich inmitten eines Brunnens erhebt. Und wer im Sommer Lust auf eine Erfrischung bekommt, kann seinen Durst gleich nebenan im Biergarten PlatzHirsch löschen.

Die nächste Station ist die **Rote Insel.** Das Viertel hat sich aus der

Insellage zwischen Gleisen und den Bahnhöfen Schöneberg, Südkreuz und Yorckstraße heraus entwickelt. Die politisch linke Orientierung der Arbeiterbevölkerung, die den Kiez einst prägte, gab ihm seinen Namen. Vom Rathaus Schöneberg aus folgen wir der Dominicusstraße bis zur Torgauer Straße (kein besonders schöner Weg, deshalb kann man ihn auch mit dem Bus M46 zurücklegen). Wir biegen in die Torgauer Straße ein, links steht der 1910 errichtete, 78 Meter hohe **Gasometer** ❸. Das gespeicherte Gas wurde zur Straßenbeleuchtung, zum Heizen und Kochen genutzt. 1993 stillgelegt, ist die Stahlkonstruktion heute das Wahrzeichen der Roten Insel. Seit 2008 wird auf dem rund um den Gasometer neu entwickelten „EUREF Campus" zu Themen der Energiewirtschaft geforscht.

Ein Schwenk nach links in die **Leberstraße** ❹, die früher Sedanstraße hieß und jetzt nach Julius Leber (1891–1945) benannt ist, einem der führenden politischen Köpfe der Widerstandskämpfer des 20. Juli 1944. Während der Kriegsjahre arbeitete er zur Tarnung in einer Kohlenhandlung an der Kreuzung Torgauer-/Ecke Gotenstraße. Die berühmteste Tochter der Roten Insel ist Marlene Dietrich (1901–1992), die im Haus Leberstraße 65 geboren wurde. Eine Gedenktafel erinnert an die Filmdiva – und an ihr Credo: „Ich bin, Gott sei Dank, Berlinerin." Dietrichs Kollegin Hildegard Knef (1925–2002) ist zwar in Ulm geboren, verbrachte aber einen großen Teil ihrer Kindheit auf der Insel. Deren Bewohner halten den Kiezgedanken bis heute hoch: Läden, Kneipen und Kitas heißen Bioinsel, Sonneninsel, Schatzinsel, Kinderinsel und Inselnest. *ELISABETH SCHWIONTEK*

Biergarten PlatzHirsch
Freiherr-vom-Stein-Straße 20
(030) 7 84 80 76
Tgl. 9–1 Uhr
(bei gutem Wetter)
Warme Küche, frisch gebackener Kuchen, Grill

Mehlstübchen
(Mehlmanufaktur)
Leberstraße 28
(030) 74 68 41 41
Mo–Fr 9–18, Sa 9–14 Uhr
www.mehlstuebchen.de
Hier gibt's Mehl in allen Sorten – und bereits gebackene Croissants und Teigteilchen

Bezirk: Tempelhof-Schöneberg

Tempelhof

Tempelhof liegt südlich von Kreuzberg, westlich von Neukölln, östlich von Schöneberg. Tempelhof liegt also gar nicht so schlecht, hat außer dem Flughafen auf den ersten Blick aber nicht viel zu bieten. Erst auf den zweiten entpuppt sich dieser Stadtteil im Dornröschenschlaf als lohnenswert: Es gibt sehr viel Grün, es gibt den Teltowkanal, es gibt das Ullsteinhaus, es gibt schöne bürgerliche Ecken in Tempelhof.

Tempelhof hat eine lange Vergangenheit als Dorf, das bereits 1247 gegründet worden war – und zwar offenbar als Komturei, sprich als Verwaltungssitz eines Ritterordens. Ein Ritter des Templerordens war es, der urkundlich erwähnt wird. Im 14. Jahrhundert jedoch übertrug Papst Clemens V. diesen Orden den Johannitern, die auch in der Nachbarschaft einigen Besitz hatten. Die Dörfer Mariendorf und Marienfelde, heute auch Teile Tempelhofs, entstanden ebenfalls im 13. Jahrhundert in der Nachbarschaft des Templerordens und wurden zwischen den Johannitern, Berlin und Cölln gehandelt. Bis zum Bau von Teltowkanal und Stadtbahn blieb die Gegend ländlich. 1920 wurde durch die Berliner Bezirksreform noch das südlich gelegene, ähnlich alte Dorf Lichtenrade dazugefügt und das Ganze als Bezirk Tempelhof eingemeindet.

1895 wohnten immer noch nur rund 10000 Menschen in Tempelhof. Klar, da gab es den Flughafen noch nicht und auch noch nicht den Hafen, der wirtschaftlichen Aufschwung in den Ort brachte. Der berühmte Flughafen in nationalsozialistischer Architektur entstand – nach einem Vorgängerbau aus den 1920er-Jahren – ab den 1930er-Jahren auf dem Tempelhofer Feld. Das war im 18. Jahrhundert ein riesiger Exerzierplatz des Soldatenkönigs gewesen und danach ein Freizeitpark. Dann hatten hier verschiedene Pioniere Flugversuche unternommen: 1883 war der Maler Arnold Böcklin mit einem motorlosen Flugzeug gescheitert, 1897 verunglückten Luftschiffkonstrukteur Wölfert und sein Mechaniker

Steckbrief

Einwohner*innen
199 597
27–45 Jahre
24 %
Über 65 Jahre
24 %
Fläche des Tempelhofer Felds
ca. 355 ha

In Tempelhof starten und landen keine Flugzeuge mehr. Der Rest wird sich zeigen

mit einem benzinbetriebenen Zeppelin. 1909 stellte der amerikanische Flugpionier Orville Wright mit seinem Doppeldecker schließlich einen Weltrekord im Höhenflug auf und stieg auf sagenhafte 172 Meter.

Trotz jahrelanger Diskussionen und eines Bürgerbegehrens wurde der Flughafen Tempelhof im Oktober 2008 geschlossen. Berlin soll nur noch einen Flughafen haben – den großen Flughafen Berlin Brandenburg in Schönefeld. Nachdem der Hafen Tempelhof am Teltowkanal bereits umfassend umgebaut wurde, sollten auch auf dem Flughafengelände Um- und Neubauten vorgenommen werden. Von Freizeitparks, Kulturstandorten und Wohnbezirken war die Rede. Daraus wird nach dem Volksentscheid im Jahr 2014 (▸ Seite 157) erst einmal nichts.

Für die Kultur gibt es die ufaFabrik, eine einstmals besetzte Stätte, und die beiden Konzerthallen am Columbiadamm. Was an Tempelhof stört, ist, dass große Straßen (der Tempelhofer Damm, die Autobahn), die S-Bahn-Trasse und der Kanal den Stadtteil durchziehen. Abseits und am Rand dieser Trassen bietet der Bezirk durchaus schöne Ecken. Und aus allen Nachteilen lassen sich auch Vorteile ziehen: Den besten Blick auf den alten Flughafen hat man von der S-Bahn aus. *René Hamann*

Karte Seite 156

Start
U Platz der Luftbrücke

Ziel
S Tempelhof

Länge
2,5 km (Flughafen und Fliegersiedlung), mit Abstecher zur Moschee ca. 4,5 km

Zentralflughafen & Fliegersiedlung
Rundflug, zu Fuß

Der Flughafen Tempelhof wurde geschlossen. Auch der Rosinenbomber fliegt nicht mehr. Seit dem 30. Oktober 2008, seit den letzten Flügen, zu denen übrigens ein Rosinenbomber Douglas DC-3 und eine Junkers Ju 52 parallel von beiden Startbahnen abhoben, ist der Flughafen offiziell dicht.

Am **Platz der Luftbrücke** ❶ erinnert ein Denkmal, despektierlich „Hungerharke" genannt, an die Versorgungsflüge der Jahre 1948 und 1949, die teilweise im 90-Sekundentakt das blockierte West-Berlin mit allem Lebensnotwendigen versorgten, besonders mit Brennstoffen und Lebensmitteln. Mit der Berlin-Blockade, einem Höhepunkt des Kalten Krieges, versuchte die Sowjetunion, das geteilte Berlin vollständig für den sowjetischen Sektor zu beanspruchen. Da die Luftbrücke aber die Versorgung der Stadt beinahe ein Jahr lang aufrecht erhielt, wurde die Blockade mit dem Jessup-Malik-Abkommen beendet. Korrespondierende Denkmäler stehen in Frankfurt und Celle. Den Namen Rosinenbomber erhielten die eingesetzten Flugzeuge, weil die Piloten aus Taschentüchern selbst gebastelte Fallschirme mit Süßigkeiten für die vor dem Tor wartenden Kinder abwarfen.

Kommen wir endlich zum Flughafen selbst. Der lohnt natürlich, innen wie außen. Eingerichtet wurde er bereits in den 1920er-Jahren als Flugfeld mit einem kleinem Abfertigungsgebäude. Erst in der Zeit des Nationalsozialismus gewann der Flughafen seine jetzige Größe: Das bogenförmige Gebäude ist

1,2 Kilometer lang, der überdachte Zustiegsbereich 400 Meter lang und 50 Meter tief. Eine Schwindel erregend hohe **Abfertigungshalle** ❷ ist das Herzstück. Von oben erinnert die Form an einen Adler. Das Hauptgebäude wurde von Ernst Sagebiel konzipiert und verfügt über eine unendliche Anzahl an Räumen, Gängen, Kellern, Stockwerken. Den Baustil nennt man Luftwaffenmoderne, eine späte Abart des Neoklassizismus. Im Zweiten Weltkrieg wurde Tempelhof auch als Luftschutzbunker für große Menschenmassen benutzt. Fertiggestellt wurde der Komplex erst in den 1950ern, solange blieben die alten Betriebsgebäude in Nutzung.

Nach dem Krieg waren es erst die Russen, dann die Amerikaner, die den Flughafen als Militärbasis benutzten. Öffentlicher Flughafen war Tempelhof von 1951–75 sowie von 1985 bis zur Schließung. Nach dem Beschluss von 1996, Schönefeld auszubauen, fiel Tempelhof den Planungen zum Opfer. Da half auch kein Bürgerbegehren (das abgelehnt wurde, weil es das Quorum nicht erreichte). Seit dem 30. Oktober 2008 ist der Flughafen Geschichte. Dafür hat sich das Flughafenfeld zu einem begehrten Freizeitort für Berliner und Touristen entwickelt (▸ Seite 157).

Östlich vom Platz der Luftbrücke erstreckt sich der **Columbiadamm,** an dem sich unter anderem die beiden Konzertspielorte C-Club und Columbiahalle befinden, zwei unter jungen Erwachsenen sehr beliebte Orte, Sitzplätze auf den Trottoirs und Bierverkaufstände ohne Lizenz inklusive. Den Columbiadamm hinunter gibt es im Übrigen den

Ganz in der Nähe der Fliegersiedlung: sehenswerte Gedenkstätte samt bebildertem Rundgang auf dem ehemaligen Militärgelände am Bahnhof Südkreuz.

Gedenkort SA-Gefängnis Papestraße
Werner-Voß-Damm 54a
(030) 9 02 77 61 63
Di, Mi, Do, So 14–18 Uhr
www.gedenkort-papestrasse.de

Islamischen Friedhof ❸, der seit 1866 besteht und bis 1989 genutzt wurde. Auf dem Gelände wurde 2004 die **Sehitlik-Moschee** eröffnet, die 1500 Gläubigen Platz bietet.

Auf der westlichen Seite des Tempelhofer Damms gibt es einen meist vergessenen Wohnbezirk, die so genannte **Fliegersiedlung** ❹. Die Umbenennung der Straßen nach Piloten des Ersten Weltkriegs geschah im Dritten Reich. Man folge vom Platz der Luftbrücke der Manfred-von-Richthofen-Straße. Abrupt weichen die großen Mietshäuser dem Reformwohnungsbau der Weimarer Republik. Zentrum der Siedlung aus der Gartenstadt-Bewegung ist der Adolf-Scheidt-Platz. Walmdächer, Reliefs, Zierbögen, kleine Plätze, eine merkwürdige kleine heile Welt, wie aus dem All gefallen. 1919 konzipiert für Beamte oder Abgeordnete, die 7000 Goldmark für eine Eigentumswohnung aufbringen konnten. Baustadtrat Fritz Bräuning entwarf neben der Siedlung auch die „Kirche auf dem Tempelhofer Feld“

Sehitlik-Moschee und Islamischer Friedhof
Columbiadamm 128
Moscheeführungen unter
www.sehitlik-moschee.de

Kang Feng
Manfred-von-Richthofen-Straße 6
(030) 77 00 85 18
Tgl. 12–23 Uhr
www.kangfeng.de
Gehobene chinesische Küche in modern-reduzierter Einrichtung

Polizeihistorische Sammlung Berlin
Platz der Luftbrücke 6
(030) 46 64 99 47 62
Mo–Mi 9–15 Uhr
www.phs-berlin.de

am Wolffring. Die Manfred-von-Richthofen-Straße macht einen großen Bogen durch das Gebiet und endet mit einem Portal kurz vor der S-Bahn-Station Tempelhof. *René Hamann*

Tempelhofer Freiheit

Wo nur noch Drachen fliegen

Flugzeuge steigen hier keine mehr. Nur noch Drachen. Der Flughafen ist schon lange geschlossen, das Tempelhofer Feld ist frei für alle, und auch wenn die Zäune noch stehen, die Eingänge sind geöffnet. Diesen weiten, offenen und in der Weite und Offenheit wunderschönen und zum Durchatmen idealen Platz inmitten der großen Stadt sollte man unbedingt nutzen. Zum Durchatmen eben. Zum Spazierengehen. Zum Drachensteigen. Spielen. Picknicken. Grillen.

Alles ist da: Es gibt Grillzonen und Schrebergartenparzellen, die neudeutsch und euphemistisch der Abteilung „urban gardening“ zugerechnet werden; es gibt Infoständе mit Eisverkauf und ein Baseballfeld und manchmal auch Kunst und wirklich, wirklich Platz für alle. Für Radfahrer, für Skater, für Fackelwerfer, für Kinder, für Alte, für Leute mit ferngesteuerten Rennwagen. Nur einen Teich gibt es (noch) nicht, und Bäume, also Schatten, gibt es auch nur am Rand.

Der Berliner Senat hatte eigentlich ganz eigene Pläne für das Gelände, die unter anderem eine (zumindest teilweise) Bebauung der Randflächen vorsahen. Doch einige Initiativen zum Erhalt des Tempelhofer Feldes und ein erfolgreicher Volksentscheid gegen diese Pläne konnten im Jahr 2014 eine Bebauung verhindern. So bleibt das Tempelhofer Feld Tempelhofer Feld und wird nicht zu einer „Tempelhofer Freiheit“, die am Ende keine mehr ist. Dieser Platz, dieser Central Park Berlins, bleibt also erhalten und bietet einen Gegenentwurf zum Stadtschloss, um auch mal in der Mitte Platz Platz sein zu lassen. Diesen Luxus der Weite mitten in der Stadt sollte man unbedingt genießen. *René Hamann*

Karte Seite 156

Start/Ziel
S Tempelhof

Haupteingang
Tempelhofer Damm

nuture Art Minigolf
Tempelhofer Feld,
Eingang 4a
(030) 28 28 53 21
www.nuture-art.de

Picnic Berlin
Im rot-weiß gestreiften Häuschen am Eingang Oderstraße, Höhe Hausnummer 22
(0177) 8 97 35 22
www.picnic-berlin.com
Di–So 12–21 Uhr an Sonnentagen
Picknickkorbverleih

ehemaliger Flughafen Tempelhof
www.thf-berlin.de

Eingänge Tempelhofer Flugfeld:

5 Columbiadamm (Bus 104)
6 Tempelhofer Damm (S Tempelhof)
7 Oderstraße (U Boddinstraße)

Karte Seite 158

Start
U Kaiserin-Augusta-Straße

Ziel
U Alt-Tempelhof

Länge
Zwei Spaziergänge, jeweils ca. 2,6 km (mit Franckepark)

Alt-Tempelhof

„Die Scene spielt in Tempelhof, einem freundlichen Dorfe unweit Berlin"

Ein kleiner Gang durch die sehenswerten und ruhigen Ecken dieses unterschätzten Stadtteils, der sich im Wandel befindet. Tempelhof ist nämlich mehr als Flughafen, Ullsteinhaus oder Columbiahalle: Tempelhof ist auch ein ruhiges Nest am Rande der Stadt, noch eben städtisch genug, um es hier auszuhalten. Was man deutlich in Alt-Tempelhof sehen kann.

Sagen wir, wir wollen preußisch-monarchisch unterwegs sein. Ein prima Anfangspunkt der kleinen Tournee ist da der U-Bahnhof Kaiserin-Augusta-Straße, bei Straßenmusikanten eine nicht eben beliebte Haltestelle (da zu weit abgelegen und zu zugig), für unseren Ausflug aber der richtige Start.

Die Friedrich-Wilhelm-Straße ist neu asphaltiert. Wir laufen sie zunächst in westlicher Richtung. Wenn wir gut sind, gehen wir die Straße ziemlich weit, bis an die Grenze von Steglitz, denn am Ende der Friedrich-Wilhelm-Straße wartet der schmucke **Alboinplatz** 1. Hier könnte auch schon alles zu Ende sein – schließlich ranken sich Sagen um den Platz, nach denen der hier befindliche See „Blanke Helle" ein Zugang zur germanischen Unterwelt sein solle und alljährlich Opfer gefordert habe (zu Zeiten, als solche Zuordnungen noch mehr Relevanz hatten). Außerdem ist der See ein Toteisloch, sein Krater verweist auf eiszeitliches Gletschereis, das hier einst lag, und gehört zur glazialen Rinne voller Seen und Tümpel, die sich bis nach Steglitz hinzieht. Auch inmitten der ewigen Ruhe des benachbarten **Friedhofs Eythstraße** 2, in der Senke zwischen Gärtnerei und Kapelle, befindet sich ein zweites Toteisloch.

Sind wir geologisch weniger interessiert, biegen wir recht früh schon in die Werderstraße ein, und gehen ein Stück nordwärts. In dieser Ecke Tempelhofs sehen wir ähnliche Häuser wie im Prenzlauer Berg, nur dass die Renovierungen weiter zurück liegen. In der Tat könnte das hier auch das Winsviertel sein: Bürgerliche Bauten, krumme Gehsteige, viele Bäume, viel Grün. Und ein wenig hügelig ist Tempelhof tatsächlich auch. Sogar regelrecht alpin, geht man jedenfalls vom bukolischen Bau ausgerechnet der Arbeiterwohlfahrt aus, der sich am **Friedensplatz** 3 befindet. Lustigerweise ist der Bau unter dem Namen „Spukvilla" bekannt.

Leicht verschroben geht es auch jenseits des Friedensplatzes zu. Hier findet sich nach der Blumenthalstraße rechter Hand der „Alte Park". Es sind aber nicht nur Senioren, die man hier sieht – auch junge Leute nutzen diesen hübschen Flecken gern zum Entspannen. Enten gibt es auch und eine niedliche Brücke, die den „Klarensee" in zwei Hälften teilt.

Dahinter, zum Reinhardtplatz zu, thront die **Dorfkirche Alt Tempelhof** 4. Sie macht ihrem Namen alle Ehre und strahlt etwas schwer Verwunschenes aus. Ihr Grundriss, ein Apsissaal, ist einzigartig in Berlin, und ihr Vorgängerbau wird in das 13. Jahrhundert zurückdatiert. Da sie Kirche der Tempelritter gewesen sein soll, wurden hier verschiedentlich unterirdische Geheimgänge vermutet, bis heute allerdings keiner entdeckt.

Eine märchenhafte Gegend, fürwahr, was man besonders merkt, wenn man die Parkstraße wieder in Richtung Tempelhofer Damm hinab geht. Autos, Autos, Autos. Hier hat man die Wahl, links entlang durch diese Wild-West-Nachkriegswelt aus Flachbauten und billigen Geschäften zu gehen, um endlich die Straße Alt-Tempelhof zu erreichen, die noch entfernt an den Dorfanger erinnert. Oder man geht rechts, nimmt noch das alte, nicht üble **Rathaus** 5 mit und geht durch die Franckestraße in den **Franckepark** mit seinem Damwildgehege und dem kleinen Rosengarten. Grün gibt es also abseits der großen Straße in Tempelhof recht viel. *RENÉ HAMANN*

Die Dorfkirche Alt-Tempelhof strahlt etwas Verwunschenes aus

Müllerskind
Parkstraße 11
(01 52) 25 62 60 01
Di–Fr 9–18,
Sa/So/Fei 10–18 Uhr
www.muellerskind.de
Hausgemachte Kuchen, Bio-Brot, Herzhaftes und Eis

Karte Seite 158

Start/Ziel
U Ullsteinstraße

Länge
1 km

Ullsteinhaus & ufaFabrik

Von alten Lastschiffen und neuen Ufan

Tempelhof wird. Tempelhof wird umgebaut, und vielleicht entsteht hier weithin ein ganz neuer, erfrischender, aufregender Stadtteil im westlichen Süden der Stadt. Erste Umbaumanöver sind zurzeit rings um den **Hafen Tempelhof** 6 zu sehen. Als Umschlagplatz am um 1900 neu gebauten Teltowkanal sorgte der Hafen für den Aufschwung Tempelhofs. Das ursprüngliche Ensemble mit Lagerhaus aus dem Jahr 1908 und drei erhaltenen Kränen steht unter Denkmalschutz. Nun ist hier der „Shopping-Hafen" entstanden, ein Einkaufszentrum mit 70 Geschäften, wobei das Hafenbecken mit einbezogen wurde. Skurriles Verwaltungsdetail: Während Tempelhof selbst seit 1920 zu Berlin gehört, gehörte dieser Hafen weiterhin dem Altkreis Teltow, der von DDR-Bezirken wie Lübben und Luckenwalde beerbt wurde. Seit der Wende war das Hafengelände in Besitz der Landkreise Dahme-Spreewald, Teltow-Fläming und Potsdam-Mittelmark.

Ullsteinhaus

Wenden wir uns also nach Süden und betrachten das 77 Meter hohe **Ullsteinhaus** 7, das auf der anderen Seite des Hafens, auf der anderen Uferseite des Teltowkanals liegt, wo fast schon Mariendorf anfängt. Das Ullsteinhaus bietet Geschichte und bildet sie auch ab. Ein eindrucksvoller Backsteinbau, errichtet in den späten 1920er-Jahren, ursprünglich Sitz und Druckerei des Ullstein Verlags. Die Ullstein AG entschied sich in einem Architektenwettbewerb 1924 für den Entwurf von Eugen Schmohl, Mitglied der Akademie der Künste Berlin. Dieser baute daraufhin den ersten Stahlbeton-Skelettbau Deutschlands, dessen extra massive Etagendecken dafür ausgelegt sind, hunderte von Tonnen Papier darauf zu bewegen.

Die jüdische Familie Ullstein wurde von den Nazis enteignet und erhielt das Haus erst 1952 zurück. Später gehörte Ullstein zum Axel-Springer-Verlag, und der hat seinen Sitz in Kreuzberg. Im Ullsteinhaus sind zum

Beispiel das „Modecenter Berlin", ein zentraler Fachhandel für die Bekleidungsbranche, und die Schufa untergebracht, aber kein Zeitungs- oder Buchverlag. Trotzdem kann man hier eine Weile herumgehen und auch innerhalb des Gebäudes sich so manches anschauen. Auch ein Café und ein Restaurant gibt es hier. Und Achtung vor der Eule!

Café Olé in der ufaFabrik

Geht man vom Ullsteinhaus wieder über den Kanal in Richtung Stadt, die lange breite Straße hinauf, die hier Mariendorfer, da Tempelhofer Damm heißt, kann man die erste links hineingehen und den großen Kulturort des Viertels, nämlich die **ufaFabrik** 8, erreichen. Die Universum Film AG, gegründet 1917, hatte seit den 1920er-Jahren auch Ateliers in Tempelhof. Nach ihrer Instrumentalisierung für die Nazi-Propaganda ging die Firma in der Nachkriegszeit in diversen anderen Filmfirmen auf. Am historischen Standort Oberlandstraße werden unter anderem Namen heute noch Filme gemacht. Der Kulturstandort ufaFabrik hingegen ist das ehemalige Filmkopierwerk. Tatsächlich geht die Errichtung dieses knapp 19000 Quadratmeter großen Areals als Kulturzentrum auf eine Besetzung aus dem Jahre 1979 zurück. Eine Kommune entstand und mit ihr ein umfangreiches Kulturangebot und soziale Projekte wie eine freie Schule und eine Nachbarschaftsbetreuung.

Auf dem Gelände der ufaFabrik gibt es Comedy-Programme unter dem Dach oder Freiluft, passenderweise gibt es eine Wetterstation, manchmal gibt es Konzerte, Theater, Kreativ-Werkstätten und ein Sportprogramm. Eine Berliner Institution ist die ansässige Bio-Bäckerei. Das mutet inzwischen etwas familiär an. Das Publikum besteht gern aus bürgerlich gewordenen 68ern und ihren Enkelkindern. Besonders für Kinder ist das Gelände sehr reizvoll, es gibt sogar einen Bauernhof. Für den Großstädter gibt

Ullsteinhaus
Mariendorfer Damm 1–3

ufaFabrik Berlin
Internationales Kulturzentrum
Viktoriastraße 10–18
(030) 75 50 30
Informationszentrale:
Mo–Sa 10–19, So 14–19 Uhr
Café Olé
Tgl. ab 10 Uhr
www.ufafabrik.de

es ein übersichtliches, im Sommer einladendes Café. Und für die Cineasten gibt es gelegentlich Führungen und Schautafeln. Hin und wieder werden auch Filme gezeigt, darunter so mancher, der im Original bestimmt einmal auf diesem Gelände kopiert worden ist.

RENÉ HAMANN

Karte Seite 162

Start/Ziel
S Lichtenrade

Länge
4 km

Lichtenrade

Zum größten Dorfteich Berlins

Lichtenrade erreicht man am besten mit der S-Bahn. Der Imbiss am S-Bahnhof heißt „Am Mittelmeer", und in etwa so weit entfernt von Berlin fühlt man sich auch, wenn man hier aussteigt.

Mit einem Blick auf die hier aufragende, seit 1984 unter Denkmalschutz stehende ehemalige **Mälzerei der Schloßbrauerei Schöneberg** ❶ wenden wir uns nach rechts und erreichen über die Bahnhofstraße nach Überqueren des Lichtenrader Damms den **Dorfanger** ❷ an der Straße Alt-Lichtenrade. Der **Giebelpfuhl** an der Dorfkirche ist der größte Dorfteich Berlins, der ganze Anger ist eine grüne Oase im durchaus von Hochhäusern geprägten Bezirk. Im Zweiten Weltkrieg wurden viele Gebäude durch Luftangriffe stark zerstört. Schöne Altbauten findet man hier daher eher weniger.

Auf der Ostseite zweigt der Bornhagenweg ab, wo an der Ecke zum Hanowsteig eine **schlichte Stele** ❸ darauf hinweist, das sich hier seinerzeit eine Außen-

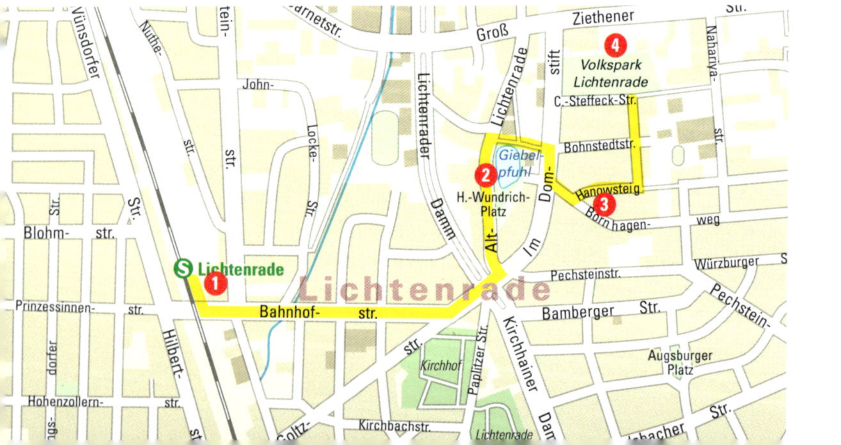

stelle des KZ Sachsenhausen befand. Nördlich von hier wartet auch noch der **Volkspark Lichtenrade** 4 auf einen Besuch. *Julia Brodauf*

Alt-Mariendorf & Marienfelde

Ausflüge in den Süden Tempelhofs

Tempelhof zieht sich bis zum Berliner Stadtrand im Süden hin. Einzelne Dorfkerne sind als Strukturen erhalten und lohnendes Ziel für Ausflüge.

Am nächsten liegt **Alt-Mariendorf** – nämlich dort, wo die U6 endet. Es wurde im 13. Jahrhundert erstmals erwähnt. Die Reste des alten Dorfangers findet man an der Straße Alt-Mariendorf. Dort stehen einstöckige Bauernhäuser und mehrstöckige Altbauten aus der Gründerzeit inmitten des lebendigen Verkehrs. Ruhe bieten allerdings eine Reihe von Teichen im Volkspark Mariendorf. Im Alten Schulhaus gibt es ein Heimatmuseum und eine Galerie, die vom Haus am Kleistpark bespielt wird. Die **Trabrennbahn Mariendorf,** 1913 gegründet, war in den 1920er-Jahren eine der wichtigsten Trabrennbahnen Deutschlands. Der Verleger Bruno Cassirer investierte in sie. Eine zweite Blütezeit erlebte sie in den 1960er-Jahren, als hier berühmte Sulky-Fahrer starteten. Auch heute ist die Rennbahn in Betrieb, kämpft allerdings ständig ums Überleben. Ihre Besonderheit: Das Rennen findet im Uhrzeigersinn statt, also rechts herum.

Tempelhof Museum
Alt-Mariendorf 43
Mo–Do 10–18 Uhr,
Fr 10–14 Uhr, So 11–15 Uhr
www.tempelhofmuseum.de

Trabrennbahn Mariendorf
www.berlintrab.de

Den Ortsteil **Marienfelde** erreicht man von Alt-Mariendorf aus mit der Buslinie M77. Marienfelde hat einen der prächtigsten Dorfanger von Berlin, die **Dorfkirche** aus dem Jahr 1220 gilt als das älteste, durchgehend erhaltene Bauwerk Berlins und ist bekannt für hervorragende Konzerte. In ihrer Nachbarschaft liegen außerdem die alte Schmiede, das Gasthaus Alte Dorfaue mit Wurstfabrik, ein Bauernhof mit Hofladen und die Alte Feuerwache.

Fußläufig erreichbar ist von hier aus auch die **Erinnerungsstätte Notaufnahmelager Marienfelde.** Hier wurden in den Jahren 1949–1990 rund 1,4 Millionen Menschen vorübergehend betreut, die die DDR verlassen hatten. *Julia Brodauf*

Gasthaus Alte Dorfaue
Alt-Marienfelde 41
(030) 7 21 80 00
www.altedorfaue.de
Mo–Fr 15–22 Uhr,
So 12–20 Uhr

Erinnerungsstätte Notaufnahmelager Marienfelde
Marienfelder Allee 66/80
(030) 75 00 84 00
Di–So 10–18 Uhr
www.notaufnahmelager-berlin.de

Neukölln

„Neukölln rockt" titelte 2008 die Stadtzeitung Zitty und erklärte den spröden Stadtteil zum neuen In-Bezirk. Damit gemeint war aber keinesfalls der ganze, riesige Bezirk, der sich mit den Vororten Britz, Buckow und Rudow bis an den südlichen Stadtrand erstreckt, sondern Nordneukölln, das in den letzten Jahren mit seinen Armuts- und Migrationsproblemen bundesweit Berühmtheit erlangte. Allerdings „rockt" es tatsächlich nur in der nördlichsten Ecke, dort wo Neukölln an Kreuzberg und den Landwehrkanal stößt. Hier haben sich originelle Kneipen und Bars angesiedelt.

Der neue gute Ruf freut vor allem die Immobilienwirtschaft, die im rockenden Kreuzkölln nun höhere Mieten erzielt. Zwar muten die Schlagzeilen, die der Stadtteil normalerweise macht, auf den ersten Blick nicht wertsteigernd an, denn sie handeln oft von Milieustreitigkeiten und Kriminalität, vom Drogenhandel in der Hasenheide, von Armut oder von Hauptschulabbrechern. Dieses raue Klima allerdings vermischt sich nun mit lebhaftem touristischen Getümmel rund um den Hermannplatz und einer Rollkofferdichte wie sonst nur im Prenzlauer Berg.

Abseits der Hauptstraßen prunkt der Stadtteil Neukölln mit weitgehend erhaltenen Gründerzeitvierteln. Rund um den alten Ortskern Rixdorf wird es sogar freundlich und historisch. Jenseits des S-Bahnrings aber beginnt die Vorstadt: Großwohnsiedlungen, die Baugeschichte geschrieben haben, Einfamilienhaussiedlungen, Kleingärten. Es gibt in Neukölln ein engagiertes städtisches Quartiersmanagement und Kulturprogramm, das sich um Verständigung zwischen den unterschiedlichen Einwohnergruppen und um eine positive Außenwahrnehmung bemüht.

Der Gegend war ihr Image schon 1912 wichtig: Damals hieß es noch nicht „Neukölln rockt", sondern „In Rixdorf ist Musike". Der Name der Ortschaft vor den Toren Berlins wurde von Rixdorf zu Neu-

Steckbrief

Einwohner*innen
328 666

Fläche
45 km²

Wohnfläche
17 km²

Menschen mit ausländischem Pass
26 %

Arbeitslosenquote
16,2 %

Alles, was das mediterrane Herz begehrt, gibt es auf dem Markt am Maybachufer

kölln geändert, da ersterer zum Synonym für frivole Abendunterhaltung geworden war. Dabei stand er in unterschiedlichen Versionen seit dem 14. Jahrhundert für das Dorf des Johanniterordens. Im 18. Jahrhundert siedelte Friedrich Wilhelm I. protestantische Böhmen hier an. Deren Nachfahren leben bis heute im Kiez und auch ihre niedrigen Häuser stammen zum Teil noch aus dem Ankunftsjahr 1737. So hat die Gegend um Richardstraße, Richardplatz und Kirchgasse ein fast ländliches Flair. Das winzige Museum im Böhmischen Dorf dokumentiert die Geschichte der Siedler.

Am Ende des 19. Jahrhunderts wuchs Rixdorf auf über 15 000 Einwohner und wurde ein eigener Stadtkreis. 1920 wurde es zusammen mit Britz, Rudow und Buckow von Berlin geschluckt. Im Süden Neuköllns gibt es zwar sehr viele Einfamilienhäuser, aber auch an großflächig durchkonzipiertem Wohnungsbau versuchten sich diverse Architekten. Die Gropiusstadt zum Beispiel, eine monumentale Großwohnsiedlung aus den 1960er-Jahren, konnte sich bisher nicht von ihrem Ruf als sozialer Brennpunkt befreien. *Julia Brodauf*

Karte Seite 168

Start
U Hermannplatz

Ziel
U Kottbusser Tor

Länge
3 km

Wochenmarkt am Maybachufer
Di/Fr 12–18.30 Uhr

Ä
Weserstraße 40
Tgl. ab 17 Uhr
Programmwirtschaft
www.ae-neukoelln.de

Croissanterie
Pannierstraße 56
(030) 6 24 60 79
Mo–Fr 7–15 Uhr
Sa/So 8–16 Uhr

Reuterkiez

Auf ein, zwei, drei Kaffee nach Kreuzkölln

Ein Spaziergang, den man seines Endpunktes wegen bevorzugt dienstags oder freitags unternehmen sollte, beginnt am **Hermannplatz** und führt im Zickzack nach Norden. Dieses Gebiet, der Neuköllner Norden, wartet weniger mit großen als mit kleinen Sehenswürdigkeiten auf: Es ist der Kiez, der die Nachtschwärmer und die Kreativszene anzieht, unzählige Kneipen, Projekträume, Künstlerhäuser und andere Eigeninitiativen sind in den letzten Jahren eingezogen und locken ein junges und buntes Publikum nach Neukölln. Das mischt sich munter unter die oftmals sehr traditionell auftretende türkische Urbevölkerung.

Den Verkehrsknotenpunkt Hermannplatz beherrscht das **Karstadt-Warenhaus** ❶, das 1930 prunkvoll und siebenstöckig gebaut wurde und mit seiner amerikanischen Kaufhausarchitektur seinerzeit als das modernste Kaufhaus Europas galt. 1945 wurde es von der flüchtenden SS gesprengt, nur ein kleiner Teil an der Südseite blieb erhalten und wurde beim Wiederaufbau in das heutige Kaufhaus integriert.

Im Reuterkiez ist Neukölln inzwischen mindestens so angesagt wie sein westlicher Nachbar Kreuzberg

Am Hermannplatz beginnt der Kottbusser Damm, immer verkehrsreich, immer zugeparkt und mit viel Leben in den sehr günstigen Geschäften. Wir biegen gleich rechts in die schmale **Weserstraße** ❷ ab und drehen eine Runde durch den Reuterkiez. Da der Kiez in zwei Richtungen an Kreuzberg grenzt und von dort auch ein Teil der Szene hinübergeschwappt kam, nennt man die Gegend Kreuzkölln. Schnell stößt man auf den Reuterplatz, eine denkmalgeschützte Grünanlage von 1910. Von hier aus führt die Entdeckungsreise weiter die Weserstraße hinunter. Mindestens bis die Fuldastraße kreuzt, kann man links und rechts Bars und Cafés entdecken. Als Wendepunkt

In der legendären Ankerklause kann man gemütlich am Landwehrkanal sitzen und ein bisschen Hamburg-Feeling genießen

nehmen wir das „Ä“, eine Künstlerkneipe mit wöchentlich wechselndem Kulturprogramm.

Auf dem Rückweg biegen wir in die Pannierstraße ein – nahe der Kreuzung lädt ein Schild mit der Aufschrift „Croissanterie“ zu einem frankophilen Ausflug ins alte Neukölln ein – in diesem winzigen Laden treffen sich die Stammgäste schon wesentlich länger, als „Kreuzkölln“ in der Luft liegt. Aber eigentlich geht es nun nach Norden, vorbei an einer Laubenkolonie und bald schon wieder mit Augenmerk auf extravagante Läden vorwiegend auf der rechten Straßenseite.

Wenn die Straße an der Brücke anlangt: Links halten, und zwar schon vor dem hier kreuzenden Landwehrkanal! Bald liegt ein mediterraner Duft nach Kräutern und Ölen in der Luft, denn zwei Ecken weiter tobt, vorausgesetzt, es ist Dienstag oder Freitag, der sogenannte „Türkenmarkt“ am **Maybachufer** ❸. Hier gibt es alles zu kaufen, was der Haushalt benötigt, Gewürze, Kräuter, Obst, Brot, Oliven, aber auch Haushaltswaren, Stoffballen und Unterwäsche ... Am Wochenende, jeden 1. und 3. Sonntag im Monat, ist hier auch Markt, aber Flohmarkt. *JULIA BRODAUF*

Ankerklause
Kottbusser Damm 104
(030) 6 93 56 49
DI–So ab 10, Mo ab 16 Uhr
www.ankerklause.de

Neukölln-Führungen auf Schwäbisch
www.reinhold-steinle.de

Karte Seite 168

Start
U Leinestraße

Ziel
U Hermannplatz

Länge
2,5 km

Schillerkiez & Hasenheide

Zwischen Friedhof und Volkspark

An der U-Bahn-Station Leinestraße bietet sich ein denkwürdiger Anblick: Friedhofsmauern, soweit das Auge reicht. Gleich acht Friedhöfe liegen an diesem Teil der Hermannstraße nebeneinander – sie zeugen von der Bevölkerungsexplosion, die Berlin um die Jahrhundertwende erlebte. In der Gründerzeit wuchs die Stadt von rund 500 000 auf das Vierfache an. Das sprengte die Kapazitäten der innerstädtischen Friedhöfe, weswegen vor der Stadt beerdigt wurde.

Dabei sieht man von der Leinestraße aus nur die jeweils kürzeste Seite der einzelnen Anlagen. In die Tiefe erstrecken sie sich bis zu 600 Metern. Über den St.-Thomas-Kirchhof beispielsweise kann man von hier bis zu den Parkanlagen Thomashöhe und Lessinghöhe spazieren, die als kleine Trümmerberge auf dem Rollberg sitzen.

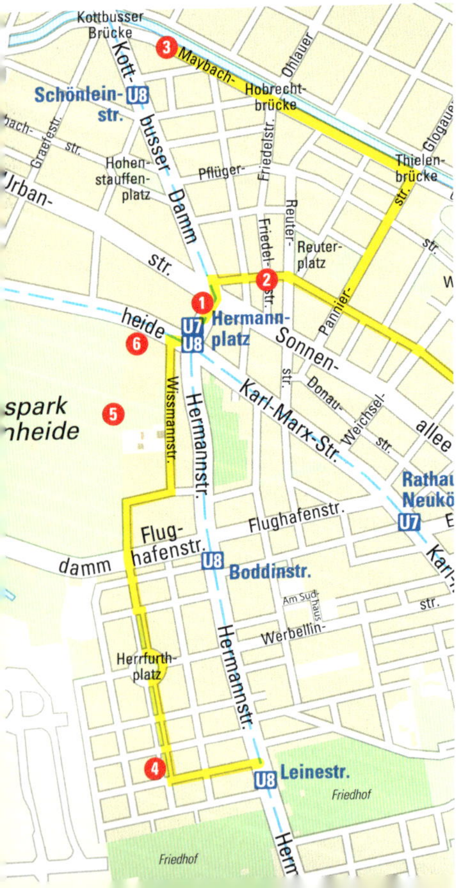

Dies als Auftakt für einen Spaziergang zu einer weiteren grünen Oase in diesem Kiez. Von der U-Bahn-Station Leinestraße gelangt man in den Schillerkiez. An der Carl-Legien-Oberschule, erbaut 1914 als Königlich-Preußische Baugewerkschule, beginnt die **Schillerpromenade** 4. Links und rechts des grünen Mittelstreifens sind prachtvolle Gründerzeithäuser zu sehen: Mit ihrer Erbauung wollte man einen eleganten Gegenpol zu den Arbeitervierteln am Rollberg schaffen. Das gelang nicht.

Auf dem kreisrunden Herrfurth-Platz steht die **Genezareth-Kirche,** erbaut nach Plänen des Baurats Franz Schwechten, eines seinerzeit vielbeschäftigten Architekts, der unter anderem auch die Kaiser-Wilhelm-Gedächtniskirche entwarf. Der

Kirchturm hat eine besondere Geschichte. Weil er in der Einflugschneise zum Flughafen Tempelhof lag, wurde ihm 1939 die Spitze gekappt. Und während der Berlin-Blockade mit den pausenlosen Anflügen der Rosinenbomber verkürzte man ihn noch einmal auf die heutigen 22 Meter.

Die Verlängerung der Schillerpromenade, die Fontanestraße, kreuzt bald die Flughafenstraße und führt zur stillen Karlsgartenstraße am **Volkspark Hasenheide** 5. Der große Park ist einen Abstecher wert: Hier jagte der Große Kurfürst einst Hasen, außerdem eröffnete Turnvater Jahn hier seinen ersten Sportplatz. Der höchste Punkt des Parks ist der Trümmerberg Rixdorfer Höhe (69 Meter), bei einem Rundgang sind ein Tiergehege, eine angelegte Seenlandschaft, ein Minigolfparcours, Spielplätze, ein Biergarten und viele große Wiesen zu entdecken. Wehrmutstropfen: Die vielen hartnäckigen Drogenhändler vorwiegend im unteren Teil des Parks. Also verlassen wir ihn am besten schon auf der oberen Ebene über die Wissmannstraße und laufen den Berg in Richtung Hermannplatz hinunter. An der Einmündung zur Hasenheide liegt linker Hand die **Neue Welt** 6, heute ein unschönes Gewerbe-Areal, das neben einem Baumarkt und Supermärkten ein Fitnessstudio, eine Bowlingbahn und einen Konzertsaal beherbergt. Dennoch ist das ein historischer Ort: Die „Neue Welt“ galt bereits 1880 als der letzte Schrei in Sachen Vorstadt-Gastronomie. In den folgenden Jahren wuchs um die ursprünglichen Biergärten ein kompletter Vergnügungspark herum. *JULIA BRODAUF*

Dem Kirchturm der Genezareth-Kirche am Herfurthplatz wurde wegen der Einflugschneise zum Flughafen Tempelhof die Spitze gekappt

Schillerpalais
Schillerpromenade 4
Geöffnet je nach Projekt
Infos unter www.top-ev.de
Kunst- und Aktionsraum

KINDL – Zentrum für zeitgenössische Kunst
Am Sudhaus 3
(030) 83 21 59 12 16
Mi–So 12–18 Uhr
www.kindl-berlin.de

Karte Seite 170

Start
U Rathaus Neukölln

Ziel
S/U Neukölln

Länge
2 km

Stadtbad Neukölln
Ganghoferstraße 3
(030) 22 19 00 11
www.berlinerbaeder.de

Comenius-Garten
Richardstraße 35
(030) 6 86 61 06
www.comenius-garten.de

Alt-Rixdorf

In Rixdorf is Musike

Ja, man kann auch im Herzen Neuköllns spazieren gehen und zwar sehr schön: durch das Böhmische Dorf und zum Körnerpark.

Von der Karl-Marx-Straße geht an der Ganghoferstraße die Richardstraße ab. Doch zunächst Augen links: Hier liegt das **Stadtbad Neukölln** 1, ein prächtiges, historisches Schwimmbad im Jugendstil. Reinhold Kiel baute es im Jahr 1914 nach dem Vorbild einer antiken Therme mit zwei Becken, Travertinsäulen und Mosaiken.

Mit Betreten der Richardstraße befinden wir uns auf dem Weg ins Böhmische Dorf. Der Soldatenkönig Friedrich Wilhelm I. siedelte auch ein Grüppchen böhmischer Protestanten vor den Toren der Stadt an. Nachfahren der Siedler leben bis heute im Kiez, und auch die niedrigen Häuser stammen zum Teil noch aus dem Ankunftsjahr 1737. Richardstraße, Richardplatz und Kirchgasse haben geradezu ländliches Flair. Besondere Aufmerksamkeit gilt den Häusern Nummer 80/81 (originalgetreu wieder hergerichtet), 82 (das älteste Haus im Dorf), 87 (ehem. Haus des Dorfschulzen), und 90 (Gedenktafel für das verheerende Feuer 1849).

Rechter Hand liegt schließlich der Eingang zum Comenius-Garten. Hier wird die Lehre des böhmischen Universalgelehrten Johann Amos Comenius umgesetzt. Schräg gegenüber geht es in die **Kirchgasse** 2. Dort steht eine Bronze des Soldatenkönigs vor dem ehemaligen Schulhaus, das nun das kleine Museum im Böhmischen Dorf beherbergt.

Geradeaus geht es weiter zum **Richardplatz** 3 und damit in das Herz der böhmischen

Siedlung. Der verkehrsberuhigte Platz liegt unter Bäumen und wird von denkmalgeschützten Häusern gesäumt. In Hausnummer 18 zum Beispiel befindet sich seit 1910 das Fuhrunternehmen Schöne, die historischen Fuhrwerke können in der Remise besichtigt werden. In der Mitte des Platzes liegt die malerische Schmiede aus dem Jahr 1628, in der traditionell gearbeitet wird. Sie ist das Herzstück des Rixdorfer Weihnachtsmarktes, der immer am Wochenende des 2. Advents von den Anwohnern veranstaltet wird.

Sehenswert am Richardplatz sind auch die Stadtvillen in Nr. 24 und 25 und das Bauernhaus Nr. 6. In einer Ecke des Platzes versteckt sich die Bethlehemskirche. Einzelne ihrer Steine stammen noch aus dem 15. Jahrhundert, doch nachdem sie im Dreißigjährigen Krieg niedergebrannt wurde, erlebte sie verschiedene Neu-, Um- und Anbauten.

Ein böhmisches Dorf mitten in Neukölln

Der Richardplatz geht in den Karl-Marx-Platz über. Hier verschließt ein schmiedeeisernes Tor mit Goldschrift den Durchgang zum **Böhmischen Friedhof** 4, der im Rahmen von Führungen des Museums Neukölln besichtigt werden kann.

Ein kleines Stück die Karl-Marx-Straße links hinunter, dann führt die Jonasstraße zu einem Jugendstil-Kleinod: dem **Körnerpark** 5. Der Kiesfabrikant Franz Körner ließ in einer seiner Kiesgruben zwischen 1912 und 1916 seinen barocken Traum von Klein-Versailles verwirklichen. Es entstand ein von eleganten Treppen umgebener Garten mit Wasserkaskaden, steinernen Putten und hohen, zugewachsenen Arkadenwänden. Unter alten Bäumen und zwischen adretten Blumenbeeten geht man auf die Orangerie zu, hinter deren weinbelaubter Fassade sich eine Galerie befindet. An Sommersonntagen werden hier ab 18 Uhr auch Konzerte gegeben.

JULIA BRODAUF

Museum im Böhmischen Dorf
Kirchgasse 5
Do 14–17 Uhr und jeden 1./3. So im Monat 12–14 Uhr
www.museumimboehmischendorf.de

Café Restaurant Villa Rixdorf
Richardplatz 6
(030) 68 08 60 00
Tgl. 11–1 Uhr
www.villa-rixdorf.com

Galerie im Körnerpark
Schierker Straße 8
(030) 56 82 39 39
Di–Sa 10–20 Uhr
www.kultur-neukoelln.de

Karte Seite 172

Start
U Blaschkoallee

Ziel
Haltestelle Britzer Garten, Bus M44

Länge
4 km und Park-Spaziergang

Schloss Britz
Alt-Britz 73
(030) 60 97 92 30
Di–So 11–18 Uhr
www.schlossbritz.de

Kulturzentrum
Gutshof Britz
Alt-Britz 73
www.gutshof-britz.de
Konzerte und Ausstellungen

Britzer Garten
Sangerhauser Weg 1
(030) 7 00 90 60
Tgl. ab 9 Uhr bis zum Einbruch der Dunkelheit
www.britzer-garten.de

Britz

Von Hufeisen, Eseln und Tulpen

Eine Entdeckungstour in den grünen Neuköllner Süden: Ausgehend von der U-Bahn-Station Blaschkoallee geht es zur Hufeisensiedlung, zu Schloss und Gut Britz sowie dem Britzer Garten.

Ein Blick auf das prächtige **Standesamt von Britz** 1 an der Blaschkoallee, das ehemalige Krankenhaus im neugotischen Stil, und dann die Fritz-Reuter-Allee hinunter. Wir befinden uns bereits in der **Hufeisensiedlung** 2, eine der berühmtesten Anlagen von Bruno Taut. Zwischen 1925 und 1932 entstanden hier 1072 Wohnungen im Stil des Neuen Bauens, das Herzstück bildet ein geschwungener Wohnkomplex in Hufeisenform. Sehr grün alles: Den meisten Wohnungen sind Gärten zugeordnet, zwei Teiche sind auch integriert. Durch das Rund gelangt man zu den rot getünchten Häusern am **Hüsung** 3 und von dort über die von japanischen Zierkirschen gesäumte Onkel-Bräsig-Straße nach Süden zur Ecke Fulhamer Allee. Hier beginnt der **Gutspark** 4 des **Schlosses Britz** 5, des Gutshauses derer von Britzik.

Der Schlosspark gilt als einer der schönsten Parks Berlins. An seinem anderen Ende liegt das Fachwerkhaus aus dem 16. Jahrhundert – an das etwa um 1700 steinern angebaut und im 19. Jahrhundert noch ein Neo-Renaissance-Turm hinzugefügt wurde. In dem adretten, weißen Gebäude ist das historische Mobiliar zu besichtigen, im eleganten Ambiente finden hochkarätige Konzerte statt.

Wir passieren das Schloss, um direkt gegenüber ein paar Meter zur **Dorfkirche Britz** 6 zu gehen.

Die Feldsteinkirche aus dem 13. Jahrhundert liegt ausgesprochen idyllisch über dem baumbestandenen Dorfteich. Zum dörflichen Ensemble gehören auch das klassizistische Pfarrhaus und zwei Schulhäuser.

Und auf zur nächsten Idylle: 1,5 Kilometer weiter südlich liegt der Haupteingang zum **Britzer Garten** 7. Dieser, sommers ein

Wie man sieht: Der Britzer Garten ist spitze

Blumenmeer samt Hügeln und Seenlandschaft, entstand 1985 als Bundesgartenschau. 875000 Kubikmeter Erde wurden bewegt, es entstanden Seen und Hügel. Heute blüht es auf einladend satten Wiesen, merkwürdiger Kontrast dazu ist die futuristische Architektur der Park-Bauwerke, beispielsweise die Brücke mit dramatisch senkrechten Stelen. Das Ganze ist eingewachsen in Schilf bestandene Ufer und eine charaktervolle Welt für sich. Besonders eindrucksvoll die Blütenflut, die alljährlich zur Tulpenzeit durch den Park schwappt: „Tulipan" verwandelt die Wiesen in ein quietschbuntes Streifenmuster.

Außerhalb des Parks drehen sich bei ausreichendem Wind die 12 Meter langen Flügel der **Britzer Mühle** am Buckower Damm, einer holländischen Windmühle aus dem Jahr 1865. Der Weg des Korns bis hin zum Mehl kann über 5 Etagen hinweg mitverfolgt werden und die daraus hergestellten Brotlaibe werden am Wochenende auch verkauft. Heiraten bzw. sich „vermehlen" kann man hier auch. Oder einfach am Dachdeckerweg den Bus M44 besteigen, der einen zurück Richtung Stadt bringt.
JULIA BRODAUF

Britzer Mühle
Buckower Damm 130
Führungen in der Mühle:
So 11–16 Uhr
Brot- und Mehlverkauf:
Fr 12–17, Sa/So 11–16 Uhr
www.britzer-muellerei.de

Restaurant Britzer Mühle
Tgl. ab 9 Uhr
www.britzermuehle.de

Eingänge Britzer Garten
Buckower Damm (Bus M44)
Sangerhauser Weg (Bus 179)
Tauernallee (Bus 179)
Mohriner Allee (Bus 181)
Massiner Weg (Apr.–Okt. nur an Wochenenden und Feiertagen, Bus 181)

Bezirk: Steglitz-Zehlendorf

Steglitz

Steckbrief

Einwohner*innen
204 800

27–45 Jahre
23 %

Über 65 Jahre
24 %

Höhe des Hochhauses Steglitzer Kreisel
119 m

In Steglitz, lebendiger Bezirk im Südwesten von Berlin, mischt sich bürgerliches Familienleben mit studentischer Umtriebigkeit. Wohlhabende Villenviertel befinden sich nahe der eher rauen Schloßstraße. Der Botanische Garten, das Benjamin Franklin Klinikum der Charité und ein Campus der Freien Universität im Ortsteil Lankwitz vertreten die Gelehrsamkeit.

In Steglitz gibt es keine Szene wie in den Innenstadtbezirken, hier wohnen eher Menschen, die es ruhiger lieben. Dafür findet man hier häufiger Berliner Originale als Zugezogene (so scheint es jedenfalls). Das Herz und Zentrum von Steglitz ist die Schloßstraße, die mit ihren vielen Geschäften und Cafés auch die Bewohner aus den umliegenden Vierteln zum Einkaufen und Bummeln einlädt und mit ihrer Kombination aus Historismus und Nachkriegs-Bausünden architektonisch höchst eigenwillige Blickachsen schafft.

Vielleicht, wenn es nicht vom Namen seines Gründers herrührt, bezieht sich der Ortsname „Steglitz" auf die slawische Bezeichnung „Stygl-its" für eine Siedlung am Berghang, was angesichts der Lage des Dorfes Steglitz am knapp 70 Meter hohen Fichtenberg schmunzeln lässt. Man nimmt ihn im Vorbeifahren kaum wahr.

Benachbart zu Steglitz waren die Dörfer Lankwitz, Lichterfelde und Giesensdorf, und dies in etwa seit dem 13. Jahrhundert. Als jedoch im 18. Jahrhundert der Verkehr zwischen Berlin und Potsdam immer mehr zunahm, wuchs mit dem wirtschaftlichen Aufschwung die Region zusammen und schließlich an die Stadt Berlin heran. Ausschlaggebend hierfür war die erste gepflasterte preußische Straße nach Potsdam 1792. Zehn Jahre später erwarb der Großkanzler Carl Friedrich von Beyme Gut und Dorf Steglitz und ließ sich an der Straße nach Potsdam nieder – sein Gutshaus, das Wrangelschlösschen, steht immer noch an der Ecke Schloßstraße/Wrangelstraße. Ein weiterer

Der Bierpinsel: Der futuristische Popart-Bau aus den 1970ern ist eigentlich rot. Momentan kann man ihn aber noch in bunt bewundern. Leider nur von außen. Die Wiedereröffnung mit Gastronomie, Kunst und Kultur wird schon lange diskutiert, ist aber nach wie vor ungewiss

Verkehrs-Meilenstein war 1838 die Inbetriebnahme der Eisenbahn zwischen Berlin und Potsdam.

Am 1. Oktober 1920 wurde aus den ehemaligen Dörfern Steglitz, Lichterfelde, Lankwitz und Südende (Ende des 19. Jahrhunderts als Villenkolonie gegründet) der Bezirk Steglitz, zwölfter Verwaltungsbezirk von Berlin. Im Jahr 2001 wurde Steglitz mit Zehlendorf zu einem einzigen Bezirk zusammengeschlossen. Über die besondere Geschichte des Ortsteils Lichterfelde, Villenkolonie für Offiziersfamilien, wird auf Seite 179 berichtet. Auch hier Verkehrs-Pioniertum: Zwischen der preußischen Hauptkadettenanstalt und dem Bahnhof Lichterfelde-Ost fuhr 1881 die erste elektrische Straßenbahn der Welt. *Stefanie Pott*

Karte Seite 176

Start
U Walther-Schreiber-Platz

Ziel
S/U Rathaus Steglitz

Länge
3 km

Schloßstraße

Shoppen und schauen

Dieser Spaziergang durch das Steglitzer Zentrum führt durch die Schloßstraße, die zwei Kilometer lange Einkaufsmeile, erkundet in ihren Nebenstraßen Verstecktes wie die Rosenkranzbasilika und erklimmt schließlich den Steglitzer Hausberg, den Fichtenberg.

Die Schloßstraße, schon um 1900 Hauptverkehrsader mit Geschäften, gehört zu den umsatzträchtigsten Shopping-Meilen Berlins. An der Ecke Gutsmuthstraße – fast neben dem Forum Steglitz – steht der **Titania-Palast** ❶, ein Kino aus dem Jahre 1928. Mit seiner Fassade im Stil der Neuen Sachlichkeit und seinem 30 Meter hohen Beleuchtungsturm galt das Gebäude bei seiner Eröffnung als architektonische Sensation. 1951 fanden hier die ersten Internationalen Filmfestspiele Berlins statt, heute ist es ein Multiplex-Kino.

Rosenkranzbasilika
Kieler Straße 11
www.rosenkranz-basilika.de
Gotteshaus der Spätromanik

Drei Straßen weiter springt hinter dem neuen Shopping-Center „Boulevard Berlin" eine futuristische Konstruktion ins Auge: der **Bierpinsel** ❷. Der Popart-Bau von 1976 thront über Stadtautobahn und U-Bahnhof Schloßstraße. Die derzeitige künstlerische Gestaltung (eine Bemalung durch Graffiti-Künstler, die sich bis in den U-Bahnhof fortsetzt) wird wohl früher oder später wieder dem ursprünglichen Rot weichen, eventuell soll es auch irgendwann wieder Gastronomie im Turm geben.

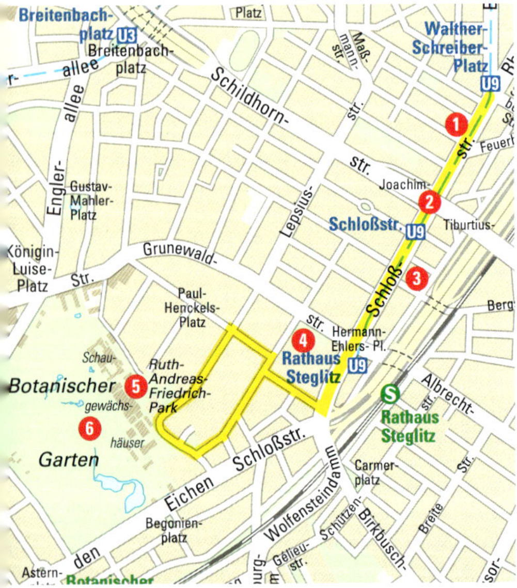

Rechts und links der Schloßstraße liegt das Steglitz der Gründerzeit mit seinen hübschen Bürgerhäusern. In der Kieler Straße steht die um 1900 nach dem Vorbild frühbyzantinischer Kuppelkirchen erbaute **Rosenkranzbasilika** ❸. Sie erhielt die Bezeichnung

Basilika, als sie nach dem Zweiten Weltkrieg als katholischer Bischofssitz fungierte. Nahe der Basilika kann man auch gleich die schlimmste Bausünde von Steglitz sehen (und hören): Die in den 1970er-Jahren gebaute Stadtautobahn, die den Stadtteil in zwei Teile zerschneidet.

Weiter geht's zum Hermann-Ehlers-Platz. Hier steht das Denkmal **Spiegelwand** für die deportierten und ermordeten Mitglieder der jüdischen Gemeinde, deren Synagoge sich in der angrenzenden Düppelstraße 41 befand. Die Namen der Menschen sowie ihr Schicksal sind in die Spiegelwand eingraviert.

An der Ecke zur Grunewaldstraße ragt das neogotische **Rathaus Steglitz** auf, rot mit Ziegeln verblendet und mit Türmchen geschmückt. Ende des 19. Jahrhunderts wurde es als repräsentative Verwaltung von Steglitz, dem größten Dorf Preußens, erbaut. Seit 2005 wird das Rathaus von zwei Seiten vom Einkaufszentrum „Das Schloss" umschlossen.

Das stolze Rathaus Steglitz wurde Ende des 19. Jahrhunderts gebaut

Gegenüber sehen wir das 28-stöckige Hochhaus **Steglitzer Kreisel.** Bis Ende 2007 war es Sitz der Bezirksverwaltung, in Zukunft beherbergt es luxuriöse Eigentumswohnungen. Die Geschichte des Gebäudes war von Anfang an von Bauskandalen begleitet, seine Fertigstellung zog sich über 10 Jahre hin. Nahe des Eingangs zum Hochhaus an der Schloßstraße trotzt ein einsamer Baum den Jahren: die Friedenseiche, gepflanzt 1871 nach dem Deutsch-Französischen Krieg.

Auf dem unscheinbaren Karree gegenüber verstecken sich Ursprung und Sehenswürdigkeiten von Steglitz: An der Ecke Grunewaldstraße, etwas versteckt hinter dem Café-Rondell, steht die **Schwartzsche Villa,** erbaut 1898 als Sommersitz der Bankiersfamilie Schwartz. Sie beherbergt heute ein Café, in dem Menschen mit Behinderung arbeiten sowie ein

Café Schwartzsche Villa
Grunewaldstraße 54–55
(030) 7 93 79 70
Tgl. 10–24 Uhr
www.schwartzsche-villa.de
Café mit Terrasse und großem Sommergarten im Park

Naturkaufhaus Galleria
Schloßstraße 101
www.naturkaufhaus-berlin.de
Mo–Do 10.30–19.30 Uhr,
Fr–Sa 10.30–20 Uhr
Einkaufszentrum mit ökologischem Anspruch

Botanischer Garten Berlin
Eingänge:
Königin-Luise-Straße 6–8
Unter den Eichen/
Begonienplatz
(030) 83 85 01 00
Tgl. geöffnet
www.bgbm.org

Der Botanische Garten 6 lohnt sommers wie winters den Besuch. Ungefähr 18 000 Pflanzenarten befinden sich hier auf mehr als 6000 Quadratmetern. In 16 Gewächshäusern und im Freien kann der Besucher die Botanik der verschiedenen Klimazonen kennenlernen. Besonders interessant sind auch der Arzneipflanzengarten mit über 200 Heilpflanzen und der Duft- und Tastgarten. Das Ticket für den Botanischen Garten gilt übrigens auch für das Botanische Museum, in dem man noch mehr über die Geschichte der Botanik erfährt.

Kunst- und Kulturzentrum. Etwas weiter südlich, Zugang von der Schloßstraße aus, steht die **Matthäuskirche** 4, 1880 als Ersatz für die zu kleine Steglitzer Dorfkirche errichtet. Rund um die Backsteinkirche lag ehemals der Dorfkern von Steglitz. Auf dem Areal befindet sich ein Teil des alten Steglitzer Friedhofs.

Ein Karree weiter liegt an der Ecke Schloßstraße/ Wrangelstraße das Gutshaus Steglitz, nach einem seiner früheren Bewohner, dem Generalfeldmarschall von Wrangel, **Wrangelschlösschen** genannt. Nebenan, im ehemaligen Wirtschaftstrakt, spielt das **Schlosspark-Theater** unter der künstlerischen Leitung von Dieter Hallervorden.

Schlosspark-Theater
Schloßstraße 48
(030) 78 95 66 71 00
www.schlossparktheater.de

Nach Einbiegen in die Wrangelstraße gelangt man bergauf durch Steglitzer Villenstraßen auf den Fichtenberg und zum schönen **Ruth-Andreas-Friedrich-Park** 5. Ein Gedenkstein erinnert an die namensstiftende Schriftstellerin und Journalistin, die zusammen mit ihrem Lebensgefährten, dem Dirigenten Leo Borchard, die Widerstandsgruppe „Onkel Emil" im Dritten Reich mitbegründete. Die Zeunepromenade führt uns den Fichtenberg wieder bergab, links in der Rothenburgstraße befindet sich das Blindenhilfswerk Berlin. Angegliedert ist ein kleines Museum, das vor allem über die Geschichte der Brailleschrift informiert. An der nächsten Ecke geht es rechts in die Wrangelstraße, die wieder auf die Schloßstraße und zum S- und U-Bahnhof Rathaus Steglitz führt.

Blindenmuseum Berlin
Rothenburgstraße 14
(030) 79 70 90 94
Mi 15–18 Uhr,
Führung So 11 Uhr
www.blindenmuseum-berlin.de

STEFANIE POTT

Lichterfelde

Zum ältesten Villenviertel Berlins

Karte Seite 180

Start
S Lichterfelde-West

Ziel
Krahmerstraße/Stockweg, Bus M85

Länge
3 km

Die älteste und vielleicht verwunschenste Villenkolonie Berlins findet sich in Lichterfelde-West. Sie wurde 1865 vom Bauunternehmer Johann Anton Wilhelm von Carstenn gegründet, der repräsentatives Wohnen im Grünen ermöglichen wollte. Carstenn kaufte großflächig Land und investierte in Villenkolonien auch in Wilmersdorf und Friedenau. Erhalten ist aber nur diese Siedlung in Lichterfelde, in der viele Häuser von Gustav Lilienthal, dem in Vergessenheit geratenen Bruder von Flugpionier Otto Lilienthal, errichtet wurden. Lilienthal baute seine „Burgen von Lichterfelde“ im neogotisch-englischen Tudor-Stil. Sie sind über die ganze Kolonie verteilt zu finden.

Am S-Bahnhof Lichterfelde West angekommen, sind wir schon mittendrin in der Villenkolonie. Das Bahnhofsgebäude selbst wurde von Carstenn im Stil einer norditalienischen Renaissancevilla entworfen. An der Ecke zur Curtiusstraße steht links das reich

Motive aus der Bibel und eine kleine Paulusfigur schmücken das Emisch-Haus

Führungen durch die Villenkolonie z. B. durch
Stadtverführung Kultur Büro
(030) 4 44 09 36
www.stadtverfuehrung.de

Nachbarschaftscafé Gutshaus Lichterfelde
Hindenburgdamm 28
(030) 84 41 10 40
Mo–Fr 9–17 Uhr
www.stadtteilzentrum-steglitz.de
Frühstück, Kaffee und Kuchen, Snacks

verzierte **Emisch-Haus** ❶. Weiter in der Curtiusstraße ist bald eines der ältesten Gebäude der Siedlung zu finden: Die **Villa Holzhüter** ❷, wegen ihrer Bauweise auch „Florentinische Villa“ genannt, stammt aus dem Jahre 1875.

Nicht nur Villen finden sich in Lichterfelde-West, auch die Präsenz des Militärs hat den Ortsteil geprägt. Davon zeugt unter anderem das **Rother-Stift** ❸ an der Ecke Friedrichstraße/Kommandantenstraße. Das Stift wurde Ende des 19. Jahrhunderts für unverheiratete Offiziers- und Beamtentöcher im Stil der märkischen Backsteingotik errichtet. Interessant auch die **Johanneskirche** ❹ weiter südlich am Johanneskirchplatz, ein klassizistischer Kuppelbau.

Besonders spektakulär sind die Häuser in der **Potsdamer Straße.** Die Nr. 22 ❺ wurde von Alfred Grenander und Otto Spalding im Jugendstil erbaut. Die Nr. 6 ist einem englischen Landhaus nachempfunden, die Nr. 9, das „Potsdamer Schlößchen“, beherbergt heute eine Kita. Die Hausnummern 57a und 63 sind von Lilienthal im Burgcharakter entworfene Villen. Das gleiche gilt für Nr. 4 und 5 der Marthastraße, die Nr. 5 war gar **Lilienthals Wohnhaus** ❻, woran

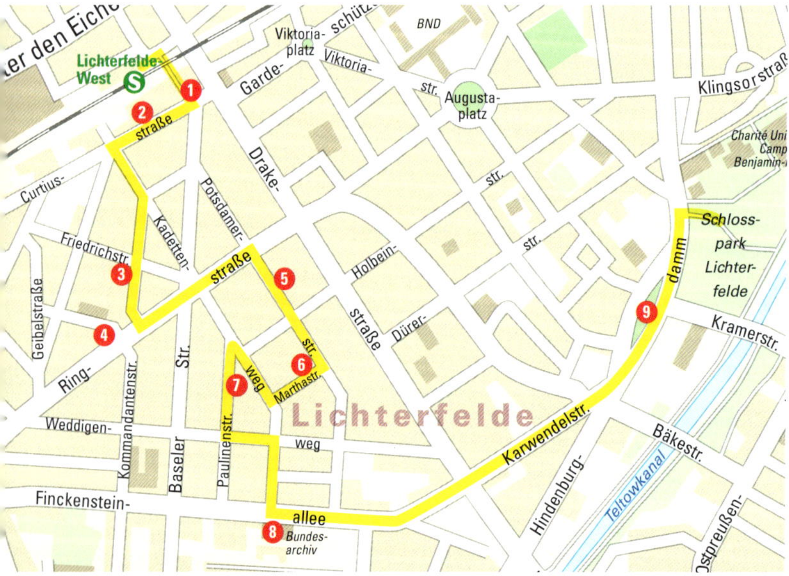

eine Gedenktafel im Vorgarten und ein Namensschild am Tor erinnern. Heute soll dort immer noch seine Enkelin leben.

In der **Paulinenstraße** treffen wir weitere Lilienthal-Burgen. An den Hausnummern 24–28 7 kann man die Details im Tudorstil wie Zinnen und Türmchen und sogar Brücken über dem „Burggraben" bestaunen. Interessanterweise sind alle diese Verzierungen keine Spielerei, sondern funktionell: Der Burggraben erlaubt Tageslicht im Untergeschoss und in den Türmchen verstecken sich Lüftungsschächte oder Schornsteine. Im **Weddigenweg** sind die Villen mit den Nummern 8, 9, 16 und 17 von Lilienthal geschaffen worden, sie haben aber bis auf Nr. 17 keinen so offensichtlich burgähnlichen Charakter wie die vorigen.

Die Johanneskirche ist ein klassizistischer Kuppelbau und wurde 1914 eingeweiht

Zum militärischen Erbe Lichterfeldes zählt die ehemalige **Preußische Hauptkadettenanstalt** 8 in der Finckensteinallee Nr. 63, 1872 erbaut. Heute ist hier das Bundesarchiv untergebracht.

Über die Karwendelstraße (oder quer durch die Villenkolonie) gelangen wir zum alten **Dorfanger** 9 von Lichterfelde am Hindenburgdamm. Wie eine Mittelinsel liegt er in der mehrspurigen Straße. Hier steht die alte **Dorfkirche** aus dem 14. Jahrhundert mit dem Friedhof, auf dem sich Carstenns Grab befindet, sowie die um 1900 erbaute Pauluskirche.

Zum Schluss lohnt ein Abstecher in den nahen **Schlosspark.** Hier begegnen wir Carstenn noch einmal. Im **Gutshaus Lichterfelde,** auch genannt „Carstenn-Schlösschen", residierte er ab 1862. Heute kann man hier werktags im Nachbarschaftscafé des Stadtteilzentrums Steglitz Kaffee und Kuchen mit Blick auf den Park genießen. STEFANIE POTT

Bezirk: Steglitz-Zehlendorf

Zehlendorf

Steckbrief

Einwohner*innen
103 782

27–45 Jahre
17 %

Über 65 Jahre
29 %

Fläche
70,5 km²

Viel Grün, viel Wasser und jede Menge Kultur, das ist der alte Bezirk Zehlendorf auf einen kurzen Nenner gebracht. Er bietet Bewohnern wie Besuchern viel Lebensqualität und Abwechslung.

Das alte Zehlendorf weist eine mehr als 750-jährige Geschichte auf und ist damit nur ein paar Jahre jünger als Berlin selbst. Der frühere Bezirk, der im Rahmen der Verwaltungsreform 2001 mit Steglitz zusammengeführt wurde, umfasst neben Zehlendorf selbst auch die Ortsteile Wannsee, Nikolassee und Dahlem. Mit einer Fläche von gut 70 Quadratkilometern gehört Zehlendorf zu den großen Alt-Bezirken in Berlin, verfügt dabei aber mit nicht einmal 100 000 Einwohnern über eine geringe Bevölkerungsdichte. Nur zum Vergleich: Steglitz ist nicht einmal halb so groß, hat aber gut die doppelte Einwohnerzahl.

Dieser Eindruck bestätigt sich, wenn man durch Zehlendorf läuft, radelt oder fährt. Hier hat man sich viel Platz gelassen, in vielen Lagen überwiegt Villenbebauung, wie etwa am Schlachtensee, am Wannsee oder in Dahlem. Neun Parkanlagen verteilen sich über diesen Stadtteil, weiteres Grün liefern der Grunewald, der teilweise zu Zehlendorf zählt, der Düppeler Forst sowie die unzähligen Bäume, die überall die Straßen schmücken. Die Zehlendorfer Seelandschaft bietet Wasserratten und Erholungssuchenden vielfältige Möglichkeiten. Wannsee, Schlachtensee oder Krumme Lanke – um nur einige zu nennen – sind ja als Berlin-Klassiker weit über die Stadtgrenzen hinaus bekannt und auch das Havelufer lädt zu Sport und Freizeitvergnügen ein.

Kulturinteressierte kommen hier ebenfalls voll auf ihre Kosten. 17 Museen findet man in Zehlendorf – von A wie Alliierten-Museum über B wie Brücke-Museum und L wie Liebermann-Villa bis Z wie Zehlendorfer Heimatmuseum. Ein besonderes High-

Rund um den heutigen Mexikoplatz in Zehlendorf entstanden Anfang des 20. Jahrhunderts viele Villen. Einige wurden von Architekten gebaut, die später berühmt wurden, darunter Walter Gropius und Mies van der Rohe

light bietet Dahlem mit dem Museum Europäischer Kulturen – seine bisherigen Schwestern, das Museum für Asiatische Kunst und das Ethnologische Museum, ziehen allerdings derzeit ins neue „Humboldt Forum“ in Mitte um. In den Schlössern in Glienicke, im Grunewald oder auf der Pfaueninsel lässt sich die Pracht vergangener Zeiten bewundern. Auch die Wissenschaft steht in Zehlendorf hoch im Kurs, viele bedeutende Einrichtungen haben hier ihren Standort. Neben der Freien Universität zum Beispiel die Max-Planck-Gesellschaft, das Konrad-Zuse-Zentrum für Informationstechnik oder das Deutsche Institut für Wirtschaftsforschung. Kurz und gut: Zehlendorf hat viel zu bieten, und das für so gut wie jeden Geschmack. Erleben und genießen Sie diesen vielseitigen Kiez. Viel Spaß dabei! *Tina Spessert*

Karte Seite 184

Start
U Dahlem-Dorf
Ziel
U Thielplatz
Länge
2,5 km

Dahlem

Vom Leben auf dem Lande und in anderen Ländern

Nomen est omen – so jedenfalls, wenn man in Dahlem-Dorf aus der U3 steigt und sich plötzlich in einem reetgedeckten Bauernhaus im Fachwerkstil befindet. Die vielen jungen Leute, die hier wochentags aus der U-Bahn strömen, geben einen Hinweis darauf, dass die Freie Universität gleich um die Ecke liegt. Doch unser Weg ist zunächst ein anderer: Von dem schönen Bahnhofsgebäude aus geht es nur wenige hundert Meter links die Königin-Luise-Straße herunter und schon steht man vor dem Eingang der **Domäne Dahlem** ❶.

Die Domäne ist ein Freilichtmuseum auf dem Gelände eines ehemals staatlichen Landgutes. Hier lässt sich für den verwöhnten Großstädter erfahren, wie unsere Grundnahrungsmittel in die Tüte und auf den Teller kommen. Der Rundgang beginnt im Herrenhaus, eines der ältesten erhaltenen Gebäude Berlins. Neben wechselnden Ausstellungen erhält man dort einen Einblick in Leben und Wirtschaften der 1920er-Jahre. Der original erhaltene Tante-Emma-Laden lässt nicht nur Kinderherzen höher schlagen. Weiter geht's zu Stallungen, kleinen Werkstätten, glücklichen Hühnern, Musterfeldern und dem Hofladen, in dem man sich mit den Bio-Produkten der Domäne versorgen kann.

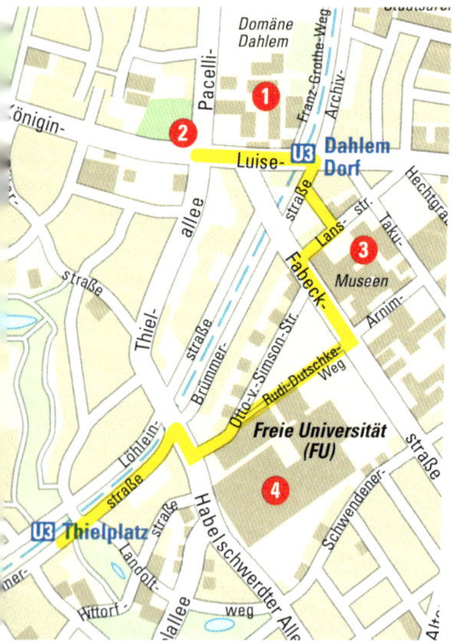

Soviel Landwirtschaft kann hungrig machen – schräg gegenüber bietet sich der Alte Dorfkrug mit einem uriggemütlichen Schankraum und dem Biergarten unter Bäumen an. Vielleicht machen Sie anschließend noch einen weiteren kleinen Spaziergang – an der Domäne vorbei kommen Sie an der nächsten Kreuzung zur beschaulichen Kirche **St. Annen** ❷, deren Ursprünge auf das 14. Jahrhundert zurückgehen. Auf dem Friedhof liegt im Schatten hinter der Kirche Rudi Dutschke begraben. Vom Dorfanger aus sind es auch nur ein

Das Herrenhaus der Domäne Dahlem ist eines der ältesten Gebäude Berlins

paar Schritte die Iltisstraße hinunter zum **Museum für Europäische Kulturen** 3. In dem Ensemble von schlichter 1960er-Jahre Eleganz, nahezu im Grünen, waren bis zum Umzug ins „Humboldt Forum" mehrere Museen angesiedelt. Geblieben ist der spannende Streifzug durch viele Tausend Jahre europäischer Geschichte, der nun mehr Raum für seine 280 000 Exponate finden kann.

In der Nähe des Museumskomplexes sind an der Fabeckstraße die Hauptgebäude der **Freien Universität** 4, Rost- und Silberlaube, zu sehen. Der in den 1970er-Jahren erbaute weitläufige Gebäudekomplex ist eine Welt für sich. Der Name Rostlaube bezieht sich auf die rostig aussehende, metallische Außenhaut des ersten Gebäudeteils an der Habelschwerdter Allee. Beim zweiten Bauabschnitt hat man dann eine silbrig-glänzende Aluminiumverkleidung verwendet. 2014 folgte die Holzlaube – mit einer hölzernen Fassade. Die Hauptattraktion des Gebäudekomplexes aber ist die 2005 von Sir Norman Foster errichtete **Philologische Bibliothek** mit dem gläsernen Kuppeldach. Weitere Gebäude der FU sind über ganz Dahlem verstreut. Von der Universität ist es dann auch nicht mehr weit zum schönen Thielpark. *TINA SPESSERT*

Freilichtmuseum Domäne Dahlem
Königin-Luise-Straße 49
(030) 6 66 30 00
www.domaene-dahlem.de
Öffnungszeiten Gelände:
Mai–Sep. 8–20 Uhr,
Okt.–Apr. 8–19 Uhr,
Museum Sa/So 10–18 Uhr

Alter Krug Dahlem
Königin-Luise-Straße 52
(030) 83 27 00
Tgl. 10–23 Uhr
Sonntagsbrunch: 10–14 Uhr

Museum Europäischer Kulturen
Arnimallee 25
(030) 8 30 14 29
Di–Fr 10–18,
Sa/So 11–18 Uhr
www.smb.museum

Immer wieder sonntags lädt das Museumsdorf Düppel zu einer Zeitreise ein, rund 800 Jahre zurück ins Mittelalter. Am Anfang dieses Museumsprojektes standen ein paar Scherben, die spielende Kinder auf dem Gelände gefunden hatten. In den 1960er-Jahren sahen Archäologen sich die Sache näher an und fanden Überreste einer Ansiedlung aus dem 12./13. Jahrhundert. Nach und nach ist dieses Dorf nun wieder auferstanden und dort kann man heute viel darüber erfahren, wie mühevoll das Leben unserer Vorfahren war – und wie findig sie es gemeistert haben. Teerschwele, Schmiede, Weberei und andere Gewerbe geben Auskunft darüber. Sehr empfehlenswert ist die Teilnahme an der – kostenlosen – Führung, die um 12 Uhr startet. *Tina Spessert*

Museumsdorf Düppel
Clauerstraße 11
(030) 8 02 66 71
www.dueppel.de
März–Okt.
Sa/So/Fei 10–18 Uhr
Anfahrt: Ludwigsfelder Straße, Bus 115 (ab S Zehlendorf)

Karte Seite 187

Start
S Zehlendorf

Ziel
U Onkel Toms Hütte

Länge
ca. 4 km

Zehlendorf-Mitte

Das Dorf, die Eiszeit und ein Architektenstreit

Rund um den alten Ortskern von Zehlendorf ist mit Schulhaus, Dorfkirche und einem prächtigen Baum noch ein Stück Vergangenheit lebendig. Wie immer in diesem grünen Bezirk ist es auch nicht weit bis zu einem besonderen Naturgenuss. Schauen wir uns das doch etwas näher an!

Ein Abstecher führt über den Teltower Damm am evangelischen Gemeindehaus vorbei und links in die Kirchstraße. Mit ihrer warmen Backsteinoptik setzt dort die **Pauluskirche** ❶ einen lebendigen Kontrapunkt zum Grau des Rathauses auf der anderen Seite. Sie wurde zu Beginn des 20. Jahrhunderts im Rahmen des kaiserlichen Kirchenbauprogramms im neugotischen Stil errichtet. Über die Martin-Buber-Straße kommen wir zurück an die Potsdamer Straße.

Es ist eine quirlige Ecke, nur ein paar Schritte vom S-Bahnhof Zehlendorf entfernt, wo sich Clayallee und Potsdamer Straße kreuzen. Genau hier schlug auch das Herz des alten Zehlendorfs. Wie beschaulich es in der früheren Landgemeinde zugegangen ist, davon zeugt der „historische Winkel", der vom **Dorfkern** ❷ noch erhalten ist.

Zunächst fällt die gewaltige Friedenseiche ins Auge, die 1871 zum Gedenken an das Ende des deutsch-französischen Krieges gepflanzt wurde. Das gelbe Gebäude hinter dem prachtvollen Baum ist das alte Schulhaus aus dem Jahr 1828, in dem heute das **Heimatmuseum** zu Hause ist. Hier können Sie sich in einer ständigen Ausstellung anschaulich über die Ortsgeschichte informieren, im Obergeschoß befindet sich das Archiv des Heimatvereins. Auf dem angrenzenden Grundstück steht die **Dorfkirche,** die 1768 auf Weisung des Alten Fritz gebaut wurde. Der kleine, achteckige Bau wird auch heute noch für Gottesdienste genutzt und ist als romantischer Ort für Trauungen beliebt.

Schräg gegenüber beginnt die Onkel-Tom-Straße. Ihren literarischen Namen verdankt sie dem einstigen Ausflugslokal „Onkel Toms Hütte", dessen Wirt namens Thomas sich bei dem berühmten Roman bediente. Es lohnt sich, rechter Hand durch die kopfsteingepflasterten, villengesäumten Straßen zu spazieren – rechts abgebogen in die Pasewaldtstraße, die in die Milinowskistraße übergeht und am **Fischtalpark** ❸ endet. Dieses reizvolle Stück Natur und Berliner Gartendenkmal lohnt den Besuch. In den 1920er-Jahren wurde dieser Volkspark in der hügeligen Landschaft rund um eine eiszeitliche Rinne angelegt – mit Baumgruppen, großen Wiesen und dem idyllischen Teich in der Senke. Hier kann man im Sommer einen Moment

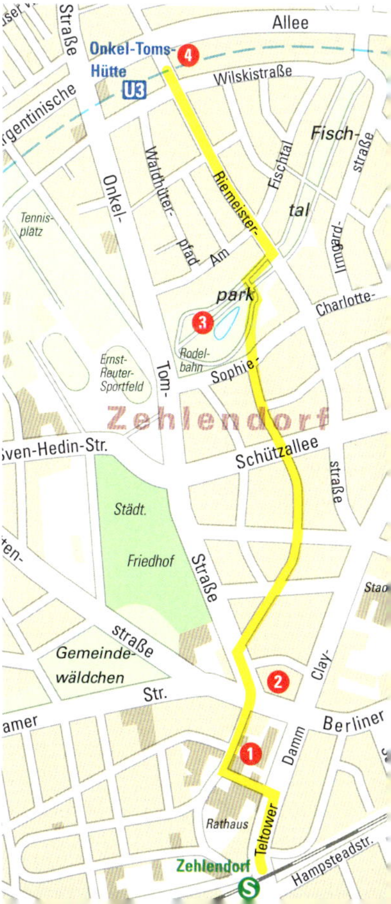

In Zehlendorf-Mitte liegen Historisches und Modernes nah beieinander

Pauluskirche
Kirchstraße 4–6
Mi 16–18, Sa 11–13 Uhr

Heimatmuseum Zehlendorf
Clayallee 355
(030) 8 02 24 41
www.heimatmuseum-zehlendorf.de
Mo und Do 10–18 Uhr,
Di und Fr 10–14 Uhr

Alte Dorfkirche Zehlendorf
Potsdamer Straße 1
Geöffnet Do 16–18 Uhr
Mo 7 Uhr Morgenandacht

Infotafel über die Onkel-Tom-Siedlung
Am Fischtal 1
Interaktive Tour und viele weitere Informationen zur Siedlung unter
www.papageiensiedlung.de

lang in die Betrachtung der Seerosen versinken. Für Spaß im Winter sorgt eine kleine Rodelbahn.

Man hält sich im Park rechts und stößt bald auf die Riemeisterstraße. Hier links, Richtung Norden eingebogen, dehnt sich bis über die Argentinische Alle hinaus, die Ende der 1920er-Jahre entstandene Onkel-Tom-Siedlung des Architekten Bruno Taut aus. Wegen ihrer farbenfrohen Fassaden wird sie auch Papageiensiedlung genannt.

Die angrenzende Siedlung „Im Fischtal" hat übrigens ein kurioses Stück Architekturgeschichte ausgelöst – den „Zehlendorfer Dächerstreit", in dem sich Ende der 1920er-Jahre weit über Berlin hinaus die Anhänger des traditionellen Bauens (Satteldach) und der Moderne (Flachdach) erbittert befehdeten. Die Häuser im Fischtal stehen für die konventionelle Architektur, die in der gegenüberliegenden Wohnanlage **Onkel Toms Hütte** 4 für das Neue Bauen, wie es hier von Bruno Taut und seinen Mitstreitern verwirklicht wurde. Die Zehlendorfer von einst spotteten eher über „Onkel Tauts Hütten", da auf ein Haus nun mal ein ordentliches Dach gehöre.
TINA SPESSERT

Krumme Lanke

Natur pur und jede Menge Kultur

Karte Seite 189

Start/Ziel
U Krumme Lanke

Länge
6 km

Was wollen wir unternehmen: Einen Seerundgang um die Krumme Lanke, eine Exkursion zu den Villen der klassischen Moderne oder aktuelle Kunst im Haus am Waldsee gucken? Oder eins nach dem anderen?

Beginnen wir unsere Unternehmungen an der **U-Bahn-Station Krumme Lanke** ❶. Der Bahnhof ist ein originalgetreuer Nachbau des Gebäudes, das Ende der 1920er-Jahre im Stil der Neuen Sachlichkeit von dem schwedischen Architekten Grenander errichtet wurde. Wie kein anderer prägte er das Erscheinungsbild der Berliner U-Bahnhöfe.

Gleich links in der Argentinischen Allee liegt das **Haus am Waldsee** ❷. Die Fabrikantenvilla aus den 1920er-Jahren hat sich nach dem Ende des Zweiten Weltkriegs zu einer festen Größe im Berliner Kulturbetrieb entwickelt. In wechselnden Ausstellungen lässt sich hier internationale Gegenwartskunst entdecken, wobei die Bandbreite von den bildenden Künsten über Design und Architektur bis hin zu musikalischen Positionen reicht.

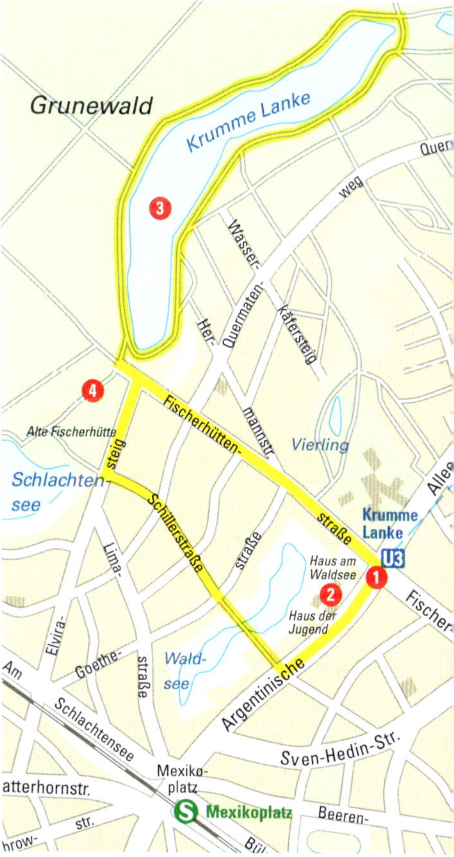

Hier startet auch die Architektur-Tour, die sich die Macher vom Haus am Waldsee ausgedacht haben. Für fünf Euro plus Pfand kann man sich einen Audioguide ausleihen, der über zwölf Stationen zu herausragenden Beispielen der Villenarchitektur zwischen Waldsee, Schlachtensee und Mexikoplatz führt. Nirgendwo sonst in Deutschland haben zwischen 1907 und 1930 so viele berühmte Architekten Privathäuser entworfen wie hier im Vier-

Im Haus am Waldsee erfand sich in der Nachkriegszeit die Berliner Kultur neu. Hier spielte die Philharmonie, das Theater und namhafteste Künstler der Moderne wurden ausgestellt. Auch heute noch richtet sich die Ausstellungstätigkeit nach dem Zeitgeschehen

Haus am Waldsee
Argentinische Allee 30
(030) 8 01 89 35
www.hausamwaldsee.de
Di–So/Fei 11–18 Uhr

tel. Neben Walter Gropius bauten hier auch Mies van der Rohe, Hermann Muthesius oder Peter Behrens. Dem Geschmack der Zeit entsprechend überwiegt der britische Landhausstil. Wer des Gehens müde geworden ist, schwingt sich für die Tour einfach auf eines der Räder, die hier vermietet werden.

Oder man zieht auf eigene Faust los: Noch etwas weiter die Allee entlang und dann rechts über die Brücke über den Waldsee kommt man auf die baumbestandene Schillerstraße. Weiter geadeaus geht es an unterschiedlichsten Eigenheimen und Villen vorbei. Vorm Schlachtensee führt der Elvirasteig rechts zur Krummen Lanke, an der Fischerhüttenstraße eröffnet sich schließlich der Blick über den tief liegenden See. Gut riecht es an der **Krummen Lanke** 3, frisch und würzig nach Wasser und Wald. In etwa einer halben Stunde lässt sich der See umrunden, ein gemächlicher Spaziergang direkt am Ufer auf angenehmem Waldboden, der den harten Asphalt der Großstadt eine Weile vergessen lässt. Baden ist hier auch erlaubt, die Wasserqualität sogar sehr gut, und es macht Spaß, auf den baumumstandenen See hinauszuschwimmen. Erstaunlich, wie viele Unverfrorene sich selbst an weniger heißen Sommertagen in die Fluten stürzen. Ein Sandstrand, eine Badewiese (teils FKK), kleine Buchten und viele Bänke laden dazu ein, einen Moment – oder auch länger – zu relaxen und den Blick auf den stillen See zu genießen. Wer kein Picknick dabei hat, kann nach vollständiger Seeumrundung in die nahe gelegene **Fischerhütte am Schlachtensee** 4 einkehren.

Über die Fischerhüttenstraße geht es zurück in Richtung U-Bahnhof. Der weiße Kubus mit der Hausnummer 106 wurde von Walter Gropius gebaut.

Wer jetzt noch Lust auf mehr hat, kann sich über die aktuelle Ausstellung des Hauses am Waldsee informieren (▸ Seite 189).

Tina Spessert

Fischerhütte am Schlachtensee
Fischerhüttenstraße 136
(030) 30 80 49 83 10
Tgl. Biergarten ab 9 Uhr, Restaurant ab 10 Uhr
www.fischerhuette-berlin.de

Wannsee

Die Villenkolonie Alsen

Karte Seite 193

Start/Ziel
S Wannsee

Länge
5 km, mit Glienicker Park
9 km, Fahrrad empfehlenswert

Der Ortsteil Wannsee liegt idyllisch zwischen Wäldern und Seen. Besonders schön ist die Lage der Villenkolonie Alsen am westlichen Ufer des Großen Wannsees. 1863 wurde sie vom Bankier Wilhelm Conrad als Sommervillenkolonie gegründet. Es entstanden prachtvolle Villen, eingebettet in eine parkähnliche Kulturlandschaft. Wenige Häuser sind heute erhalten, sodass das damals entstandene Gesamtkunstwerk nur noch erahnt werden kann. Doch es gibt hier einiges zu sehen:

Start am S-Bahnhof Wannsee. Vom Kronprinzessinnenweg aus führt die Königsstraße über die Wannseebrücke und nach 500 Metern wird „Am Großen Wannsee“ rechts abgebogen. Sanft schwingt sich die Straße und folgt dem Uferverlauf, rechts und links Villen und Einfamilienhäuser. Nach etwas mehr als einem Kilometer geht es rechts in die kleine Colomierstraße, Nr. 3 ist die **Liebermann-Villa** 1, erbaut in den Jahren 1909/1910. Das sandfarbene Haus mit den grünen Fensterläden zeigt Bilder des Berliner Impressionisten, Ehrenbürgers und Ehrenpräsidenten

Strandbad Wannsee
Wannseebadweg 25
(030) 22 19 00 11
Apr.–Sep.
www.berlinerbaeder.de

Liebermann-Villa
Colomierstraße 3
(030) 80 58 59 00
Okt.–März Mi–Mo
11–17 Uhr
Apr.–Sep. tgl. außer Di
10–18 Uhr, Do/So bis 19 Uhr
www.liebermann-villa.de

Haus der Wannsee-Konferenz
Am Grossen Wannsee 56–58
(030) 8 05 00 10
www.ghwk.de
Tgl. außer an Feiertagen,
10–18 Uhr, Eintritt frei

der Preußischen Akademie Max Liebermann am Originalschauplatz: Neben einfühlsamen Porträts von Familie und Freunden entstanden in knapp 25 Jahren rund 200 „Gartenbilder".

Kaum zu glauben, dass die Teilnehmer der Wannseekonferenz einen ganz ähnlichen Ausblick gehabt haben müssen, als sie 1942 kaltblütig die Deportation und Ermordung der verbliebenen jüdischen Bevölkerung beschlossen. Beide Grundstücke trennen nur etwa 500 Meter. Im **Haus der Wannseekonferenz** 2 dokumentiert eine Ausstellung die Vorgeschichte und die erschreckende Stringenz der nationalsozialistischen Verbrechen.

Hinter den geschichtsträchtigen Häusern schüttelt ein großes Tier die Mähne. Das Denkmal **Flensburger Löwe** 3 am Heckeshorn ist der Abguss einer Bronzeplastik, die ursprünglich auf dem alten Friedhof von Flensburg stand und nun, nach einem Umweg über Berlin, im Kopenhagener Zeughaus. Wer es dem Tier gleichtut und den Blick über den See schweifen lässt, kann bis hinüber zum Sandstrand des Strandbads Wannsee sehen.

Von hier aus lässt sich der Ausflug weiter fortset-

Sein „Schloss am See" nannte Max Liebermann seine Villa am Wannsee

zen bis zum Glienicker Park (▶ Seite 193). Der Weg führt 6 Kilometer am Havel-Ufer entlang, mit herrlichem Blick auf das gegenüberliegende Ufer nach Kladow, zur Pfaueninsel und zur Sacrower Heilandskirche.

Oder aber wir nehmen einen anderen Weg zurück in Richtung Wannsee-Zentrum und passieren noch in der Lindenstraße den **Friedhof der Villenkolonie** ❹, ein verwunschener Ort, ein konfessions-übergreifendes Gräberfeld mit durchaus prominenten Namen.

Vom S-Bahnhof Wannsee aus führt ein neu angelegter Weg zum Ufer des kleinen Wannsees, wo der Dichter Heinrich von Kleist und seine schwerkranke Gefährtin Henriette Vogler 1811 Suizid begingen. Sie wurden an Ort und Stelle begraben, der **Grabstein** ❺ allerdings wurde von den Nationalsozialisten ersetzt und 2011 überarbeitet. Am S-Bahnhof Wannsee sind Audioguides erhältlich, die unterwegs über Kleist und über die Ereignisse rund um den Doppel-Suizid informieren.
JULIA BRODAUF

Hörspiel-Parcours zum Kleist-Denkmal
Ausgabe der Audioguides im Souvenirladen am S-Bhf.
Apr.–Okt. tgl. 10.30–14.30,
Rückgabe bis 17.30 Uhr
Parcour vor Ort derzeit geschlossen, Hörspiel auf der website abspielbar:
www.kleistdenkmal.de

Glienicker Park Von der Klassik beseelt kehrte der junge Prinz Carl von Preußen, dritter Sohn Friedrich Wilhelms III., aus Italien zurück und schuf sich an der Havel sein eigenes Arkadien. 1824 begann er mit dem Bau, der damit beauftragte Gartenarchitekt Peter Joseph Lenné schuf daraufhin die planvoll verwilderte Waldlandschaft und einen eleganten Schlosspark. Carl Friedrich Schinkel baute Gebäude dazu im Geiste des Klassizismus. Hauptattraktion im Park ist das von Schinkel und Perseus im italienischen Stil ausgebaute Schloss Glienicke.

Schloss Glienicke
Königstraße 36
(030) 8 05 30 41
Nov./Dez./März
Sa/So 10–17 Uhr,
Apr.–Okt. tgl. außer Mo
10–18 Uhr,
Sa/So/Fei nur mit
Führung um 11, 13
und 15 Uhr
Bus 316 ab S Wannsee

Bezirk: Spandau

Spandau

Steckbrief

Einwohner*innen
244 458
27–45 Jahre
24 %
Fläche
91,88 km²
Kleingartenkolonien
76

Kommt man aus dem Nordwesten, ist Spandau das erste, was man sieht von Berlin. Ein ins Nichts gestelltes, großes Hotel, dann irgendwann ein windiger Bahnhof. Aber Spandau hat mehr zu bieten: Eine reiche Seelandschaft, eine fast historische Altstadt, viele kleine Ortschaften, einen Industriepark mit Wohngegend, die gleich Siemensstadt heißt und sich inzwischen UNESCO-Welterbe nennen darf. Und die Zitadelle. Es gibt also reichlich was anzuschauen hier.

Die ehemalige Stadt Spandau gehört erst seit 1920 zur Stadt Berlin, nach dem Zweiten Weltkrieg dann zum britischen Sektor der geteilten Stadt. Eine interessante Ausnahme bildet der Ortsteil Staaken, dessen westliche (!) Hälfte der Sowjetzone und also später der DDR zugeschlagen wurde. 1990 fand in Staaken also gleich eine dreifache Wiedervereinigung statt: Die deutsche, die Wiedervereinigung der beiden Staakens und die Wiedervereinigung West-Staakens mit Berlin.

Spandau hieß ursprünglich Spandow und fand im Jahr 1197 erstmals urkundliche Erwähnung. Es gab eine Burg, und dann gab es Stadtrechte, und dann wurde die Festung vor der Stadt erbaut. Besonders im Zuge der Industrialisierung, aber auch als militärische Hochburg gewann Spandau zunehmend an Bedeutung, was sich auch nach der Eingemeindung nach Berlin 1920 nicht wesentlich änderte. Eine der Hauptattraktionen des Bezirks ist natürlich die Zitadelle, eine der bedeutendsten Renaissance-Festungen Europas. Hier finden auch zahlreiche Kulturereignisse wie Konzerte, Ausstellungen oder Freiluftkino statt.

Und natürlich hat Spandau viel Grün und viel Blau zu bieten. Schließlich ist es die Vorstadt Berlins im Westen (nicht mit der Spandauer Vorstadt zu verwechseln, die bekanntlich in Mitte liegt ▸ Seite 32)

Die Stadt neben der Stadt: Spandau ist sogar älter als Berlin

mit Anschluss an den Tegeler See und die Havel, die sich in Spandau dünn macht und mitten durch die Altstadt fließt. Eine manchmal verschlafene, selten aufregende, aber sehr anschauliche und erholsame Vorstadt.

Die grünen Ortsteile Kladow und Gatow, die bis heute eigentlich Dörfer sind, liegen direkt an der Havel. Hier führen überall idyllische Uferwege mit Blick auf den Grunewald entlang. Zwischen Industrie, Welterbe, Renaissance, Nachkriegszeit, Wald, Wiesen und Seen liegen in Spandau oft nur wenige hundert Meter. *René Hamann*

Karte Seite 196

Start
S/U Spandau

Ziel
U Zitadelle

Länge
ca. 3 km (ohne Abstecher in die Spandauer Wasserstadt)

Altstadt Spandau

Eine kleine Stadt mit großer Burg

Das Zentrum von Spandau, ganz schön „jwd“, janz weit draußen, ist eine leicht verbaute, aber immer noch ordentliche ehemalige Kleinstadt mit historischem Flair. Mit einer Altstadt im Kern, einem Vorposten des Zolls am beziehungsweise im Wasser, der noch verdächtig nach Mittelalter riecht, und eine noch ältere Festungsanlage, die Zitadelle. Da lohnt sich einmal ein Spaziergang.

Der, wie sollte es anders sein, natürlich am Bahnhof Spandau beginnt. Hier muss man etwas aufpassen, dass man auch an der richtigen Stelle rauskommt. Nehmen wir an, die Stelle heißt Stabholzgarten. Ein lustiger Name. Dass man bereits in Berlin ist, kündigt sich durch die Ampelmännchen an, die an diesem Ort vor dreißig Jahren natürlich noch undenkbar waren. Wir orientieren uns in Richtung Altstädter Ring, den wir erst einmal beflissen abgehen, um rechts das von Wilhelm II. beauftragte **Spandauer Rathaus** ❶ (das nur wenige Jahre einen Sinn hatte, denn Spandau wurde zwei Jahre nach der Abdankung des Kaisers Groß-Berlin zugeschlagen) und links das Monte Carlo Berlins, das große Spielbank-Rondell, zu bewundern.

Schließlich sollte man sich ob des mächtigen Autoverkehrs doch entscheiden, in die Altstadt einzukehren. Zunächst geht es in die Jüdenstraße, die von 1933 bis immerhin 2002 Kinkelstraße hieß, über eine kleine putzige Brücke, die über einen Ausläufer der Havel führt. Auf der anderen Seite findet sich ein Stück alte **Stadtmauer,** aber davon gibt es in Spandau mehrere zu sehen. Gehen wir also wiederum rechts in die Charlottenstraße, um endlich auf die Carl-Schurz-Straße zu treffen, das Zentrum der Altstadt. Carl Schurz war tatsächlich ein Revolutionär und Zeitungsmann, der es bis nach Amerika und dort als erster Deutscher in den Senat geschafft hatte. In Spandau leiht er seinen Namen einer gefälligen Fußgängerzone, die sich so, trotz des leicht historischen Anstrichs, allerdings in jeder deutschen Kleinstadt finden lässt.

Auf seinen Wunsch hin wurde die Nikolaikirche 1539 evangelisch: Kurfürst Joachim II.

Immerhin gibt es aber eine sehenswerte Kirche, nämlich **St. Nikolai** 2. Sie ist dreischiffig, mehr als 600 Jahre alt und gotisch. Außerdem evangelisch. Zur Kirche gehört ein kleines, historisches Museum nebst Café im Innenhof in Hausnummer 12. Geht man um die Kirche herum in die Havelstraße, stößt man schnell auf die Breite Straße, in der sich das älteste Gebäude des Stadtteils, das **Gotische Haus** 3, befindet. Hier finden Ausstellungen statt, außerdem bekommt man einen Überblick, wann wo was stattfindet in Spandau.

Am Ende der Breiten Straße treffen wir auf die Straße Am Juliusturm, die wir wieder links heruntergehen und schließlich überqueren, um in den ältesten Stadtteil Spandaus, dem etwas vorgelagerten **Kolk** 4, zu kommen. Kolk heißt eigentlich Behnitz und ist der der Burg am nächsten gelegene Ortsteil und das älteste Siedlungsgebiet der Stadt. Hier sind auch noch Reste der Stadtmauer aus dem 14. Jh. zu sehen. Den Hohen Steinweg jedenfalls gehen wir

Kirche St. Nikolai
Havelstraße 16
Mo–Fr 12–16, Sa 11–16, So 14–16 Uhr
www.nikolai-spandau.de
Museum und Café
Reformationsplatz 12
Mi, Fr–So 15–18 Uhr

Gotisches Haus
Breite Straße 32
(030) 3 33 93 88
Di–So 12–18 Uhr
Stadtgeschichtliche Ausstellung und Touristinformation, Altstadtführungen jeden 1. und 3. Montag im Monat (Apr.–Okt.)

Heimat vieler Fledermäuse: Zitadelle Spandau

Zitadelle Spandau
Am Juliusturm
(030) 3 54 94 40
www.zitadelle-berlin.de
Museum, Juliusturm, Ausstellungen:
Fr–Mi 10–17, Do 13–20 Uhr

Freilichtbühne an der Zitadelle
www.freilichtbuehne-spandau.de

Fledermauskeller
Haus 4
(030) 36 75 00 61
www.bat-ev.de
Tgl. 12–17 Uhr
Fledermausführungen nach Anmeldung

Zitadellen-Schänke
(030) 3 34 21 06
www.zitadellenschaenke.de
Di–Fr 16–24 Uhr,
Sa 11–24 Uhr,
So 10–16 Uhr

entlang, bis wir den Möllentordamm erreichen und an die Ausbuchtung der Havel gelangen. Nach dieser Ausbuchtung hat sich der Stadtteil Kolk benannt.

In diesem Fischerdorf gibt es allerlei Schrulliges zu sehen. Ein Restaurant mit tschechischer Küche, das Böhmerland, ein weiteres Stück alte Stadtmauer und die restaurierten Rudimente eines kleinen Dorfes namens Damm am Möllentordamm. Wir gehen einmal im Kreis, bis wir wieder fast an der Havel sind, um einen Blick in die ansässige Kirche zu werfen. **St. Marien** ist zwar nicht annähernd so alt wie St. Nikolai, dafür aber katholisch, und als katholische Kirche dann wiederum die zweitälteste in Berlin. Dabei wurde sie nach mehrmaligen Auf- und Rückbauten erst im Revolutionsjahr 1848 geweiht.

Rund um den **Spandauer See** hat die Stadt Berlin seit 1994 fleißig Wohnungen gebaut – nun ist das Projekt fertiggestellt und zieht vor allem Senioren an. Vom Kolk aus über die kleine Brücke an der Spandauer Brauerei vorbei nach Norden erreicht man die Spandauer Wasserstadt schon nach einem guten halben Kilometer entlang des Ufers. Seit Neuestem gibt es einen Uferweg, der rund um den ganzen Spandauer See führt. Doch auch, wenn man über die Insel im See abkürzt, braucht man dafür etwa ein Stunde.

Alternativ geht es direkt über die Straße Am Juliusturm über die Havel, ehe wir links über die Zitadellenbrücke auf die **Zitadelle** ❺ zugehen. Diese ist eine Kulturereignishochburg.

Früher ist sie einmal Festung gewesen, erbaut unter der Leitung eines italienischen Baumeisters namens Chiaramella de Gandino zur Zeit der Renaissance. Der Grundriss der Zitadelle ist ein Musterbeispiel der Renaissance, das System mit den vier vorgelagerten, dreieckigen Bastionen verhindert tote Winkel und ließ die Festung lange Zeit als uneinnehmbar gelten.

Auch Spuren einer slawischen Befestigungsanlage aus dem 11. Jahrhundert sind auf dem Burggelände zu finden, das älteste erhaltene Bauwerk ist der 36 Meter hohe **Juliusturm,** dessen Basis aus dem 13. Jahrhundert stammt. Nach Erklimmen der 154 Stufen zur Aussichtsplattform liegt einem Spandau zu Füßen. Die 3,60 Meter dicken Mauern des

Turms beschützten über 40 Jahre lang einen Schatz: Der aus französischen Reparationszahlungen stammende „Reichskriegsschatz“ wurde hier aufbewahrt. Aber das war erst Ende des 19. Jahrhunderts.

In späteren Jahren war die Zitadelle Gefängnis (unter anderem hat hier der Turnvater Jahn eingesessen), unter den Nazis Waffendepot besonders für chemische Waffen („Heeresgasschutzlaboratorium“), nach dem Krieg Drehort für Edgar-Wallace-Filme und schließlich Schauplatz für ein reichhaltiges kulturelles Angebot.

Hier können wir einmal rundherum gehen und uns je nach Programm das eine oder andere antun. Für alle sichtbar sind Wasserumgebung, Graben, das Palais und der Juliusturm, mithin das Wahrzeichen Spandaus. Die Eckpfeiler der Festung werden Bastion genannt, die Höfe sind italienisch. Neben den historischen Museen gibt es hier jetzt auch das ZAK – Zentrum für aktuelle Kunst in der alten Kaserne mit wechselnden Ausstellungen. Es lohnt sich, sich vorher gut zu informieren und genug Zeit einzuplanen, denn die braucht man, um die Zitadelle Spandau einzunehmen. Tote Winkel gibt es hier nicht.
RENÉ HAMANN

Siemensstadt
Arbeiterwohnen als Weltkulturerbe

Karte Seite 200

Start
U Rohrdamm
Ziel
U Siemensdamm
Länge
3,5 km

Die Siemensstadt ist eine der interessantesten Ecken in ganz Berlin. Ein Spaziergang durch das frisch gekürte **Weltkulturerbe**, durch eine industrielle Arbeitersiedlung, die gleichzeitig etwas Modernes, Städtisches, Dörfliches und Natürliches hat, lohnt in jedem Fall.

Beginnen wir am Rohrdamm und schauen uns das Kriegerdenkmal vor einem der großen Gebäude der **Firma Siemens** ❶ an. Hier sind alle Siemensarbeiter verzeichnet, die im Ersten Weltkrieg ihr Leben lassen mussten. Obenauf sitzt einer dieser furchterregenden Adler auf einer Säule. Die Toten des Zweiten Weltkriegs werden hingegen mit namenlosen Betonquadern geehrt.

Gaststätte zum Rohreck
Jungfernstieg 5
(030) 3 83 15 07

Davon erschüttert, läuft man den Rohrdamm in Richtung Hohenzollernkanal. Die sympathisch wirkende Schänke namens „Zum Rohreck“ lassen wir rechts liegen. Stattdessen geht es unter dem **stillgelegten S-Bahnhof** 2 der Siemensstadt hindurch, der bereits das Flair der frühen 1930er- und auch der 1950er-Jahre atmet. Was nun folgt, ist ganz was Besonderes: Während auf der einen Seite die Firma Siemens ihre Tore öffnet (oder auch nicht), lockt auf der anderen ein kleiner Wald, der so genannte **Wilhelm-von-Siemens-Park** 3. Hier geht man in einer kleinen Diagonalen kurz in den Wald hinein.

Zeit zum Durchatmen. An dieser Stelle der erste kleine Geschichtsexkurs: Die erste Fabrik entstand hier um das Jahr 1900. Jenseits der Schlote wurden nach und nach modernste Architekten ans Werk gelassen. So entstand dieses einzigartige Konsortium interessanter, moderner Arbeitersiedlungsbauten. Den Anfang macht die Siemens-Siedlung am Rohrdamm, die wir hier an der Dihlmannstraße und in der Rapsstraße sehen können und die unter der Leitung von Hans C. Hertlein in den 1920er-Jahren entstand.

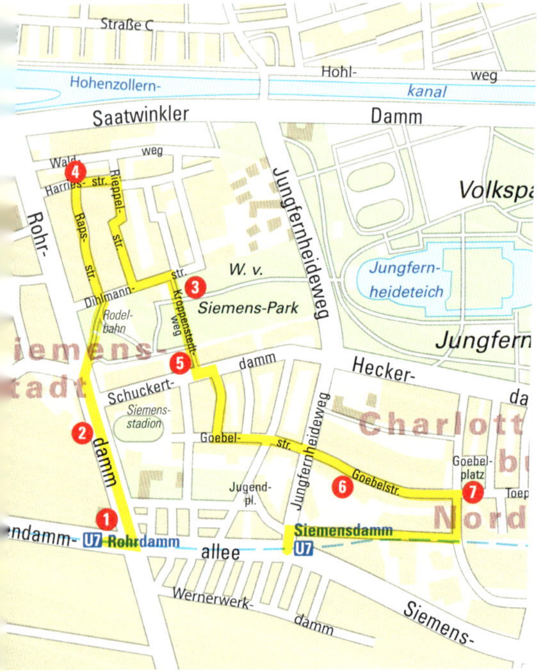

In der Harriesstraße kann man es kaum glauben: Ein niedlicher Brunnen plätschert vor sich hin, **Genoveva-Brunnen** 4 genannt, ansonsten herrscht himmlische Ruhe. Wer in Berlin nach Orten der Stille sucht, ist ausgerechnet hier richtig. Natürlich nur vor Feierabend. Aber auch sonst: Außer putzigen Wohnungen in halbniedrigen Häusern, die wie ausgedacht aussehen, gibt es hier nichts. Keine Bars, keine Ge-

Die Bauten in der Rapsstraße stammen aus den 1920er-Jahren

schäfte, keine Mehrfachhaltestellen. Kaum Touristen. Außer uns.

Gehen wir die Rieppelstraße wieder runter und die Dihlmannstraße links hinauf, ehe wir wieder das Waldabenteuer, die Waldeinsamkeit suchen und durch den Kroppenstedtweg mitten durch den Park gehen. Am Ende wartet der Schuckertdamm und mit ihm die **Christophoruskirche** 5. Aber zum Beten geht man nicht in eine Arbeitersiedlung (die übrigens nur etwas mehr als 11 000 Einwohner hat). Also nehmen wir eine der Querstraßen, um endlich auf die Goebelstraße zu treffen.

Passend, dass dort **Der Lange Jammer** 6 zu finden ist. Der ist ein endlos scheinender geschwungener Bau von Mietwohnungen, errichtet von Otto Bartning, dem wegen der Bahn im Rücken nichts anderes übrig blieb, als das schmale, aber lange Grundstück auf diese Art zu bebauen. Beeindruckend – aber hier leben? Ebenso auf der Goebelstraße: ein Bau von Walter Gropius. (Die Wohnungsbaugesellschaft GSW hat übrigens überall sehr schöne Tafeln mit Erklärungen aufgestellt. Darauf sei an dieser Stelle hingewiesen.)

Schließlich verlassen wir die Spandauer Seite der Siemensstadt, steigen über den Jungfernheideweg hinweg und betreten Charlottenburg-Nord. Hier staunen wir über die Bauten am seltsam wirkenden **Goebelplatz** 7, die mehrheitlich von Fred Forbat und Paul Rudolf Henning konzipiert wurden, in dem Teil nach Süden hin vor allem von Hans Scharoun.
RENÉ HAMANN

Bau von Walter Gropius
Jungfernheideweg 18, Ecke Goebelstraße

Der Lange Jammer
Architekt Otto Bartning
Goebelstraße 11–113
Infotafel vor Nr. 65

Bau von Hans Scharoun
Heilmannring 60

Karte Seite 203

Start/Ziel
Kladow, Hafen
BVG-Fähre 10

Länge
3,5 km

Kladow

Über Wasser- und Luftbrücken

Kladow schrieb sich einstmals mit C und war ursprünglich – die Silbe „ow" verrät es – eine slawische Siedlung, die besonders im Dreißigjährigen Krieg oftmals zerstört wurde. Kladow, von slawisch „cloda" für Baumstamm, gehörte später zu Spandau und kam im Zuge der Erweiterung Berlins erst 1920 in das heutige Land- und Stadtgebiet.

Eine Reise ist der kleine Ort allemal wert. Wo doch die Reise selbst schon lohnenswert ist: Wer nämlich aus der Innenstadt kommt und nicht über Spandau anreisen möchte, der darf eine Schifffahrt machen, und die ist bekanntlich lustig, vor allem, wenn sie nahezu umsonst ist.

Die kleine protestantische Dorfkirche Kladows steht auf einem mittelalterlichen Fundament

Die BVG betreibt die Fähre „F10" von Wannsee nach Kladow jede Stunde. Auf ihr tummeln sich Touristen, Stadtausflügler, Fahrradfahrer und Anwohner. Am anderen Ufer, nachdem die Fähre die menschenleere Insel **Imchen** ❶ (Naturschutzgebiet!) direkt vor dem Hafen von Kladow umfahren hat, trennt man sich, je nach Bedürftigkeit und Reiseziel.

Die Anwohner fahren mit dem 135er Bus weiter, die Stadtausflügler stärken sich in der angeschlossenen Hafengastronomie, die sich von zünftig bis italienisch gibt oder laufen ein wenig den Kai entlang, also die Imchenallee in Richtung **Gutspark Neu-Kladow** ❷, in dem sich das „Kulturparkcafé" befindet. Hier kann mit Blick auf den Wannsee gespeist werden. Jeden vierten Freitag im Monat finden außerdem Blues

Sessions statt. Ein Spaziergang durch den idyllischen Landschaftspark lohnt sich.

Die Fahrradfahrer machen sich vielleicht in Richtung **Sacrow** auf. Sacrow liegt bereits außerhalb der Stadt, gehört nämlich schon zu Potsdam, hat aber einen sehr schönen See, einen Königswald, ein Schloss und vor allem die schmucke Heilandskirche an der Havel zu bieten.

Wir aber bleiben vorerst in Kladow, gehen das Dorf hinauf und schauen uns die evangelische **Dorfkirche** 3 an. Die ist nämlich klein und gemütlich, protestantisch simpel und sieht doch aus wie aus einem Film geklaut. Anschließend geht es den Ritterfelddamm hinauf. Unser nächstes Ziel ist der **Flugplatz Gatow** 4, hinten an der „Landstadt Gatow" gelegen. Der war einst einer der drei Westberliner Flughäfen, über den die amerikanische Luftbrücke lief. Heute gibt es dort ein militärhistorisches Museum, das jede Menge historisches Flugmaterial bietet. Das Museum bemüht sich um Sachlichkeit besonders der schwierigen deutschen Geschichte gegenüber. In den Hangars und draußen auf dem Flugfeld gibt es jedenfalls eine Menge zu sehen – vom Doppeldecker über Hubschrauber bis zur Raketenabschussrampe.

Zurück geht es dann mit dem 135er Bus ab Kurpromenade oder zu Fuß. Am Hafen noch eine Wurst, dann geht's zurück nach Berlin mit der Fähre.

RENÉ HAMANN

Militärhistorisches Museum Flugplatz Berlin-Gatow
Am Flugplatz Gatow 33
Di–So 10–18 Uhr
www.mhm-gatow.de

Fähre F10
S Wannsee – Kladow zwischen 5 und 20 Uhr jeweils zur vollen Stunde,
ab Kladow nach Wannsee zur Minute 31
www.bvg.de

Bezirk: Reinickendorf

Reinickendorf

Wie viele der großen Bezirke Berlins ist Reinickendorf ein aus ehemals eigenständigen märkischen Bauerndörfern zusammengeschlossener Stadtteil. Durch die Eingemeindung 1920 wurden Lübars, Frohnau, Wittenau, Tegel und Heiligensee zu einem Stadtbezirk – trotzdem haben diese Orte sich einigen ländlichen Charme erhalten.

Reinickendorf ist ein Stadtteil der Gegensätze: in Lübars malerische Dorfidylle, daneben die Hochhäuser des Märkischen Viertels. Im Norden die Gartenstadt Frohnau und die Vororte Hermsdorf und Waidmannslust mit ihrer villenähnlichen Bebauung. Das namensstiftende Dorf Reinickendorf mit vorstädtischem Charakter, das weitläufige Wittenau mit dem Rathaus Reinickendorf. Im Nordwesten schließlich Tegel, das viel zu bieten hat: Seen, Schloss und Einkaufsstraße, Hafen, Borsigwerke und – Gefängnis. Und hinter dem Tegeler Forst die beiden grünen Siedlungen Heiligensee und Konradshöhe. Alles in allem ist Reinickendorf eine ganze Welt für sich.

Verschiedene kleine Kirchlein erinnern an die einstigen Dörfer, diverse Wohnungsbauprojekte hingegen an die Zeit der Industrialisierung. Ein Beispiel hierfür ist die „Weiße Stadt", erbaut um 1930, auch sie eine der sechs Siedlungen der Moderne, die seit 2008 auf der Liste des UNESCO-Weltkulturerbes stehen. Der Ortsteil Frohnau wurde im ersten Jahrzehnt des 20. Jahrhunderts durch eine Gartenstadt städtebaulich erschlossen. Rund um Lübars das Gegenteil von Planung: Aus ehemaligen Datschen wuchsen eigenwillige Einfamilienhaussiedlungen. Und dann das Märkische Viertel, eine ganze Stadt für sich, in den 1960er- und 1970er-Jahren realisierter Wohnungsbau, der in die Höhe strebte.

Reinickendorf ist auch Standort der ältesten russisch-orthodoxen Kirche Berlins – die Kirche des Heiligen Konstantin und der Heiligen Helena,

Steckbrief

Einwohner*innen
266 219

27–45 Jahre
23 %

Fläche
89,5 km²

Durchschnittliches Einkommen
2 025 Euro

Das Reinickendorfer Rathaus steht am Eichborndamm im Ortsteil Wittenau. Es wurde 1911 gebaut und hat einen 55 Meter hohen Turm

geschmückt mit blauen Kuppeln und orthodoxen Kreuzen, steht auf dem russischen Friedhof in Tegel. Zwischen Großmärkten und der Autobahn versteckt sich ein stilles und schönes Fleckchen russischer Erde – 4000 Tonnen Erdreich schickte Zar Alexander III. zur Friedhofsgründung 1894 in vier Eisenbahnwaggons. Den Friedhof gründete eine Wohltätigkeitsorganisation ursprünglich für arme Exilrussen – später, nicht zuletzt im Zuge der Oktoberrevolution, fanden auch viele Adelige, Offiziere und andere prominente Russen hier die letzte Ruhe. *Julia Brodauf*

Karte Seite 207

Start
U Franz-Neumann-Platz

Ziel
U Paracelsus-Bad

Länge
1,5 km

Rund um Alt-Reinickendorf

Weiße Stadt und Dorfidyll

Das eigentliche Reinickendorf durchwandern wir von Süd nach Nord: Am Schäfersee vorbei zur Weißen Stadt und zur Dorfaue.

Start ist an der U-Bahn-Station Franz-Neumann-Platz. Bevor wir uns auf die Suche nach dem Schäfersee begeben, sei erst einmal die Residenzstraße gewürdigt. Die ist nämlich die wichtigste Einkaufsstraße im östlichen Reinickendorf, immerhin 100 Geschäfte warten hier auf Kunden. Residenzstraße heißt sie übrigens, weil sie Teil der Landstraße war, die zur königlichen Residenz im Stadtzentrum führte.

In die Straße Am Schäfersee eingebogen, findet sich bald das namensgebende Gewässer: Der **Schäfersee** 1 ist eine Idylle mit Schrebergärten, Sport- und Spielplätzen. Lange Zeit lag er in der Einflugschneise des Flughafens Tegel, sodass im Minutentakt die Maschinen über die Köpfe donnerten. Jetzt ist es erholsam ruhig am See.

Die mittelalterliche Feldkirche steht seit 500 Jahren in der Dorfaue von Alt Reinickendorf

Wir spazieren weiter über die Stargardtstraße am Rande der Schrebergärten weiter nach Norden bis zur Emmentaler Straße. Hier zweigen Schillerring und Genfer Straße ab, Standort der **Weißen Stadt** 2, die sich bis zur Aroser Allee hinzieht und dort sogar die Straße überbrückt. Ihr heutiger Name entstammt dem Volksmund, erbaut wurde die Siedlung unter der Leitung von Stadtbaurat Martin Wagner, der ebenfalls für die Hufeisensiedlung in Britz, die Siemensstadt in Spandau und die Onkel-Tom-Siedlung in Zehlendorf zeichnete. Architekten waren Bruno Ahrends, Wilhelm Büning und Otto Rudolf Salvisberg, die 1929–1931 ganze 1286 Wohnungen in drei- bis fünfgeschossigen Häusern im Stil der neuen Sachlichkeit bauten. Seit 2008 steht die Weiße Stadt auf der UNESCO-Liste des Weltkulturerbes.

Entlang der Aroser Allee ist es nicht mehr weit bis zur **Reinickendorfer Dorfaue** ❸, Alt-Reinickendorf. Sie gruppiert sich um eine mittelalterliche Feldsteinkirche – eine echte, kein historisierender Nachbau, wie in einigen anderen Stadtrand-Dörfern der Fall. Dieses Kirchlein steht seit 500 Jahren unverändert, hat eine Glocke aus dem Jahr 1409 und einen in Berlin einzigartigen, halbkreisförmigen Chorschluss. Der Turm, etwas trutzig, ist neuer und stammt aus dem 18. Jahrhundert. Den Flügelaltar aus dem 16. Jahrhundert schmückt eine Kopie der „Kleinen Holzschnittpassion“ von Albrecht Dürer. Die Kirche ist mittwochs von 17–18 Uhr geöffnet. Rund um die Kirche stehen jüngere Häuser, doch die Hausnummer 35 ist der Büdnerhof Ribbe (19. Jh.), ältestes Haus am Platz. *Julia Brodauf*

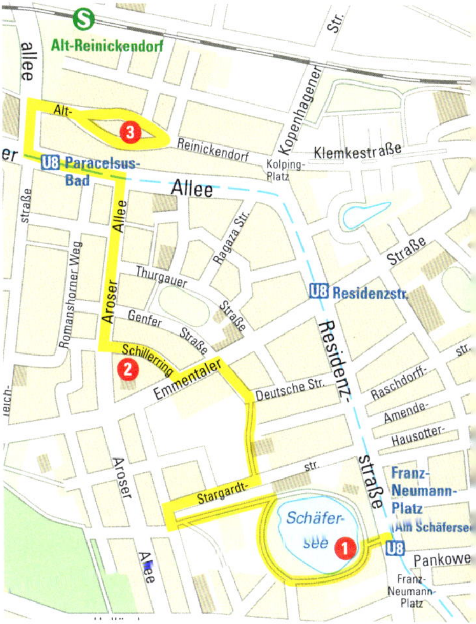

Tegel

Mit Kind und Kegel auf nach Tegel

Karte Seite 209

Start
U Borsigwerke

Ziel
U Alt-Tegel

Länge
5,5 km,
mit Villa Borsig 9 km

Am Tegeler See kann man Schiff fahren, über Eisenbahngeschichte nachdenken und über einen, der beide Verkehrsmittel nutzte, um die Welt zu erforschen: Hier stehen sowohl die Borsigwerke, die Lokomotiven bauten, als auch das Humboldtschlösschen, Elternhaus des Forschers Alexander von Humboldt und seines Bruders Wilhelm.

Die Borsigwerke dominieren weite Teile des nördlichen Tegels. Ursprünglich seit 1837 in Tempelhof zu einem der größten Industrieunternehmen Berlins herangewachsen, bezog die Dampflokfabrik 1898 ein neues Werk mit eigenem Hafen am Tegeler See. Gleichzeitig entstand die benachbarte Werkssiedlung **Borsigwalde** mit Villen für die leitenden Angestellten und Mietshäusern für die Arbeiter. In der denkmalgeschützten **Räuschstraße** ❶ sind Häuser und Ornamentik der Gründerzeit komplett erhalten.

Im **Borsighafen** ❷ wurden einst die Rohstoffe angeliefert, durchliefen die diversen Stufen der Fabrik und verließen sie durch das schmucke Borsigtor in Richtung Bahnlinie. Durch das Tor erreicht man heute die **Hallen am Borsigturm** ❸, Einkaufs- und Tagungszentrum, Gewerbegebiet und Kino. Der **Borsigturm** ❹ wurde 1922 als erstes Berliner Hochhaus von Eugen Schmohl erbaut. Über die Veitstraße im Norden erreicht man das Ufer des Tegeler Sees und die Greenwichpromenade mit ihren Seeterrassen, Fähranlegern, Restaurants und Hotels. Wir folgen ihr Richtung Norden.

Dort, wo die Straße „Am Tegeler Hafen" rechts abzweigt, geht es zum ursprünglichen **Dorf Tegel** ❺. Geradeaus aber überspannt die rot lackierte Sechserbrücke die Zufahrt zu eben diesem Tegeler Hafen. Einen „Sechser", also fünf Pfennig, kostete einst die Überfahrt mit dem Kahn an dieser Stelle, später der Brückenzoll. Auf der anderen Seite wartet der **Tegeler Freizeitpark** ❻, große Wiesen, Spielplätze, Volleyballfelder, Tennisanlagen und ein Abenteuerspielplatz. Weiter im Verlauf des Seeufers „An der Malche" gelangt der Spaziergänger zu einem rechts abzweigenden Pfad, der nach einigen Schritten vor der 900-jährigen „Dicken Marie", dem ältesten Baum Berlins, endet. Außerdem vorbei an einem Denkmal für die Dada-Künstlerin Hanna Höch, die in der Nähe in Heiligensee lebte, und vielen Bootsstegen schließlich zur auf der Halbinsel Reiherwerder gelegenen **Villa Borsig** ❼,

Die Tegeler Hafenbrücke mit den steinernen Kassenhäuschen überbrückt die Zufahrt vom Tegeler See zum Hafen

1913 historisierend erbaut und heute Gästehaus der Bundesregierung. Daran vorbei geht es zum Strandbad Tegeler See, abseits des Seeufers lädt der Tegeler Forst zu ausgedehnten Spaziergängen ein.

Hält man sich aber bereits nach dem Sechser an der Gabrielstraße rechts, so gelangt man zum **Schloss Tegel** 8, genannt das „Humboldtschlösschen", das Elternhaus der Brüder Alexander und Wilhelm von Humboldt. Ersterer war der berühmte Reisende und Naturforscher, zweiter der Gründer der Humboldt-Universität. Beide liegen im zum Schloss gehörigen Park im Familiengrab begraben, Schloss und Grab wurden von Schinkel gestaltet. Der Park erstreckt sich bis zum Freizeitpark Tegel, kann aber nur vom Platz An der Mühle aus betreten werden. Auf dem Gelände steht auch die rund 400 Jahre alte Humboldteiche. Weiter entlang der Karolinenstraße gelangt man zur **Humboldtbibliothek** 9, die 1988 im Rahmen der internationalen Bauausstellung (IBA) gebaut wurde. Von der Galerie in ihrem Inneren hat man einen wunderschönen Blick auf den Tegeler Hafen und das anliegende IBA-Gelände mit postmoderner Wohnbebauung. Zum Abschied, ein paar Meter weiter, die beiden Humboldt-Brüder noch einmal in Bronze.
JULIA BRODAUF

Restaurant Waldhütte
Schwarzer Weg
(030) 4 33 48 88

Schloss Tegel
Humboldt-Schloss
Adelheidallee 19
Park tgl. geöffnet bis Sonnenuntergang
Schlossführung Mai–Sep. Mo 10, 11, 15 und 16 Uhr

Karte Seite 210

Start/Ziel
S Hermsdorf

Länge
3 km

Museum Reinickendorf & GalerieETAGE
Alt-Hermsdorf 35
(030) 4 04 40 62
www.museum-reinickendorf.de
Mo–Fr und So 9–17 Uhr

Hermsdorf

Rittergut und Sommerfrische

Vom S-Bahnhof Hermsdorf lohnt der Spaziergang in viele Richtungen. Wir entscheiden uns zunächst für den Weg nach Osten: Der Waldseeweg führt nach gut einem Kilometer zu einem idyllischen Gewässer umgeben von Bäumen, Wiesen und Villen, eben jenem **Waldsee** ❶. Die schöne Lage wusste auch der Schriftsteller Erich Kästner zu schätzen, der 1964–1966 am See in der Parkstraße 3a wohnte.

Von hier aus geht man südöstlich bis zum Rand der Bachlandschaft des Tegeler Fließes. Dort auf dem Wanderweg in westlicher Richtung spaziert, gelangt man zur Straße Alt Hermsdorf und somit zum alten **Dorfanger** ❷ mit Dorfkirche und alter Schule. Im Schulgebäude ist das sehr sehenswerte Heimatmuseum untergebracht, ein komplettes germanisches Gehöft im Garten gehört auch dazu.

Hermsdorf war im 16. Jahrhundert ein Rittergut, litt im Dreißigjährigen Krieg, und Mitte des 18. Jahrhunderts mischte sogar der im Märkischen allgegenwärtige Friedrich der Große bei der Einrichtung des Erbzinsgutes Hermsdorf mit. Später war der Ortsteil sowohl seiner Luft wegen gerühmtes Ausflugsziel als

auch Standort einer Ziegelei und einer Tonwarenfabrik, die beispielsweise die Steine für das Rote Rathaus lieferte.

Vom Dorfanger aus gelangt man über die Seebadstraße Richtung Tegeler Fließ und Freibad Lübars zu den Tongruben der alten Ziegelei, die zu Eigentumswohnungen umgebaut wurde. In die andere Richtung geht es über die Berliner Straße und die Wachsmuthstraße zurück zum Bahnhof Hermsdorf. Der Platz am Bahnhof heißt Max-Beckmann-Platz. Das und die hier stehende Skulptur erinnern daran, dass man nun noch einen Abstecher nach Westen anhängen kann: Über den Hermsdorfer Damm ins sehenswerte Villenviertel, das sich an den Tegeler Forst schmiegt. In der **Ringstraße 17** 3 lebte Max Beckmann acht Jahre lang mit seiner Frau Minna. FELIX MÜLLER

Auf dem Freigelände des Heimatmuseums wurde ein germanisches Gehöft nachgebaut

Frohnau

Waren einst drei Türme

Karte Seite 211

Start/Ziel
S Frohnau

Länge
3 km

Frohnau tritt majestätischer auf als seine Nachbarn. Und es hat Türme. Der erste gehört zur Doppelplatzanlage um den Jugendstil-Bahnhof herum – Architekten waren Gustav Hart und Alfred Lesser. Das Wahrzeichen Frohnaus war einst der als **Kasinoturm** getarnte Wasserspeicher 1 am S-Bahnhof. Rechts und links der Station wurden zwei halbrunde Plätze angelegt. Sie bilden das Herzstück jeweils radial angelegter Villenkolonien beiderseits der Gleise. Die **Gartenstadt Frohnau** wurde ab 1910 nach englischen Vorbildern angelegt, der Häuserbau ging aber erst nach dem Ersten Weltkrieg voran. Im nordöstlichsten Teil jedoch blieb es bei der Pflasterung von Straßen. Hier stand bis zur Sprengung im Februar 2009 ein zweiter Turm, von Ferne zu sehen: Der Funkturm

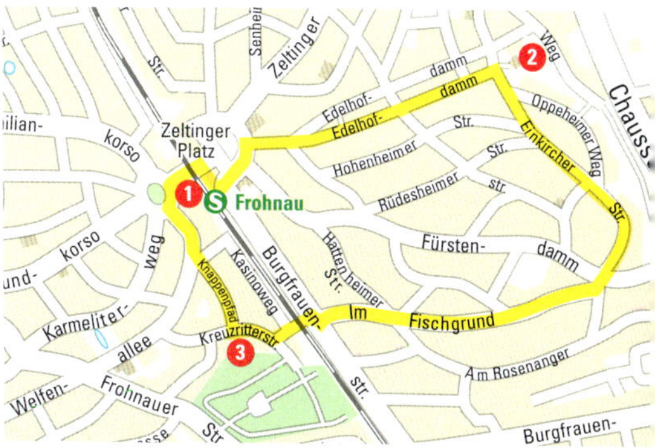

Wahrzeichen von Frohnau: der Kasinoturm

Frohnau war mit 368 Metern das nach dem Fernsehturm zweithöchste Gebäude Berlins. Vermeintlich abhörsicher stellte er für Westberlin die Verbindung nach Westdeutschland sicher.

Wir beginnen unsere Runde am **Zeltinger Platz** und gehen den Edelhofdamm hinauf bis zum **Buddhistischen Haus** ❷ – eine seltsame Anlage, die fernöstliche Sinntiefe in einem gemischten Komplex aus biederem Gemäuer und fernöstlicher Architektur (wie zum Beispiel Pagodendächer und Tempeltore) verbirgt. 1924 hatte der Berliner Schiffsarzt Paul Dahlke hier, an der höchsten Stelle Frohnaus, einen buddhistischen Tempel bauen lassen. Im Dritten Reich wurde dies nicht toleriert, das Gebäude wurde geplündert. Seit 1957 jedoch wird es von einer buddhistischen Gesellschaft aus Sri Lanka geführt, von Mönchen bewohnt und ist täglich für Meditationen und Workshops geöffnet. 73 Stufen führen vom Elefantentor zum Haus, unterteilt in acht Absätze, die die Erlösung vom Leid symbolisieren.

Das Buddhistische Haus Frohnau
Edelhofdamm 54
(030) 4 01 55 80
www.buddhistisches-haus.de

Vom Buddhistischen Haus führt die Enkircher Straße nach Süden. Nach 300 Metern biegt rechts die baumbestandene Straße „Im Fischgrund" ab. An deren Ende überqueren wir die Burgfrauenstraße und die S-Bahn und erreichen an der Kreuzritterstraße den linksseitig gelegenen **Hermsdorfer Friedhof** ❸, auf dem burgturmartig-markant der 30 Meter hohe Wasserturm emporragt. Wie der Friedhof gehört er zur Gesamtanlage der Gartenstadt Frohnau, wurde aber nur 20 Jahre lang genutzt. Seine neue Aufgabe ist der Mobilfunk. An der Kreuzritterstraße geht der Knappenpfad ab, der uns wieder auf den Ludolfinger Platz an der S-Bahn zurückführt. *FELIX MÜLLER*

Karte Seite 213

Start/Ziel
Alt-Lübars (Bus 222, ab S Waidmannslust)

Länge
4 km

Lübars

Das älteste Dorf Westberlins

Lübars ist das älteste Dorf innerhalb der Stadtgrenzen Westberlins, gleichzeitig stand die Mauer nicht weit. Der Name bedeutet soviel wie „liebes Dorf", die erste Erwähnung fand es 1247. Zu Beginn des Spaziergangs sehen wir uns am **Dorfanger** ❶ um: eine

barocke Dorfkirche, Dorfschulhaus und Dorfkrug mit dazugehörigem, ebenfalls historischem Gemeindesaal, alles noch vorhanden. Der Dorfkrug ist seit dem 15. Jahrhundert aktenkundig, einige der Häuser stammen aus dem 19. Jahrhundert und haben dafür typische, neoklassizistische Stuckfassaden. Die Nummer 22 hat sogar auch noch das dazugehörige, typische Reetdach. Inmitten all dessen leuchtet eine gelbe Telefonzelle aus dem Jahr 1934. Schick.

Des Weiteren scheint es in Lübars mehr Pferde als Menschen zu geben. Sieben große Reiterhöfe sind hier angesiedelt, überall trabt oder schreitet ein Tier mit Mähne. Wir folgen den Tieren und ihren Reitern an der Ecke nach Norden aus dem Ort, wo der Barnimer Dörferweg ausgeschildert ist. Vor uns liegt nun das **Tegeler Fließ.** Es fließt in großen Schleifen vom Höhenzug des Barnim bis zum Tegeler See durch die Feuchtwiesen.

Wenn wir uns jetzt grob nach links orientieren, erreichen wir bald einen hölzernen Steg ❷, der uns samt Informationstafeln trockenen Fußes entlang des Fließes in Richtung Hermsdorf (▶ Seite 210) leitet. Wir können aber auch unerschrocken dem Fließ nach rechts folgen und gelangen so bis zum ebenfalls reich mit Info-Tafeln ausgestatteten Naturschutzgebiet am **Köppchensee** ❸. Hier kann man sich sogar an der Apfelernte beteiligen, wenn man sich beim Nabu rechtzeitig informiert. *JULIA BRODAUF*

Gasthof Alter Dorfkrug
Alt-Lübars 8
(030) 92 21 02 30
Mi–So 12–22 Uhr,
www.gasthof-alter-dorfkrug.de
Programm im Festsaal:
www.labsaal.de

Landfleischer's Biergarten
Zabel-Krüger-Damm 237
(030) 4 03 17 16
Di–So 12–19 Uhr
www.landfleischerei-luebars.de

BWB-Kräuterhof Lübars
Alt-Lübars 15
(030) 39 09 67 21

Bezirk: Lichtenberg

Hohenschön-hausen

Steckbrief

Einwohner*innen
111 616

27–45 Jahre
27 %

Über 65 Jahre
19 %

Tiere im Tierheim Falkenberg
ca. 1400

Einer der jüngsten und einer der ältesten Stadtteile zugleich, das ist Hohenschönhausen. Bezeichnenderweise zerfällt er in die Ortsteile Neu-Hohenschönhausen und Alt-Hohenschönhausen. Siedlungsfunde datiert man bis in die Bronzezeit zurück, die Existenz des Dorfes ist seit dem frühen 13. Jahrhundert belegt. Der alte Dorfkern existiert nur rudimentär, ist aber vorhanden. Die Häuser rund um die älteste Kirche Berlins aus dem Jahr 1230 sind in schlechtem Zustand, allerdings bemühen sich rührige Anwohner darum, dem Ganzen zu neuem Glanz zu verhelfen. Alt-Hohenschönhausen, das sind auch Villenviertel und vorbildliche Gartenstädte, auch hier war Bruno Taut am Werk und sorgte in den 30ern für komfortables und dennoch erschwingliches Wohnen.

Neu-Hohenschönhausen hingegen, das sind Plattenbauten. Der Stadtteil entstand auf dem Reißbrett und erstreckt sich entlang der Falkenberger Chaussee bis nach Wartenberg. Viel Beton, soweit das Auge reicht, stereotype Wohnblocks mit Westblick auf sieben oder acht Etagen. 1984 legte Erich Honecker hier den Grundstein für die fünf Jahre dauernde Bauphase, die erst im Oktober 1989 endete – die Wende verhinderte, dass die Wohnriegel nicht noch weiter in Richtung Malchow wucherten. Im Zentrum von Neu-Hohenschönhausen rund um den Prerower Platz geht es betriebsam zu, hier liegt auch das Einkaufszentrum Lindencenter und die viel besuchte Anna-Seghers-Bibliothek.

Die Stadtrand-Dörfer Malchow, Falkenberg und Wartenberg gehören ebenfalls zu Hohenschönhausen. Auch sie wurden längst von der Stadt mit ihren Siedlungen und Autostraßen eingeholt, doch dahinter: freies Feld. In Falkenberg liegt Berlins Tierheim – viel Platz für Auslauf und kein Problem mit

Das Lindencenter (rechts) am Prerower Platz bildet das Zentrum von Neu-Hohenschönhausen

lärmempfindlichen Nachbarn, die sich am Bellen der 170 Hunde, die dort derzeit leben, stören könnten. Insgesamt 12 000 herrenlose Tiere durchlaufen alljährlich das Heim, das eines der größten Europas ist und sich durch seine außergewöhnliche, weitläufige Architektur und moderne Formensprache auszeichnet – es diente diverse Male als Filmkulisse.

Im Süden Hohenschönhausens befindet sich ein Ort, der erst seit 1989 tatsächlich auf dem Stadtplan verzeichnet ist. Die Gedenkstätte Berlin-Hohenschönhausen bewahrt, untersucht und dokumentiert das ehemalige Gefängnis der Stasi, in dem zig-tausende politische Häftlinge der DDR einsaßen. Hervorgegangen war die Haftanstalt aus dem Kellergefängnis der sowjetischen Armee nach Kriegsende. Rundherum befanden sich zudem die wesentlichen Abteilungen der Stasi, die die Ermittlungen gegen Oppositionelle kontrollierten, auch ein Arbeitslager gab es. Die Gedenkstätte ist im Rahmen von Führungen zugänglich, die teilweise von ehemaligen Häftlingen geleitet werden. *Julia Brodauf*

Karte Seite 216

Start
Sandinostraße,
Tram M5

Ziel
Hauptstraße/Rhinstraße, Tram M5, 27

Länge
3,5 km

Mies-van-der-Rohe-Haus
Oberseestraße 60
(030) 97 00 06 18
Di–So 11–17 Uhr
www.miesvanderrohehaus.de

Alt-Hohenschönhausen

Keine Eisbären, keine Flusspferde

Die Eisbären haben Hohenschönhausen verlassen. Nein, nicht eine Horde Knuts ist weggewetzt, sondern das erfolgreiche Eishockeyteam, das 2005, 2006 und 2008 deutscher Meister wurde, trägt seine Spiele nun in Friedrichshain in der Mercedes-Benz Arena aus und nicht mehr im denkmalgeschützten **Wellblechpalast** ❶. Der ist aber nach wie vor Trainingsstätte und Teil des 55 Hektar großen Sportareals am Ortseingang Hohenschönhausen. Auch der deutsche Olympiastützpunkt ist hier, hier trainierten Franzi van Almsick und Claudia Pechstein für ihre Goldmedaillen. Lassen wir den Blick also andächtig über die betagte Anlage schweifen und wenden uns dann von der Konrad-Wolf-Straße ab, um über die Simon-Bolivar-Straße dem zeitlosen Wohnungsbau entgegenzustreben.

An der Große-Leege-Straße stoßen wir auf die **Flusspferdhofsiedlung** ❷, auch dieser Name kein Verweis auf den Zoo, sondern auf zwei bronzene Pferdeskulpturen von Hans Mettel, die ein Wasserbecken im friedlichen Innenhof dieser für die 1930er-Jahre so typischen Wohnanlage schmücken. Hier ist Hohenschönhausen nett, dreigeschossige Wohnensembles säumen die baumbestandenen Straßen. Wir spazieren zurück zur Konrad-Wolf-Straße und gehen über die Degner- und die Waldowstraße zum **Obersee.** Er ist von Villen gesäumt, die schönste unter ihnen ist das flache, ziegelrote **Mies-van-der-Rohe-Haus** ❸. Den L-förmigen Bau entwarf der Architekt 1932 für ein kinderloses Ehepaar, das letzte Wohnhaus, das er baute, bevor er 1938 emigrierte. Nach dem Krieg nutzte die rote Armee das Haus, später beanspruchte es die Stasi,

beides schadete der Substanz. Nach der Wende wurde es denkmalgerecht wiederhergestellt und beherbergt heute eine Galerie für moderne Kunst. Der Wasserturm am **Obersee** gegenüber wurde zu einer Bar ausgebaut.

Abkühlender Abstecher: Der Obersee ist mit dem **Orankesee** verbunden, das dortige Strandbad beeindruckt mit einer 52 Meter langen, gekringelten Rutsche und der traurigen Geschichte des Ritters und der Jungfrau Oranke, die in einer Vollmondnacht aus dem See gestiegen und nach dem Tod des Ritters dorthin zurückgekehrt sein soll.

Vom Obersee aus kann man sich nach Norden orientieren und im sehenswerten **Naturschutzgebiet am Faulen See** spazieren oder aber sich in Richtung dessen aufmachen, was vom alten Hohenschönhausen übrig geblieben ist. Die Suermondtstraße entlang, bis sie wieder die Konrad-Wolf-Straße kreuzt und zur Hauptstraße wird. An dieser Kreuzung steht das ehemalige Rathaus Hohenschönhausens. Am einstigen **Dorfanger** 4 duckt sich die Taborkirche im Schatten eines Plattenbaus, die erste Version der Feldsteinkirche soll aus dem Jahr 1230 stammen, vielleicht auch etwas später. Sie ist mit einem Flügelaltar aus Wartenberg ausgestattet und seit 1953 nach Kriegsschäden turmlos. Ein Blick auf das leer stehende alte Schulhaus daneben, ein zweiter auf das Schloss Hohenschönhausen noch eine Hausnummer weiter, dessen Fenster verrammelt sind. Erbaut wurde es als Gutshaus derer von Röbel, die Hohenschönhausen seit dem 15. Jahrhundert besessen hatten, im 18. Jahrhundert aber verkauften. Später wohnte hier Paul Schmidt, Erfinder von Taschenlampe und Trockenbatterie, danach war es Kinderhort, Kinderkrippe, Kindergarten, Luftabwehrzentrale und Krankenhaus.

Auf der anderen Seite der sechsspurigen Rhinstraße spähen wir kurz nach vorhandenen Überresten des Dorfes und tauchen dann ein in das Viertel zwischen Malchower Weg, Paul-König-Straße und Wartenberger Straße. Einst sprach man hier von der **Papageiensiedlung** 5, da die Häuser rot, blau und gelb bemalt waren. Die Doppelhäuser aus den Jahren 1926 und 1927 tragen die Handschrift des Siedlungsbaumeisters Bruno Taut. Weitere Gartenstädte schließen nach Norden an. *JULIA BRODAUF*

Gedenkstätte Hohenschönhausen 6
Genslerstraße 66
(030) 98 60 82 30
Führungen
Mo–Fr ständl. 11–15,
Sa/So 11–16 Uhr
www.stiftung-hsh.de
Ehemaliges Stasigefängnis

Strandbad Orankesee
Gertrudstraße 7
(030) 9 86 40 32
Mai–Sep. tgl. 9–19 Uhr
www.strandbad-orankesee.de

Bar im Wasserturm
Wasserturm am Obersee
Waldowstraße 20
(0178) 5 38 97 45
www.berlin-wasserturm.de

Bruno-Taut-Siedlung an der Paul-König-Straße

Bezirk: Lichtenberg

Lichtenberg

… nimmt Kurs auf die Zukunft. Das Nebeneinander von Dörfern und urbanen Zentren, von Plattenbauten und Villengegenden, von Arbeiterkolonien und Industriegebieten prägen Lichtenberg. Kein Wunder, wenn man sich vor Augen hält, dass die Ortsteile Alt-Lichtenberg, Fennpfuhl, Friedrichsfelde, Rummelsburg und Karlshorst völlig unterschiedliche Wurzeln haben und Entwicklungsgeschichten, die im 13., 19. oder 20. Jahrhundert beginnen.

1907 erhielt Lichtenberg das Stadtrecht, wurde jedoch schon 1920 im Zuge der Gründung von Groß-Berlin eingemeindet. Als Experimentierfeld des Neuen Bauens gewann Lichtenberg in den 1920er-Jahren überregionale Bedeutung. Industriegeschichte schrieb der Bezirk, als 1938 in Rummelsburg die Polyamidfaser Perlon erfunden wurde. Und nicht zuletzt ist ein weltgeschichtliches Datum eng mit Lichtenberg verbunden: Am 8. Mai 1945 wurde in Karlshorst die bedingungslose Kapitulation Deutschlands unterzeichnet und damit das Ende des Zweiten Weltkriegs besiegelt.

Dann begann die SED-Diktatur. In Lichtenberg befanden sich die Zentrale des Ministeriums für Staatssicherheit und das Stasi-Untersuchungsgefängnis. Altstalinisten, die die SED-Vergangenheit verklären, machen dem Bezirk ebenso zu schaffen wie Neonazis, die lange Zeit den Weitlingkiez terrorisierten.

Kein einfacher Bezirk also, aber einer, der auf Zukunft setzt. Mit dem Bürgerhaushalt wagt Lichtenberg zum Beispiel sehr viel direkte Demokratie: Schon seit 2006 wird der Haushaltsplan mit enger Beteiligung der Bürgerinnen und Bürger aufgestellt.

Und die Einwohnerzahl steigt: Besonders in den Randbereichen zu Friedrichshain, aber auch in Karlshorst sind neue Wohnviertel entstanden oder wurden ganze Stadtteile aufwendig saniert. Hier sind die Preise für Mieten oder Wohneigentum noch etwas günstiger als in den Innenstadtbezirken.

Steckbrief

Einwohner*innen
183 321

27–45 Jahre
33 %

Über 65 Jahre
20 %

Tiere im Tierpark
7 682

Das schmiedeiserne Gitter am ansonsten neogotischen Rathaus Lichtenberg ist von 1937. Suchbild: Wo wurde ein Hakenkreuz nachträglich versteckt?

Safari in Friedrichsfelde

Der Tierpark in Friedrichsfelde ist ein 160 Hektar großer, weitläufiger Landschaftspark mit einem prächtigen alten Baumbestand. In dem 1955 eröffneten Zoo setzte man auf eine möglichst naturnahe Tierhaltung und verzichtete weitgehend auf Gitter. Die Wiesen und Anlagen sind durch Gräben begrenzt und gesichert. Wer alle Wege entlangspaziert, kann insgesamt 23 Kilometer zurücklegen.

Architektonische Highlights im Park sind das frühklassizistische Schloss Friedrichsfelde und das 1956–63 errichtete Alfred-Brehm-Haus. In letzterem, einem luftig wirkenden Gebäude mit sanft geschwungenen Seitenflügeln, leben indische Löwen, Sumatra-Tiger und Schwarze Panther. Leider sind gerade die Gehege der Großkatzen trotz einer Erweiterung der Außenkäfige in den 1990er-Jahren immer noch relativ klein. ELISABETH SCHWIONTEK

Tierpark Friedrichsfelde
Am Tierpark 125
(030) 51 53 10
www.tierpark-berlin.de
Öffnungszeiten:
Ende Okt.–Mitte Feb.
9–16.30 Uhr,
Mitte Feb.–Mitte März
9–18 Uhr,
Mitte März–Mitte Sep.
9–18.30 Uhr,
Mitte Sep.–Ende Okt.
9–18 Uhr

Karte Seite 221

Start
S/U Frankfurter Allee

Ziel
S Ostkreuz

Länge
6 km

Theater an der Parkaue
Parkaue 29
(030) 5 57 75 20
Karten:
(030) 55 77 52-51/-52/-53
www.parkaue.de
Deutschlands größtes Kinder- und Jugendtheater

Forschungs- und Gedenkstätte Normannenstraße
Genslerstraße 66
(030) 98 60 82 30
Tgl. 9–18 Uhr
Eintritt frei
www.stiftung-hsh.de

Theater an der Parkaue

Victoriastadt & Rummelsburger Bucht

Unterwegs zu Lichtenbergs Küste

Beklemmende Stasi-Vergangenheit, Zilles Milljöh und ein stürmisches Liebespaar: Dieser Spaziergang ist eine Tour der Gegensätze. Wir starten am **S- und U-Bahnhof Frankfurter Allee** 1, dem Gleisanschluss für das Einkaufszentrum Ring-Center, und folgen der Möllendorffstraße nach Norden. Rechts erhebt sich ein neogotischer Backsteinbau auf dreieckigem Grundstück. Das 1898 eingeweihte **Rathaus Lichtenberg** 2, Sitz der Bezirksverwaltung, prunkt mit Walmdach, Türmchen und schmiedeeisernem Portal.

Links liegen der Stadtpark und das **Theater an der Parkaue** 3, Deutschlands größtes Kinder- und Jugendtheater. Wir folgen der Normannenstraße nach rechts, in die beklemmende Vergangenheit kommunistischer Diktatur und politischer Verfolgung. In dem Block zwischen Normannen-, Rusche-, Magdalenenstraße und Frankfurter Allee befand sich die Zentrale des **Ministeriums für Staatssicherheit** 4 der DDR. Bis zum Jahr 1989 ein höchst geheimer Ort, ist der Komplex heute eine öffentlich zugängliche Forschungs- und Gedenkstätte. Zu sehen sind unter anderem das Amtszimmer Erich Mielkes, der den Machtapparat als letzter Minister für Staatssicherheit leitete, Polit-Kitsch und Operativtechnik der Stasi.

Eine angenehmere Atmosphäre herrscht in der **Victoriastadt** 5, dem von Gleisen und Bahndämmen umgebenen Kiez im Süden der Frankfurter Allee, westlich des S-Bahnhofs Nöldnerplatz (zu Fuß zu erreichen über die Ruschestraße und die Schulze-Boysen-Straße). Die Geschichte des Viertels begann Ende des 19. Jahrhunderts, als Baumeister Türrschmidt (in der Straße, die heute seinen Namen trägt) „Gussbetonwohnhäuser" aus einem Gemisch von Zement, Sand und Schlacken errichten ließ – die damals modernste englische Experimental-Technologie. Zum Wahrzeichen des nach der britischen Queen Victoria (1837–1901) benannten Viertels avancierte der 38 Meter hohe **Schrotkugelturm** 6 am Seitenflügel des Jugendstilhauses Nöldnerstraße 15/16 von 1908. Bleitropfen formten sich im freien Fall zu nahtlosen Schrotkugeln und landeten unten, bereits fest,

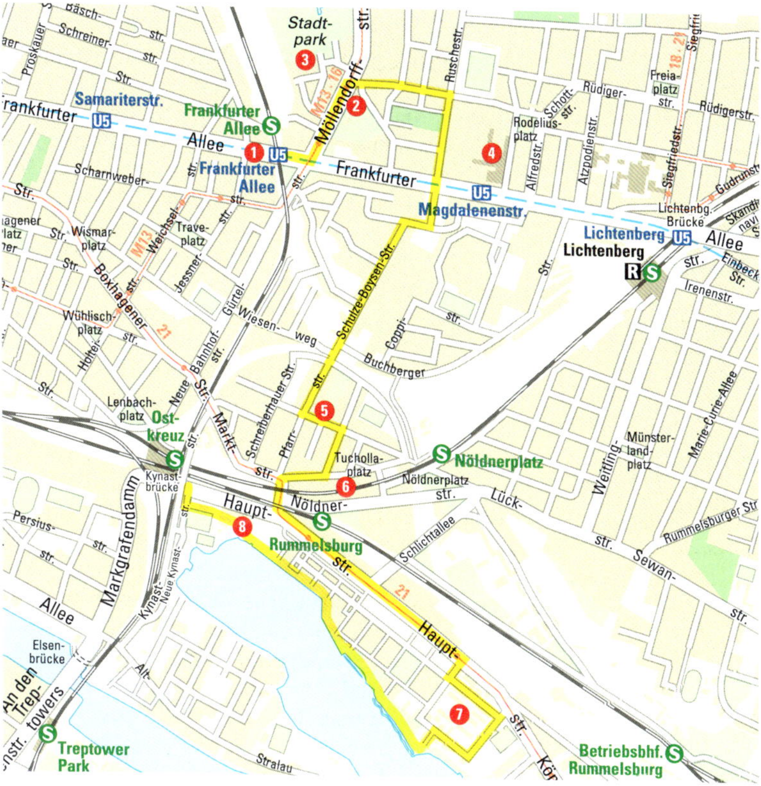

in einem Wasserbecken. Die Victoriastadt war auch „Zille sein Milljöh". Zwanzig Jahre lang wohnte der Maler und Zeichner Heinrich Zille (1858–1929) zwischen Victoriastadt und Rummelsburg. Fünfmal zog er in dieser Zeit um. Er porträtierte die Armen und entwickelte dabei seinen unverkennbaren Stil. Heute sind die sanierten Gründerzeitbauten ein beliebtes Wohnviertel. Das Stadthaus-Museum an der Türrschmidtstraße 24 zeigt einen anregenden Querschnitt durch die Geschichte Lichtenbergs.

Eine wichtige Rolle spielt dabei der Ortsteil Rummelsburg am gleichnamigen See, der einst Industriegeschichte schrieb und heute ein attraktives Wohnquartier ist. Carl Bolle gründete 1867 hier die Norddeutschen Eiswerke und wurde später als Milchhändler berühmt. Das 1927 in Betrieb gegangene

Museum Lichtenberg im Stadthaus
Türrschmidtstraße 24
(030) 57 79 73 88 12
www.museum-lichtenberg.de
Di–Fr und So 11–18 Uhr
Ausstellung zur Geschichte Lichtenbergs

Stasimuseum
Ruschestraße 103, Haus 1
(030) 5 53 68 54
www.stasimuseum.de
Mo–Fr 10–18 Uhr,
Sa/So 12–18 Uhr

Die Pfarrstraße in der Victoriastadt

Kraftwerk Rummelsburg liefert noch immer Strom, und im Aceta-Werk wurde 1938 das Perlon erfunden. Ab 1994 entstanden rund um die denkmalgeschützten Knabenwaisenhäuser (An den Knabenhäusern) Stadtvillen und Klinker-Reihenhäuser. Sogar die weiter östlich gelegene ehemalige **Haftanstalt Rummelsburg** 7 hat sich inzwischen in ein Wohnviertel verwandelt.

Der **Uferweg** 8, der um die Bucht führt, ist nach dem stürmischen Liebespaar des DDR-Kultfilms „Die Legende von Paul und Paula" benannt – eine Schlüsselszene wurde hier gedreht. Für einen romantischen Ausklang der Tour folgen wir der Promenade bis zur Stirnseite, die Rummelsburg mit Alt-Stralau verbindet, lassen uns auf der Paul und Paula gewidmeten „Liebesbank" nieder und blicken auf stilles Wasser und Weiden, die ihre Äste tief in den See tauchen. *ELISABETH SCHWIONTEK*

SchokoLadenEis Manufaktur Winkels
Kaskelstraße 15
(030) 74 39 37 21
Tgl. 12–21, So ab 13 Uhr
Eis im Sommer, Pralinen und Schokolade im Winter, Kuchen und Brot zu jeder Jahreszeit – alles selbst gemacht

Zentralfriedhof Friedrichsfelde Die 32 Hektar große Anlage mit der „Gedenkstätte der Sozialisten" ist einen Ausflug wert. Der Parkfriedhof wurde 1881 eingeweiht und war zunächst ein Armenfriedhof, wegen seiner Schönheit wählten ihn bald auch besser Situierte. Bis heute nutzt die Stadt ihn sowohl für Sozialbestattungen als auch für Ehrengräber.
Der Friedhof erhielt den Beinamen Sozialistenfriedhof nach der Bestattung Wilhelm Liebknechts, auch Karl Liebknecht und Rosa Luxemburg sind hier beerdigt. Daran und an viele andere Politiker wie zum Beispiel Ernst Thälmann und Rudolf Breitscheid erinnert die „Gedenkstätte der Sozialisten" gleich am Eingang. Mies van der Rohe erbaute im Jahr 1926 ein Revolutionsdenkmal aus roten Klinkern, das die Nazis aber abrissen.

Städtischer Zentralfriedhof Friedrichsfelde
Gudrunstraße 20
Öffnungszeiten:
Feb.–Nov. ab 7.30 Uhr
Dez.–Jan. ab 8 Uhr
jeweils bis zur Dämmerung
www.sozialistenfriedhof.de
S/U-Bahn Lichtenberg, S Friedrichsfelde-Ost (jeweils ca. 10–15 Min. Fußweg)

Karlshorst

Vom „Dahlem des Ostens" zur Russenkolonie

Karte Seite 225

Start/ Ziel
S Karlshorst
Länge
7 km

Die Villen- und Landhauskolonie Karlshorst, 1895 vor den Toren Berlins gegründet, lockte mit der ein Jahr zuvor eröffneten Trabrennbahn ein elegantes Publikum an und bekam bald den Beinamen „Dahlem des Ostens". Warum die Kolonie ein halbes Jahrhundert später zum sowjetischen Sperrgebiet wurde, erkunden wir auf unserem Spaziergang, der am S-Bahnhof Karlshorst beginnt.

Wir nehmen den nördlichen Ausgang und folgen dem blauen Schild an der Treskowallee zum Deutsch-Russischen Museum – mit einem Abstecher nach rechts in die Ehrenfelsstraße 8 **1**. Hier lebte von 1930–1938 der Grafiker, Maler und Fotograf **Hans Bellmer** (1902–1975). Bekanntheit erlangte er durch seine Fotografien von Puppen, die er in diesem Haus konstruierte und in surreal-erotischen Situationen inszenierte. Über die Drachenfelsstraße gelangen wir in die Rheinsteinstraße, der wir nach rechts bis zur Ecke Zwieseler Straße folgen. Vor uns steht das **Deutsch-Russische Museum** **2**. Das Gebäude entstand 1936–38 als Offizierskasino der Pionierschule 1 der Wehrmacht. Ende April 1945 schlug im Kampf um Berlin die sowjetische Stoßarmee darin ihr Hauptquartier auf. In der Nacht vom 8. auf den 9. Mai 1945 unterzeichnete Generalfeldmarschall von Keitel hier die bedingungslose Kapitulation Deutschlands. Das Ende des Zweiten Weltkriegs war damit besiegelt. Die Rote Armee requirierte 1945 nicht nur das Gebäude, in dem heute eine Ausstellung zum Zweiten Weltkrieg mit zahlreichen Originalstücken zu sehen ist. Die sowjetischen Soldaten besetzten bei ihrem Einmarsch in Karlshorst auch die Wohnhäuser von etwa 8000 Menschen: Bis 1963 war halb Karlshorst sowjetisches Sperrgebiet. Im ehemaligen St.-Antonius-Hospital an der Köpenicker Allee/Neuwieder Straße bezog die Deutschland-Zentrale des KGB Quartier – mit 1000 Mitarbeitern die größte ausländische Dependance des sowjetischen Geheimdienstes.

Zurück zur Treskowallee. Für einen Abstecher zur Königin des Kitsches biegen wir in die Dönhoffstraße

Deutsch-Russisches Museum Karlshorst
Zwieseler Str. 4/Ecke Rheinsteinstraße
(030) 50 15 08 10
www.museum-karlshorst.de
Di–So 10–18 Uhr

Villa in der Stühlinger Straße

Trabrennbahn Karlshorst
Aktuelle Infos über Rennen:
www.pferdesportpark-berlin-karlshorst.de

Feingeist – Weinbar und Weinhandlung
im Portland-Cement-Haus
Dönhoffstraße 38
(030) 53 21 54 38
Di–Sa 16–22 Uhr

ein. Im Haus Nr. 11 ❸ lebte von 1905–1914 die Bestseller-Autorin **Hedwig Courths-Mahler** (1867–1950). In der Karlshorster Traumfabrik schrieb sie 21 ihrer insgesamt über 200 Romane. Die „Portland-Zement"-Industrie schuf Ende des 19. Jahrhunderts in der Dönhoffstraße 38 eines der größten Forschungsinstitute der deutschen Bauwirtschaft. Daran erinnert das 1901 eröffnete Portland-Cement-Haus, in dem heute unter anderem französische Weine ausgeschenkt werden.

Wir kehren zur Treskowallee zurück und unterqueren die S-Bahn. Links liegt, inmitten 100 Jahre alter Eichen, die **Trabrennbahn Karlshorst** ❹. Anfang des 20. Jahrhunderts waren die Renntage hier noch ein gesellschaftliches Großereignis. Heute ist es sehr viel stiller geworden. Aber Rennen finden noch statt und spannend sind sie auch: nervöse Sulkysportler, Pferde, die rasant in den Zieleinlauf einbiegen, Zocker, die ihre Wettscheine prüfen.

Rechts der Treskowallee liegt das **Prinzenviertel,** das sich bis zum Blockdammweg erstreckt. 1895 wurden hier in der **Lehndorffstraße** ❺ die ersten Landhäuser erbaut (Nr. 3, 7, 8 und 10), sie sind die ältesten erhaltenen Wohngebäude in Karlshorst. Später erfolgte, zum Beispiel in der **Stühlinger Straße** 6, die Villenbebauung nach Plänen des Baumeisters Oskar Gregorovius (1845–1913), die das Viertel zum vornehmsten Pflaster der Kolonie machte. Die Straßennamen, einst nach Prinzen benannt, wichen 1951 Seebezeichnungen, weshalb das Prinzenviertel heute eigentlich ein Seenviertel ist.

Für bauhistorisch Interessierte lohnt sich noch ein Schlenker in Richtung Südwesten: Die **Waldsiedlung** 7 von Peter Behrens, 1920 rund um den Hegemeisterweg entstanden, ist ein denkmalgeschütztes Beispiel für kostengünstiges Bauen mit Qualitätsanspruch. *ELISABETH SCHWIONTEK*

Bezirk: Marzahn-Hellersdorf

Marzahn

Ein Dorf mit Riesenwuchs. Marzahn – mit diesem Namen verband man einmal große Hoffnung. Nach dem Willen der DDR-Oberen der 70er-Jahre sollte das Wort Marzahn Synonym für fortschrittlichen, sozialen Wohnungsbau sein und damit Aushängeschild des ostdeutschen Sozialismus. Zwischen 1976 und 1987 entstanden auf 20 Quadratkilometern ganze 62 135 Neubauwohnungen. Das größte Wohnungsbauprojekt der DDR stellt bis heute die größte zusammenhängende Neubausiedlung Deutschlands dar.

Steckbrief

Einwohner*innen
139 266

27–45 Jahre
25 %

Menschen mit ausländischem Pass
12 %

Fläche
31,6 km²

Innerhalb des ersten Halbjahres 1978 wurden die ersten 1 000 Wohnungen, bis 1981 20 000 Einheiten gebaut. So ist Marzahns Silhouette kantig: zehn- und elfgeschossige Wohnblocks dominieren den eigentlichen Ortskern rund um den Helene-Weigel-Platz, weite Teile des 31 Quadratkilometer großen Gebietes bestehen aus fünf- und sechsgeschossigen „Platten", in deren Mitte Gärten, Grünanlagen, Sport- und Spielplätze angelegt sind. Nicht gerade echte Idylle, aber komfortables Wohnen. Das war es auch, was Menschen aus dem gesamten DDR-Gebiet nach Marzahn zog. Verbunden mit einem Arbeitsplatz in Berlin tauschten sie verfallende Altbauten mit Außenklo tatsächlich gerne gegen das Erfolgsmodell „WBS 70" (mehr dazu auf ▸ Seite 233).

Ein weiterer Neubau des Bezirks ist das 2005 eröffnete Einkaufscenter Eastgate Berlin am S-Bahnhof Marzahn, ein futuristisch anmutender Komplex. Hierfür mussten teilweise leer stehende Geschäftsbauten des Architekten Eisentraut weichen, der unter anderem auch das maurisch anmutende Rathaus am Helene-Weigel-Platz entworfen hat.

Mitten in Marzahn überrascht ländliche Idylle: Das ursprüngliche Angerdorf Alt-Marzahn wurde schön restauriert. Auf dem Anger eine schmucke Stüler-Kirche, daneben ein historischer Gasthof, ein altes Schulhaus, diverse Kultureinrichtungen und eine hölzerne Windmühle. Dieses ganze Areal nebst

Mitten in Murzahn – der alte, idyllische Dorfkern ist heute weiträumig von Hochhäusern umgeben

Feldsteinhäuschen und klassizistischen Bauernhöfen mit geschnitzten Veranden ist einen eigenen, kleinen Spaziergang wert, es gibt allerlei Kunsthandwerker am Platz, in einer kleinen Seitengasse einen Getreidelehrgarten, jede Menge Tiere und ein Museum. Der gemeinnützige Verein Agrarbörse Deutschland Ost steckt hinter dem Kulturgut mit wechselnden Ausstellungen, dem Tierhof, einem Lehrbauernhof, und daran angeschlossen der Ausstellung von antiken Landmaschinen, Getreidesorten und des Müllerhandwerks in der Mühle.

2017 fand in Marzahn die Internationale Gartenausstellung statt. Auch seit deren Ende profitiert der Bezirk weiter von einer neu gestalteten Parkanlage mit eigener Seilbahn. JULIA BRODAUF

Karte Seite 229

Start
S Marzahn

Ziel
Erholungspark Marzahn, Bus 195

Länge
5 km (mit Gärten der Welt)

Alt-Marzahn & Gärten der Welt

Artifiziell natürlich

Marzahn gelingt das Kunststück, 100 000 Einwohner zu beherbergen und trotzdem die verschlafene Ausstrahlung eines Dorfes zu erhalten. Angesichts der Skyline des Stadtteils ist das zunächst schwer zu glauben. Und dann kann man neben einem Rundgang um den **Dorfanger** ❶ ausgerechnet hier auch noch fernöstliches Landleben besichtigen: im Landschaftspark **Gärten der Welt** ❷.

1987 wurde Berlin 750 Jahre alt, und so bekamen die Einwohner, in diesem Fall Ostberlins und im speziellen die der nahe gelegenen Wohnsilos, ein 21 Hektar großes Geschenk: Die „Berliner Gartenschau“. Nach der Wende wurde der Park seinem neuen Namen „Erholungspark“ gemäß mit Liegewiesen und Spielplätzen ergänzt. Im Jahr 2000 entstand mit dem **Chinesischen Garten** der erste internationale Themengarten, 2017 wurde im Rahmen der Internationalen Gartenausstellung der zehnte eröffnet: der **Englische Garten**.

Auf einer Spazierrunde von knapp 1,5 Kilometern kommt man an botanischen Verkörperungen verschiedenster Weltreligionen und Philosophien vorbei. Zum Beispiel ein bepflanzter Innenhof. Gleich am Haupteingang am Blumberger Damm liegt der italienische Renaissancegarten. Entgegen dem Uhrzeigersinn folgen ein Heckenirrgarten, ein Labyrinth und verschiedene Beispiele asiatischer Gärten, darunter der **Garten des wiedergewonnenen Mondes,** der die Städtepartnerschaft mit Peking feiert – und da ein chinesischer Garten immer auch etwas über seinen Besitzer verrät, auch die Wiedervereinigung.

Eine Besonderheit ist der fernöstliche **Balinesische Garten** in einem großen Gewächshaus, der mit einem balinesisches Anwesen nebst offenem Wohnhaus, Schrein für die Verehrung von Ahnen, Göttern und Dämonen, vor allem aber exotischen Pflanzen glänzt: Orchideen, seltene Fledermauslilien, verschiedene Farnsorten und als besonderen Schmuck ein Frangipani-Baum.

Im weiteren Verlauf der Runde gelangt man zu dem in pan-arabischem Stilmix angelegten **Orienta-**

Bockwindmühle
Hinter der Mühle 4
(030) 5 45 89 95
So 15–17 Uhr
In den Sommerferien geschlossen
www.marzahner-muehle.de

Bezirksmuseum Marzahn-Hellersdorf
Alt-Marzahn 51
(030) 54 79 09 21
Mo–Fr 10–17, So 11–17 Uhr

Gärten der Welt
Haupteingang:
Blumberger Damm 144
Eisenacher Straße 99
(030) 7 00 90 66 99
www.gaerten-der-welt.de
Tgl. ab 9 Uhr bis zum Einbruch der Dunkelheit

Seilbahn Gärten der Welt
www.seilbahn.berlin
Mo–Do 10–19,
Fr–So & Fei 10–20 Uhr

lischen Garten. Ornamental gekachelte Wände und Arkaden, zierlich geschmückte Säulen und Bahnen von Wasserspielen und Beeten fügen sich in den von einer hohen Mauer gesäumten Hof ein.

Im benachbarten Parkgelände, dem **Kienbergpark** **3**, warten ebenfalls viele Park-Attraktionen. Zunächst einmal überqueren wir das Parkgelände aber in der Luft und genießen 1,5 Kilometer lang die Aussicht. Die eine Station der **Seilbahn,** die im Jahr 2017 anlässlich der Internationalen Gartenausstellung gebaut wurde, befindet sich vor dem Haupteingang der Gärten der Welt. Auf halber Strecke steigen wir an der Bergstation aus und genießen von der Aussichtsplattform **Wolkenhain** aus die Aussicht über die urbane Landschaft und das Wuhletal. Der Gipfel, auf dem wir gelandet sind, misst 110 Meter. Aus dieser Höhe kann man sich auch mit der **Bobbahn** ins Tal stürzen und anschließend wieder hinauftransportieren lassen. Anschließend steigen wir einfach wieder in eine der 64 Gondeln, von denen 6 sogar einen Glasboden haben, und lassen uns zur nahegelegenen U-Bahn-Station Kienbergpark fahren. Von hier aus fährt die U5 zum Alexanderplatz. *JULIA BRODAUF*

Pavillon im chinesischen „Garten des wiedergewonnenen Mondes“

Kienbergpark
Eingänge:
Hellersdorfer Straße
Hellersdorfer Straße/Alte Hellersdorfer Straße
Feldberger Ring
Tälchenbrücke über die Gärten der Welt
Eisenacher Straße
Gottfried-Funeck-Weg
Eintritt frei

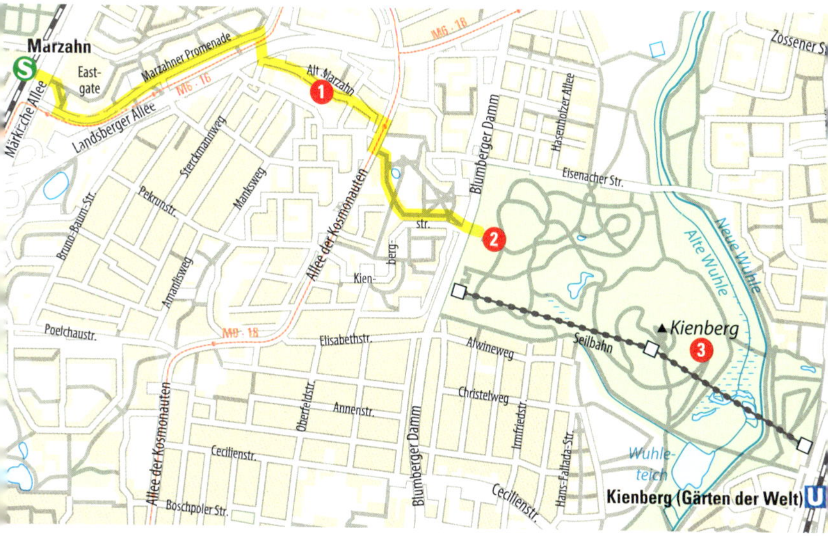

Bezirk: Marzahn-Hellersdorf

Hellersdorf

Der östlichste Berliner Stadtteil Hellersdorf ist, nomen est omen, eine eigenwillige Mischung aus Stadt und Dorf. Erst 1986 wurden die Dörfer Kaulsdorf, Hellersdorf und Mahlsdorf aus dem Bezirk Marzahn herausgelöst. (Seit 2001 gibt es den neuen Großbezirk Marzahn-Hellersdorf.) Damals begann der Bau der Großwohnsiedlung, die überwiegend aus Wohnblocks des legendären Typs WBS 70 hergestellt wurde. 46 000 Wohnungen sollten in den meist 5- bis 6-geschossigen Häusern entstehen. Als die Wende kam, war man mit dem Bau längst nicht fertig. Obwohl erst einmal die Bauarbeiter, die aus allen Gegenden der DDR stammten, in ihre Heimatorte zurückkehrten, wurden in den folgenden Monaten immerhin insgesamt 34 000 Wohnungen fertiggestellt. Im Unterschied zur Großsiedlung Mahrzahn wurde in Hellersdorf weniger klobig und uniformiert gebaut. Besonderheiten sind die gestalteten Innenhöfe, die Vorgärten, der Fassadenschmuck – alles Elemente, die den Betoneindruck abmildern sollten. Ziel war, speziell für junge Familien Wohnraum zu schaffen – und dies ist, statistisch gesehen, gelungen.

Nicht alles indes ist Platte in Hellersdorf. Gut ein Viertel der Einwohner lebt in Siedlungen voll kleiner Häuser, darunter (in Mahlsdorf) ein Ensemble von Bruno Taut aus den 20er-Jahren. Und so hat Hellersdorf zwei Gesichter: das der Großsiedlung im Norden und, klar abgegrenzt davon, die ausgedehnten Einfamilienhaus-Gebiete rund um die Dörfer Mahlsdorf und Kaulsdorf im Süden.

Hellersdorf ist eine Vorstadt, deren Vorzüge die Nähe zum Stadtrand und damit zu den umliegenden Dörfern und Grünflächen ausmachen. Im Westen begrünen der Kienbergpark und der Landschaftspark Wuhletal den Übergang zu Marzahn, im Norden winken die Ahrensfelder Berge und die Hönower Seenkette mit Biotopen und Spazierwegen, im Osten ist es nicht weit bis nach Dahlwitz-Hoppegarten und im

Steckbrief

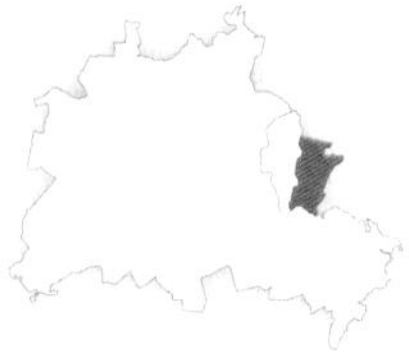

Einwohner*innen
132 045

27–45 Jahre
26 %

Menschen mit ausländischem Pass
11 %

Fläche
29,8 km²

Von Hellersdorf kann man mit der Seilbahn auf den Kienberg und nach Marzahn schweben

Süden liegt das etwa 95 Hektar große Landschaftsschutzgebiet der Kaulsdorfer Seen. Der Butzer See und der Habermannsee sind Baggerseen der Sand- und Kiesgewinnung in den 1930er-Jahren. Der Elsensee wurde in den 1960er-Jahren ausgehoben.

Berge (immerhin bis zu 112 Meter hoch!) und Täler sind Relikte der eiszeitlichen Landmasseverschiebungen – im Süden das Berliner Urstromtal, im Norden die Barnimer Platte, eine ausgedehnte Hochfläche. Wo sie ineinander übergehen, liegt ein sanfter Hang, der „Berliner Balkon“ genannt wird, weil man von hier aus so schön gucken kann: über die Seen und Siedlungen der Spreeniederung mit den Müggelbergen am Horizont. Ein 15 Kilometer langer, ausgeschilderter und mit Rastmöglichkeiten versehener Wanderweg führt vom Kletterstein Wuhlewächter in Nord-Marzahn durch das Wuhletal bis zum S-Bahnhof Köpenick im Süden. *Julia Brodauf*

Karte Seite 233

Start
U Hellersdorf

Ziel
U Cottbusser Platz

Länge
2 km

Hellersdorf-Mitte

Mitte in Randlage

Am U-Bahnhof Hellersdorf befindet sich das Zentrum des Bezirks, genannt die **Helle Mitte** ❶. Das Einkaufszentrum, das neben einem Kino auch das Rathaus beherbergt, entstand nach der Wende. Dass der Alice-Salomon-Platz östlich der Shopping-Mall eine postmoderne Interpretation der Plaza Major im spanischen Salamanca sein soll – nun gut! Tatsächlich ist es hell hier und meist belebt.

Gleich hinter der Hellen Mitte reibt sich der Passant verwundert die Augen: In der Stendaler Straße 30–44 scheint plötzlich eine gutbürgerliche Häuserzeile aus der Gründerzeit zu stehen – sogar ein Storch wohnt hier! Der aber bewegt sich nicht. Er ist, wie all die Erker, Simse, Dachziegel und auch die Tauben und Katzen, nur aufgemalt auf einen Plattenbau. Eigentlich sollte das ganze Karree derart gestaltet werden, doch der Investor des so genannten **Europaviertels** ❷ ist pleite.

Museumswohnung WBS 70
Hellersdorfer Straße 179
Sonntag 14–16 Uhr (außer an Feiertagen) und nach Absprache unter:
(0151) 16 11 44 47
Eintritt frei

Wir biegen in die Henny-Porter-Straße ein und stoßen direkt auf den Libertypark, der vor allem von Skatern gern besucht wird. Es gibt einen BMX-Parcours, Miniramps und eine Halfpipe. Für die Kleinen gibt es einen schönen hölzernen Abenteuerspielplatz.

Über die Straße Alt-Hellersdorf biegen wir links in die Alte Hellersdorfer Straße. In dieser Gegend fällt unser Augenmerk auf die ursprüngliche Siedlung Hellersdorf. Das Dorf hatte eine kurze Geschichte im 14. Jh., wurde dann aber erst im 19. Jh. zum Rittergut ausgebaut und diente bis zum Jahr 1968 als Rieselfeld. Davon zeugen ein paar **Landarbeiterhäuser** ❸ in der Alten Hellersdorfer Straße 56 sowie Alt-Hellersdorf 6 und 10 – von der U-Bahn-Station Cottbusser Platz immerhin einen Kilometer entfernt.

Auf dem Weg zum Bahnhof wartet noch eine Wohnungsbesichtigung der besonderen Art. Die Wohnungsbauserie 70 wurde Anfang der 1970er-Jahre entwickelt. Von rund 1,52 Millionen Plattenbauten der DDR gehören circa 42 Prozent diesem Typ an. In der Hellersdorfer Straße 179 kann man eine Musterwohnung des **WBS 70** ❹ bestaunen. Zu sehen gibt es originale DDR-Möbel und -Produkte: von der Spanplatten-Schrankwand bis hin zum Colorett-Farbfernseher. *JULIA BRODAUF*

Der Alice-Salomon-Platz ist der Plaza Mayor im spanischen Salamanca nachempfunden

Karte Seite 234

Start
S/U Wuhletal

Ziel
S Mahlsdorf

Länge
5 km (Fahrrad empfohlen)

Kaulsdorf & Mahlsdorf

Gründerzeit am Berliner Balkon

Vor allem der Süden Hellersdorfs ist eine Tour wert. Am besten, man nimmt das Fahrrad mit und beginnt den Ausflug am S-Bahnhof Wuhletal, um von hier aus die Dörfer Kaulsdorf und Mahlsdorf zu erradeln und sich ein einzigartiges Museum anzusehen.

Es geht ein Stück den Wuhle-Wanderweg entlang nach Süden. Wir fahren die Dorfstraße hinunter, den **Biesdorfer Berg** ❶ zur Rechten, um zum **Dorfkern Kaulsdorf** ❷ zu gelangen. Auf dem beschaulichen Dorfanger steht artig ein Kirchlein, umgeben von klassizistischen Bauernhäusern. In der Kirche, die auf eine 700-jährige Tradition zurückblickt, gibt es ein Museum im Kirchturm. Rund um den Anger entstehen elegante Wohnanlagen und Townhouses.

Im Süden des Platzes steht noch ein Gutshof mit hochprozentiger Geschichte: Hier ließ sich der ehemalige Wodka-Lieferant des russischen Zaren nieder und gründete eine Schnapsbrennerei, die bis heute fortbesteht: Wir halten am Werksverkauf bestenfalls zum Souvenir-Einkauf und nehmen stocknüchtern die breite Ausfallstraße Alt-Kaulsdorf, um in Richtung Osten gen Mahlsdorf zu streben. Die Straße verfügt über einen guten Radweg und eine tolle Aussicht,

Schnapsbrennerei Schilkin
Alt-Kaulsdorf 1/11 Gutshof
Werkverkauf
Mo–Do 8–15, Fr 8–13 Uhr
www.schilkin.de

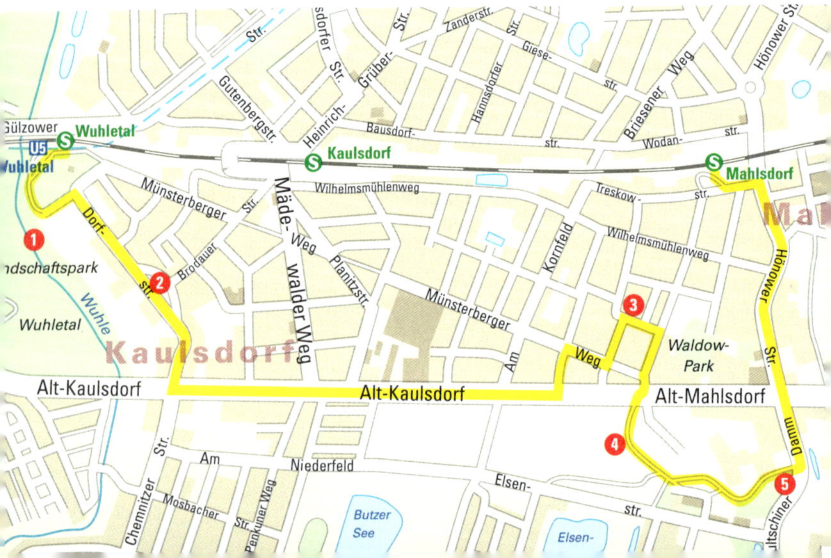

denn schon bald öffnet sich rechter Hand der Blick in das Urstromtal in Richtung Köpenick, Müggelberge und Kaulsdorfer Seen.

Wem die große Straße zu laut ist, kann die Dorfstraße weiter bis zur ruhigeren Chemnitzer Straße fahren und dort Am Niederfeld links einbiegen. Die entspannte Straße führt auch direkt an den kleinen Seen vorbei, allerdings ohne die schöne Aussicht von oben.

Nachdem die Straße Alt-Kaulsdorf zu Alt-Mahlsdorf wird, biegt einige Meter weiter links der Frettchenweg ab. Dieser führt zu einer Vorstadtsiedlung Bruno Tauts in der **Dirschauer Straße** 3 – Nr. 6 trägt noch die Originalfarbe.

Vom Berliner Bulkon hat man einen wunderschönen Blick übers weite Feld

Wir fahren ein Stückchen die Strecke zurück zum **Berliner Balkon** 4: Kurz vor der BSR-Anlage führt ein Weg hinunter in die Wiesen zu einem Rondell mit Bänken, um den Ausblick zu genießen. Rechts vorbei an einer Industriehalle schlängelt sich der Weg dann zur Hauptsehenswürdigkeit Mahlsdorfs: dem **Gründerzeitmuseum** 5. Der berühmteste Transvestit der DDR, genannt Charlotte von Mahlsdorf, trug hier seit 1960 eine der beeindruckendsten Sammlungen an Gründerzeit-Einrichtungsgegenständen zusammen. Die Sammlung umfasst mehrere Wohnzimmer vom Ende des 19. Jahrhunderts sowie die Mulackritze, eine Kneipe aus Berlins Mitte, in der auch Heinrich Zille tief ins Glas sah. Das eingeschossige Gutshaus von 1815 wurde von Charlotte von Mahlsdorf vor dem Verfall gerettet. Auch der Park wurde originalgetreu wieder hergestellt.

Über den Hultschiner Damm, der nach Überquerung der Straße Alt-Mahlsdorf Hönower Straße heißt, gelangt man zur Mahlsdorfer Feldsteinkirche, erbaut im 13. Jahrhundert und später mit einem Barockaltar ausgestattet. Weiter geradeaus nach Norden geht es zum S-Bahnhof Mahlsdorf. *JULIA BRODAUF*

Turmmuseum Kaulsdorf
Dorfstraße 12
(030) 5 67 52 80
Geöffnet So nach dem Gottesdienst
Juni–Sep. 11–12 Uhr
Führungen nach Vereinbarung

Gründerzeitmuseum im Gutshaus Mahlsdorf
Hultschiner Damm 333
(030) 5 67 83 29
Mi/So 10–18 Uhr
www.gruenderzeitmuseum-mahlsdorf.de

Bezirk: Treptow-Köpenick

Treptow

Der Name dieses Altbezirkes, der sich auf 40 Quadratkilometern im Osten Berlins südlich der Spree erstreckt, verrät die Ansiedlung von wendischen Fischern im 8. Jahrhundert, auf die der Ortskern Alt-Treptow zurückgeht. Doch erst im 19. Jahrhundert wuchs Berlin ins Umland hinein, was dazu führte, dass auch einige Dörfer eingemeindet wurden, so Johannisthal, Alt-Glienicke oder Bohnsdorf. In Treptow zu wohnen, das kann aber auch bedeuten, gleich hinter dem Görlitzer Park und Landwehrkanal an der Grenze zu Kreuzberg ein ruhiges Plätzchen gefunden zu haben – besonders der Kunger-Kiez rund um die Karl-Kunger-Straße erfreut sich als lebendiges, stadtnahes und dennoch bezahlbares Wohngebiet großer Beliebtheit. Aufgrund der Länge und Schmalheit des Bezirks sind andere Einwohner Treptows mit der S-Bahn eine halbe Stunde unterwegs, bis sie die Innenstadtbereiche erreichen.

Treptow ist ein riesiger Stadtteil mit hochinteressanten kulturellen Inseln: Der zentrumsnah gelegene Treptower Park beispielsweise oder der Technologiepark Adlershof. Treptow wuchs rund um die Ausflugsgaststätte, die heute im Treptower Park liegt. Bezeichnenderweise steht das Treptower Rathaus aus dem 19. Jahrhundert gleich nebenan. Ein Teil Treptows geht auf Baumschulen zurück: Von Kreuzberg aus expandierte die Großgärtnerei Späth um 1863 gen Osten, was zur Entstehung der damals weltgrößten Baumschule und damit des heutigen Ortsteils Baumschulenweg führte. Das Arboretum, ehemals Versuchsgarten, nun einzigartige Sammlung ausgefallener Bäume und Sträucher mit 5000 Pflanzenarten, zeugt davon. Unweit im Wald steht das architektonisch preisgekrönte Krematorium, erbaut von Axel Schultes und Charlotte Frank, den Architekten des Kanzleramts. Seine ungewöhnlich lebendige Seite: Aufgrund der guten Akustik in der zentralen Säulenhalle finden gelegentlich Konzerte statt.

Steckbrief

Einwohner*innen
136 980

27–45 Jahre
29 %

Über 65 Jahre
19 %

Beschäftigte am WISTA
19 400 (Stand 2019)

In der Spree steht die Skulptur „The Molecule Man“ vom Bildhauer Jonathan Borofsky. Im Hintergrund die Oberbaumbrücke

Große strukturelle Veränderungen erlebte Treptow durch die große Gewerbeausstellung 1896, die als verhinderte Weltausstellung bezeichnet und zu deren Zweck der ganze Treptower Park angelegt wurde. Hier präsentierten Firmen ihre Neuerungen, so zum Beispiel die Firma Siemens einen enormen Dynamo, Röntgen seine Strahlen und Zeiss modernste Geräte, doch geriet die Schau zum Gesamtkunstwerk einer folkloristischen Weltsicht. Venezianische Gondolieri ruderten auf der Spree, in afrikanischen Dörfern wohnten knapp 400 „Eingeborene“, auch einen arabischen Teil nebst Moschee, Basar und Pyramiden gab es. Das Volk strömte einen Sommer lang. 80 Jahre später strömte das Volk in den benachbarten Kulturpark im Plänterwald, um den märchenhaften Vergnügungspark der DDR zu besuchen, von dem heute nur noch malerische Ruinen übrig sind. *JULIA BRODAUF*

Karte Seite 238

Start/Ziel
S Treptower Park

Länge
5 km

Treptower Park

Rosen, Sterne und Geschichte

Der Treptower Park ist so etwas wie der Tiergarten des Ostens. Neben ausgedehnten Grünflächen hat er auch jede Menge Berliner Geschichte zu bieten. So zeugen noch heute die Archenhold-Sternwarte und der Karpfenteich von der weit beachteten Berliner Gewerbeausstellung 1896, das Sowjetische Ehrendenkmal von dem Untergang des Naziregimes und der im Südosten angrenzende Spreepark von den Hinterlassenschaften der DDR. Angelegt wurde die knapp 88 Hektar große Parkanlage in der Zeit von 1876 bis 1888 nach Plänen des damaligen Städtischen Gartendirektors Gustav Meyer.

Von der S-Bahn-Trasse aus sieht man das wohl auffälligste Wahrzeichen Treptows jüngerer Zeit, nämlich die **Treptowers** ❶ mit dem höchsten Bürogebäude Berlins und der aus der Spree ragenden Skulptur Molecule Men.

Vom Hinterausgang der S-Bahn kommend, liegt im Park zur Linken der **Treptower Hafen** ❷, Liegeplatz und Abfahrtsort für Ausflugsschiffe. Biegt man hinter der Hafenpromenade rechts ab, so gelangt man durch den mit 25 000 Stauden gestalteten Rosengarten über die Puschkinallee zum **Sowjetischen Ehrenmal** ❸, das durch einen Triumphbogen aus Granit betreten wird. Nach dem Ende des Zweiten Weltkriegs wurde das Ehrenmal von der Roten Armee als eines von insgesamt drei Mahnmalen im Berliner Stadtbereich errichtet. Dabei wurde Marmor aus Hitlers Reichskanzlei verwendet. In der Anlage im Treptower Park liegen etwa 5 000 gefallene sowjetische Soldaten.

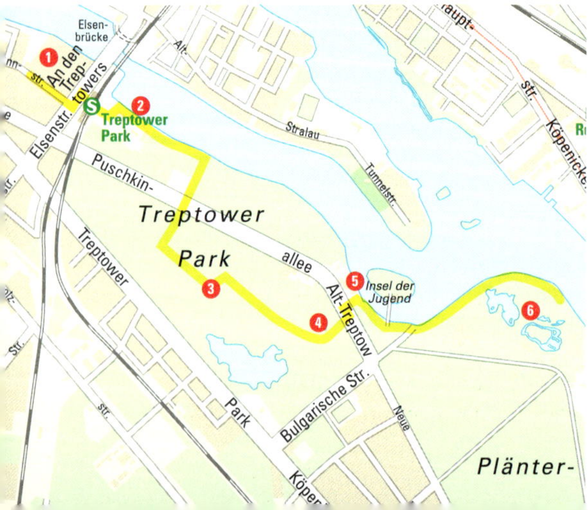

Der Eingangsbereich des Sowjetischen Ehrenmals

Der Treptower Hafen wird von Ausflugsschiffen und Tretbootkapitänen angesteuert

mündet auf einen Vorplatz mit einer drei Meter hohen Frauenstatue, ein Sinnbild für die um ihre gefallenen Söhne trauernde „Mutter Heimat". Von hier aus eröffnet sich der Blick auf das Hauptmonument, die riesige Skulptur eines sowjetischen Soldaten. Unter seinen Stiefeln begräbt er ein zerbrochenes Hakenkreuz und auf seinem linken Arm trägt er schützend ein Kind. In der DDR hielt man den Sergeanten Nikolaj Iwanowitsch Massalow für das Vorbild der Statue. Er hatte beim Sturm auf die Reichskanzlei ein kleines Mädchen gerettet und wird am Schauplatz des Geschehens, an der Potsdamer Brücke, mit einer Gedenktafel geehrt. Der Bildhauer der Statue, Jewgeni Wutschetitsch, widersprach dem allerdings – er hatte die Figur frei angelegt.

Ein breit angelegter und von Weiden gesäumter Weg führt ausgehend von der Frauenstatue zum Hauptfeld der Anlage. Abgegrenzt wird dieses durch zwei große, stilisierte Fahnen aus rotem Granit, an deren Stirnseiten sich jeweils die Skulptur eines knienden Soldaten befindet. Von hier aus führen Treppen zum Zentrum der Anlage, dem Gräberfeld,

Gemütlich entspannen auf der Insel der Jugend – mit Blick auf den Treptower Park

Archenhold-Sternwarte
Alt-Treptow 1
(030) 5 34 80 80
Mi–So 14–16.30 Uhr
Führungen Do 20 Uhr,
Sa/So 15 Uhr
www.sdtb.de

Haus Zenner
Alt Treptow 14–17
(030) 5 33 73 70
www.zenner.de
Wiedereröffnung 2021
geplant

das von 16 marmornen Sarkophagen mit Reliefs aus der Geschichte der Sowjetunion und Zitaten von Josef Stalin gesäumt wird.

Orientiert man sich also hinter dem Ehrenmal wieder in Richtung Spree, so gelangt man durch einen von Bäumen bestandenen Parkbereich zur **Archenhold-Sternwarte** 4. Sie befinden sich jetzt 13° 28' 34" östliche Länge und 52° 29' 9" nördliche Breite in 41 Metern Höhe über Normalnull. Die Sternwarte entstand aus einer eigentlich temporären Installation für die Gewerbeausstellung 1896. Neben dem Hauptgebäude, das den Großen Refraktor (das bis heute längste bewegliche Linsenfernrohr der Welt, auch Himmelskanone genannt) beherbergt, wurden 1962 zusätzlich zwei weitere Beobachtungskuppeln von drei bzw. fünf Metern Durchmesser errichtet. Die Sternwarte verfügt darüber hinaus über ein Kleinplanetarium. Ein besonderer Platz in der Geschichte gebührt dieser Einrichtung auch, weil Albert Einstein am 2. Juni 1915 hier seinen ersten öffentlichen Vortrag über die Allgemeine Relativitätstheorie hielt.

Wird von der Sternwarte aus wieder die dreispurige Allee Richtung Spree überquert, so gelangt man zum **Haus Zenner** 5, Biergarten, Restaurant und Diskothek. In dem klassizistischen Bau von Schinkel-Schüler Langhans wird seit 1822 zum Tanz aufgespielt und serviert – beides bis heute recht deftig. Mittlerweile hat sich auch die Filiale einer Burgerkette eingemietet. Sonntags spielt zum Brunch eine Jazz-Combo.

Wenige Meter spreeaufwärts sieht man schon die Brücke zur **Insel der Jugend**, die erste Stahlverbundbrücke Deutschlands (1916). Anlässlich der Berliner Gewerbeausstellung wurde auf der Insel ein Restaurant im Stil einer schottischen Klosterruine errichtet, das jedoch 1914 abbrannte. Heute besticht die Insel vor allem wegen ihrer Lage an der Spree, ein Café mit Wasserblick gibt es auch. Mit etwas Glück sieht man hier auch ein Wasserflugzeug starten oder landen, die Anlegestelle ist gleich um die Ecke.

Nahebei liegt auch der ehemalige **Spreepark** 6. Als Kulturpark Plänterwald war er der einzige ständige Vergnügungspark der DDR. Seine Geschichte endete nach der Wende mit einer spektakulären Flucht seines Besitzers nach Südamerika mitsamt einiger Fahrgeschäfte. Nun befindet sich der Park mit seinen lebensgroßen Dinosauriern, den verbliebenen Fahrgeschäften und vor allem dem Riesenrad im Neuaufbau: 2024 soll er wiedereröffnet werden. Die stadteigene Grün Berlin GmbH arbeitet derzeit daran, das Areal von Altlasten und Gefahrenstellen zu befreien und es zu einem Kulturpark umzugestalten. In der Zwischenzeit kann man den Spreepark im Rahmen von Führungen besichtigen. Ab April 2021 informiert ein Infopavillon über das Bauvorhaben.

Vom Park-Konkurs betroffen war auch das alte Eierhäuschen, das ursprünglich als Restaurant gebaut wurde und so auch in Theodor Fontanes Roman „Der Stechlin" vorkommt – die Vorgängerversion allerdings, die später ausbrannte und 1891 durch das jetzige, neogotische Gebäude ersetzt wurde. Es soll in das neue Parkkonzept eingebunden werden.
Michael Mowitz

Informationen über Vergangenheit, Gegenwart und Zukunft des Spreeparks
www.spreepark.berlin

Brücke der Herzen
www.bridge-of-hearts.com

Insel Berlin
Programm und Infos:
www.inselberlin.de

Bootsverleih
www.kanuliebe.de

Restaurant Klipper
Tgl. ab 10 Uhr
www.klipper-berlin.de

Führungen im Spreepark
Sa/So 11, 13 und 15 Uhr,
zu buchen unter
www.gruen-berlin.de/
spreepark

Karte Seite 243

Start/Ziel
S Adlershof
Länge
Rundgang 6 km
(mit Natur- und Landschaftspark)

Adlershof
Das Experimentierfeld

Koloniegründung „Süßer Grund" 1754 im Zuge der „Peuplierung" Preußens unter Friedrich II., Aushängeschild der deutschen Luftfahrt im Kaiserreich, Zentrum der angewandten Forschung der Akademie der Wissenschaften der DDR und des DDR-Fernsehens, heute Standort des ehrgeizigen Städtebauprojektes WISTA – das ist Adlershof.

Adlershof zerfällt in zwei ungleiche Teile: Nordöstlich der Bahnlinie ist der alte und eher verträumte Ortsteil rund um die Dörpfeldstraße und der alte Gründerzeit-Marktplatz. Stille Villenstraßen und verwunschene Gartenareale wechseln sich ab mit niedrigen Kolonistenhäusern, Gründerzeitbauten und schwedischen Holzhausgassen. In den Gärten mancher Genossenschaftshäuschen waren bis in die 1980er-Jahre noch Hühner und Enten zu sehen, vor den Zäunen von Kastanien gesäumte Kopfsteinpflasterstraßen.

Historisch Interessierten sei der Abstecher in die **Anna-Seghers-Straße** zum ehemaligen Wohnhaus der Schriftstellerin empfohlen, das heute ein Museum ist. Lange bevor sie seit den 1950er-Jahren hier lebte, wohnte der in den Reichstagsbrandprozess verwickelte bulgarische Politiker Georgi Dimitroff ein paar Häuser weiter. Durch alte, von krummen Bäumen gesäumte Pflasterstraßen, die durch malerische 1920er-Jahre-Siedlungen führen, geht es durch die Gemeinschaftsstraße weiter zum alten, mit hohen Waldkiefern bewachsenen **Friedhof** (1), der an den Wald grenzt. Die Genossenschaftsstraße führt zum Marktplatz. Hier befindet sich auch das Kulturzentrum **Alte Schule** (2): Der rote Backsteinbau der ersten Dorfschule Adlershof vereint zahlreiche Angebote unter seinem Dach.

Auf dem Campus der Wissenschaftsstadt Adlershof

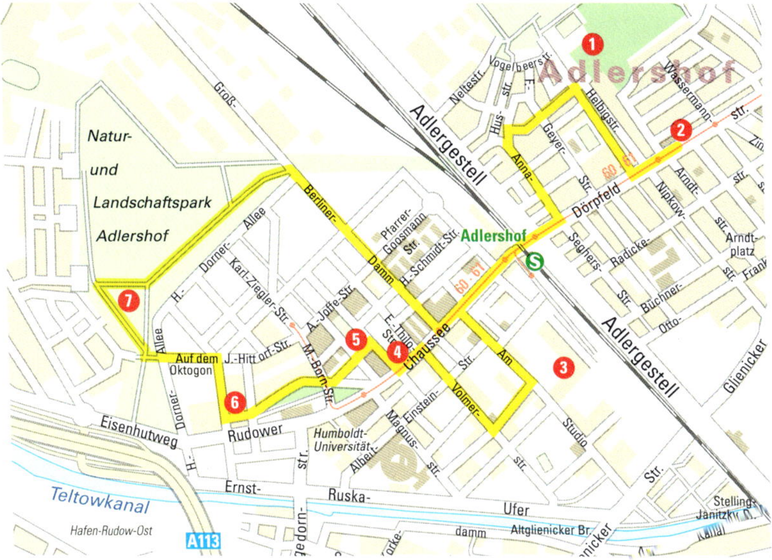

Neben der Galerie für zeitgenössische Kunst gehören dazu auch die Stefan-Heym-Bibliothek, die Artothek und die Heimatstube.

Südlich der Bahnlinie liegt das Experimentierfeld von Adlershof: Die Stadt für Wissenschaft, Wirtschaft und Medien (WISTA), der am Reißbrett entworfene Ort für Medien und Kommunalpolitik, Universität und Gewerbe, Naturpark und Wohngebiet. Die **WISTA** ist einer der größten Forschungs- und Technologieparks Europas. Unternehmen, Forschungseinrichtungen und die Humboldtuniversität arbeiten hier eng zusammen. Insgesamt beschäftigen auf dem 420 Hektar großen Gelände über 8000 Unternehmen fast 20 000 Mitarbeiter.

Vom S-Bahnhof Adlershof laufen wir die Rudower Chaussee entlang. Gleich im ersten Komplex linker Hand wurde seit 1952 das Fernsehen der DDR produziert. Heute werden in der WISTA Sendungen für die ARD, den RBB und Privatsender wie Sat1 und RTL2 produziert. Anne Will beispielsweise talkt in Adlershof. Das **Studio Berlin** 3 in der Straße Am Studio produziert zudem Serien wie „GZSZ“ und Spielfilme wie „Good Bye Lenin“.

Anna-Seghers Gedenkstätte
Anna-Seghers-Straße 81
(030) 67 7 47 25
Di und Do 10–16 Uhr
www.anna-seghers.de

Galerie Alte Schule
Dörpfeldstraße 54–56
(030) 9 02 97 57 17
www.galerie-alte-schule-adlershof.de
Wegen Umbaus geschlossen bis ca. 2022

WISTA im Netz
www.wista.de
www.adlershof.de
www.izbm.de

Der Trudelturm diente schon als Filmkulisse für den US-amerikanischen Science-Fiction-Streifen „Æon Flux"

Biegt man von dort rechts in die Justus-von-Liebig-Straße, stößt man kurz darauf auf die Volmerstraße. In Hausnummer 9 im Foyer des UTZ gibt es ein Foucaultsches Pendel. Wir spazieren die Volmerstraße hoch zur Rudower Chaussee. Am Platz „Forum" geht es rechts zum **Aerodynamischen Park** 4 mit technischen Gebäuden der ehemaligen Flugforschung Johannisthal. Etwas weiter links, zwischen Newtonstraße und James-Franck-Straße, fallen zwei architektonisch herausragende Gebäude ins Auge: das **Gefahrenstofflager** 5 (Am Trudelturm) und das **Photonikzentrum** 6 (Schwarzschildstraße). Mit gutem Schuhwerk und dickem Zeitkonto empfiehlt sich der 1,5 stündige Rundgang „Adlershofer Gedankengang", der durch die WISTA führt.

Alternativ bietet sich eine Verschnaufpause im westlich gelegenen **Natur- und Landschaftspark** 7 an – inmitten von Skateboardfahrern und grasenden Schafen. Das Gelände war einst der im Jahre 1909 eröffnete, erste deutsche Motorflugplatz. Er machte Johannisthal innerhalb kurzer Zeit als Zentrum der „Aviatik" international bekannt und war mit Zuschauertribünen für die Aufsehen erregenden Flugwettbewerbe versehen – und die Berliner reisten regelmäßig wochenends nach Johannisthal, um die neue Technik zu bestaunen. Bis zu 500000 Schaulustige sahen hier die neuen Errungenschaften und Wagnisse der Flugpioniere – und auch deren spektakuläre Abstürze. In den Hangars etablierten sich ab den 20er-Jahren Filmstudios, unter anderem wurde „Nosferatu" hier gedreht. Nach dem Zweiten Weltkrieg verlagerte sich der Flugbetrieb nach Schönefeld, doch erst 1985 startete auf dem historischen Flugplatz das letzte Flugzeug. Relikte aus dieser Zeit bewahrt das Heimatmuseum in Johannisthal auf.

CORDULA BEYER

Heimatmuseum Treptow
Sterndamm 102
Do 10–18 Uhr,
So 14–18 Uhr
www.museum-treptow-koepenick.de

Der Förderverein informiert über den Park
www.foerderverein-landschaftspark.de

Schöneweide

Industriekultur und Freizeitspaß

Der Name Schöneweide entstammt einer Reisebeschreibung des Kurfürsten Joachim II. aus dem Jahre 1598. In dieser betitelte er die ausgedehnte Uferwiese am südlichen Spreeufer als „Schöne Weyde". Seit dem 17. Jahrhundert wohnen hier auch Menschen (Niederschöneweide) und auch auf dem nördlichen Spreeufer (Oberschöneweide) begann die Besiedelung – mit der Gastwirtschaft Quappenkrug, später als Wilhelminenhof bekannt. Die erste Verbindung zwischen den Schönen Weiden wurde 1885 mit einer Kettenfähre geschaffen. Sie wurde 1891 durch eine Holzbrücke ersetzt. Politisch und wirtschaftlich entwickelten sie sich weiterhin unabhängig voneinander. 1920 wurden sie nach Groß-Berlin eingemeindet.

Der S-Bahnhof Schöneweide liegt im Ortsteil Niederschöneweide. An der Ecke zur Michael-Brückner-Straße überrascht die moderne Architektur der Mittelpunktsbibliothek in der alten Feuerwache. Etwas weiter, in der Britzer Straße, ducken sich niedrige

Karte Seite 245

Start
S Schöneweide

Ziel
S Wuhlheide

Länge
5 km

Dokumentationszentrum NS-Zwangsarbeit
Britzer Straße 5
Di–So 10–18 Uhr
Eintritt frei
www.dz-ns-zwangsarbeit.de

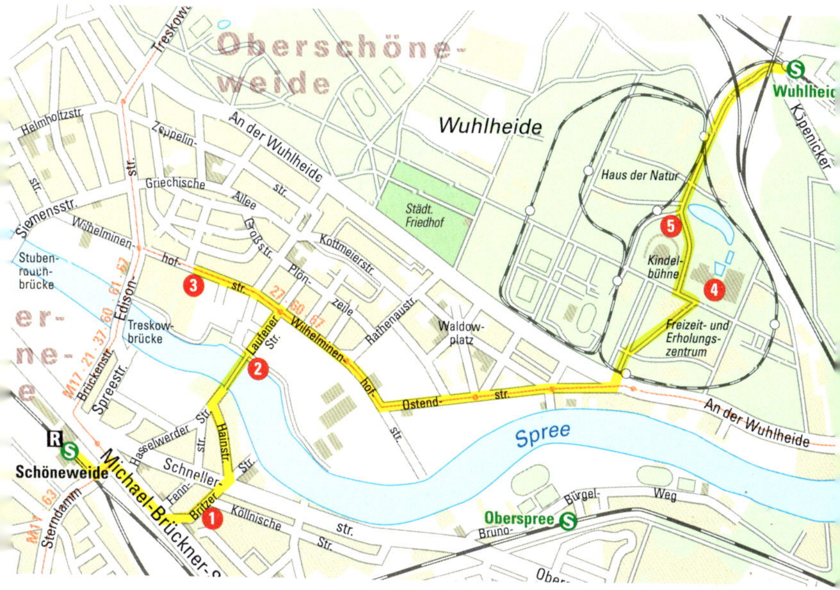

Rathenau-Hallen
Wilhelminenhofstr. 83–85
www.kultur-und-technologiezentrum.com
Kultur- & Technologiezentrum

FEZ Berlin
Straße zum FEZ 2
www.fez-berlin.de
Größtes Kinder-Freizeitzentrum Europas

Baracken zwischen den Wohnhäusern: Das **NS-Dokumentationszentrum Schöneweide** ❶ war im Zweiten Weltkrieg eines von über 3000 Zwangsarbeiterlagern im Berliner Stadtraum und ist das letzte erhaltene. Es wurde 1943 unter der Leitung Albert Speers errichtet, in der Wohnunterkunft „Baracke 13" sind nach einer denkmalgerechten Sanierung die Inschriften italienischer Insassen zu sehen. Das Dokumentationszentrum gehört zur Stiftung „Topographie des Terrors".

Jenseits der Schnellerstraße führt der **Kaisersteg** ❷ malerisch über die Spree nach Oberschöneweide und gewährt gleich spektakuläre Ausblicke auf das ehemalige Industriegebiet. 25 Großbetriebe, darunter vorherrschend die AEG sowie zahlreiche kleinere Werkstätten prägten den Stadtteil mit, Oberschöneweide wurde zu einem Zentrum der Arbeiterbewegung und blieb auch zur Zeit des Dritten Reichs eine Zelle des Widerstandes.

Der Ortsteil ist bis heute geprägt von Industriegebäuden, Schornsteinen, Fabrikhallen. Manches steht leer und verfällt mehr oder weniger malerisch, doch zahlreiche Gebäude fanden neue Nutzer, oft aus der

Das ehemalige Industriegebiet Oberschöneweides war einst Zentrum der Arbeiterbewegung

Am 1. Juni ist im FEZ immer was los: Kinderfest am Kindertag

Kreativszene. Ein Spaziergang entlang der Wilhelminenhofstraße führt zu vielen Ateliers, so zum Beispiel in den **Rathenau-Hallen** 3 oder auch auf dem Gelände des ehemaligen Transformatorenwerks. Die denkmalgeschützen Gebäudeensembles repräsentierten einst die modernste Baukunst ihrer Zeit.

Über die Ostendstraße gelangt man vorbei an teils sanierten, teils leerstehenden Fabrikkomplexen zur Straße an der Wuhlheide und zum **Volkspark Wuhlheide**. Hier gibt es Freizeitattraktionen für alle Generationen: Ein Modellpark, ein Kletterwald, ein Rodelberg und das riesige Freizeit- und Erholungszentrum **FEZ** 4 mit Open-Air-Bühne, Schwimmhallen, Badesee, vielen Spielplätzen und einem Palast für Tausend-und-eine-Aktivität. Der Freizeitpark wurde zu DDR-Zeiten errichtet und ist der größte nichtkommerzielle Kindererlebnispark Europas. Trotz der vielen Attraktionen fühlt man sich auf den Wegen der 370 Hektar großen Wuhlheide oft wie im Wald. Unterbrochen wird der Baumbestand von Parkanlagen mit weitläufigen Sichtachsen. Die Wuhlheide wurde in den 1920er-Jahren als Volkspark angelegt, erlebte ein Interim militärischer Nutzung und ist heute ein grünes Paradies im Stadtgebiet.

Was noch? Ein Amphitheater für Konzerte! Kaum zu glauben, dass die Freilichtbühne der Wuhlheide in den 1950er-Jahren auf Trümmern errichtet wurde. Die heutige **Kindl-Bühne** 5 bietet auf ihren Stufen bis zu 17 000 Zuschauern Platz und steht unter Denkmalschutz. Jedes Konzert hier ist für Zuschauer und Künstler ein denkwürdiges Erlebnis.

Eine weitere Attraktion der Wuhlheide ist die **Parkeisenbahn** mit echten Dampf- und Dieselloks. Hier können Kinder nicht nur mitfahren, sondern sich auch zu kleinen Eisenbahnern ausbilden lassen.

JULIA BRODAUF

Modellpark Wuhlheide
Eichgestell 4
Apr.–Sep. tgl. 10–18 Uhr,
Okt. bis 17 Uhr
www.modellparkberlin.de

Kletterwald Wuhlheide
An der Wuhlheide 199
Juni–Aug. tgl. 10–19 Uhr,
Nov.–Mitte März Winterpause
Andere Monate bitte auf der Webseite nachsehen
www.kletterwald-wuhlheide.de

Parkeisenbahn
Hauptbahnhof: An der Wuhlheide 189
www.parkeisenbahn.de

Bezirk: Treptow-Köpenick

Köpenick

Berlins grüner Südosten ist einen Besuch wert – er lädt zum Bummeln durch den steinalten Fischerkietz oder zum Baden im Müggelsee ein und lässt seine Besucher mit allen Sinnen genießen: riechen, sehen, schmecken, hören.

Mit 75 Prozent Wald-, Wasser- und Wiesenanteil kann sich der alte Bezirk Köpenick mit Stolz Berlins grünster Stadtteil nennen. Aber nicht nur Frischluftfans, auch historisch Interessierte kommen hier auf ihre Kosten. Immerhin belegen Ausgrabungen die Anwesenheit von Menschen bereits während der Jungsteinzeit. Urkundlich erstmalig 1209 erwähnt, ist der Bezirk einer der ältesten dieser Stadt. Erst seit 1920 jedoch war Köpenick der 16. Verwaltungsbezirk von Berlin, heute ist er mit Treptow zusammengelegt. Zu Köpenick zählen neben dem Ort selbst das wunderschöne Friedrichshagen, Rahnsdorf mit Wilhelmshagen und Hessenwinkel, Müggelheim, Grünau, Schmöckwitz mit Karolinenhof und Rauchfangswerder. Zusammen bringen es die Ortsteile auf immerhin 116000 Einwohner. Bei einer Größe von 128 Quadratkilometern der größte Berliner Bezirk, ist Köpenick aber ganz klar das Schlusslicht, was die Bevölkerungsdichte angeht. Kein Wunder: Denn neben vielen, meist detailgetreu sanierten Altbauten und leider auch vereinzelten architektonischen Angriffen aus DDR-Zeiten auf das grünverwöhnte Auge, leben hier viele Menschen ganz gemütlich in ihren eigenen Häuschen mit Garten.

Aber egal: Wo auch immer die Köpenicker wohnen, sie feiern gern. Die Leute hier lieben ihren „Köpenicker Sommer“, das Volksfest in der Altstadt, oder das Bölschefest in Friedrichshagen. Nach Marktbummel, Losbude und Bühnenprogramm belohnen die Besucher jedes Jahr aufs Neue das Höhenfeuerwerk mit tosendem Beifall. Und was das Kulinarische betrifft: Da gibt es den Lehmofen mit anatolischer Küche, das Domaines im Müggelpark, wo man in

Steckbrief

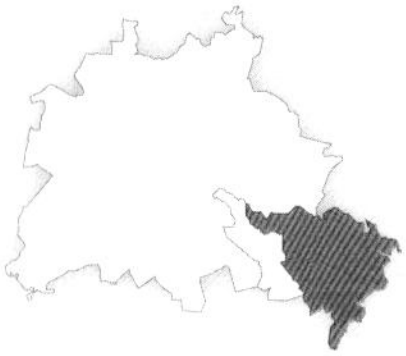

Einwohner*innen
136 837

27–45 Jahre
26 %

Über 65 Jahre
24 %

Volumen des Müggelsees
36 560 000 m³

Das heute so friedlich daliegende Rathaus Köpenick wurde 1906 vom falschen Hauptmann Wilhelm Voigt ausgeraubt und dadurch weithin berühmt

exzellenter Lage speist oder den steinalten Ratskeller in der Altstadt und natürlich jede Menge anderer Restaurants, Bars und Kneipen für jeden Geschmack.

Den ganz besonderen Charme und Stil des Berliner Südostens entdecken auch immer mehr junge Menschen aus den zentral gelegenen In-Vierteln, beispielsweise Prenzlauer Berg, und ziehen hinaus in den grünsten Teil der Stadt. Und das ist auch gut so, denn junge Leute und Familien mit Kindern kann der Bezirk gut gebrauchen. Ein bisschen Altstadt, ein bisschen Schloss, ein bisschen Ost-Plattenbau und ganz viel grün mit Wasser: Das ist eben Köpenick.
CORNELIA ZWIRNMANN

Karte Seite 251

Start/Ziel
Freiheit/Rathaus Köpenick, Tram 27, 60, 61, 62, 67, 68

Länge
2 km

Heimatmuseum Köpenick
Alter Markt 1
(030) 9 02 97 33 51
Di, Mi 10–16, Do 10–18, So 14–18 Uhr
Archiv Do 10–12 und 13–18 Uhr nach Vereinbarung
www.museum-treptow-koepenick.de

Wegweiser führen durch Köpenicks Altstadt

Alt-Köpenick

Denn nun, Herr Richter, habe ich Frieden gemacht

Die Köpenicker Altstadt bezaubert mit liebevoll sanierten Stadthäusern, die sich oft in Seitenstraßen verbergen. Zentraler Platz am nördlichen Eingang zur Altstadt ist die **Freiheit** ❶, gleich links der Dammbrücke. Von der Freiheit aus gelangt man mitten rein in die kleinen Gassen des **Katzengrabens** ❷. Auf der linken Seite am Biergarten „Waschhaus" eröffnet sich ein wunderschöner Blick auf Köpenicks Wasserstraßen. Am Sträßchen Alter Markt sollte der Spaziergänger kurz verweilen, denn hier im Eckhaus Katzengraben lebte Henriette Lustig, auch Mutter Lustig genannt. Als Begründerin des Köpenicker Wäscherei-Gewerbes ist sie eine echte lokale Berühmtheit. Und dann ist da noch dieser kleine Lichtgarten auf der rechten Seite, wo besondere Pflanzen gedeihen und Liegestühle zum Entspannen einladen. Der Lichtgarten gehört zu einem Kunstprojekt, mit dem in Köpenick Baulücken bespielt werden und wurde vom atelier le balto entworfen.

Wieder zurück auf dem **Alten Markt** fällt zunächst die **Mittelpunktbibliothek** ❸ auf. Sie verbindet in ihrer Architektur die Charakterzüge, die Köpenick ausmachen: Die harmonische Verbindung zwischen Moderne und Historie. Ein Stück weiter die Straße entlang liegt das alte Heimatmuseum. Die Geschichte des Hauses beginnt im Jahre 1665. Nach mehreren Eigentümerwechseln öffnete dieses Kleinod 1999 als Museum für die Geschichte Köpenicks seine Pforten. Gegenüber findet sich ein grünes Fleckchen: der Schatten-Garten mit seinem Netz aus Holzwegen gehört ebenfalls zum Kunstprojekt.

Rechts rein in die Amtsstraße und den Müggelheimer Damm überquert, gelangt man in den alten **Fischerkietz** ❹. In dem historischen Ortsteil der Fischer mit seinen geduckten, teilweise bis zu 400 Jahre alten Häusern, fühlt man sich ins 15. Jahrhundert zurückversetzt. Die einstöckigen und buntgestrichenen Häuser sind liebevoll restauriert und gepflegt. Von Ferne fröhliches Kreischen: Der Fischerkietz liegt an der Dahme, am Ufer befindet sich das winzige Fluss-

bad, die älteste Flussbadeanstalt Berlins, gegründet 1897, daneben das Restaurant Krokodil.

Zurück geht's durch das Gässchen Kietz – auch hier säumen liebevoll restaurierte Häuschen den Weg. Auf der linken Seite bricht die Häuserzeile auf und führt den Spaziergänger durch die Breite Gasse vorbei an uralten Weinreben erneut ans Wasser. Von hier hat man einen schönen Blick auf die Schlossinsel, unser nächstes Etappenziel. Dazu gehen wir wieder zurück Richtung Altstadt und gelangen über die Kietzer Brücke zum Schlossplatz und zur **SchlossInsel** ❺ mit dem barocken Schloss aus dem späten 17. Jahrhundert. Früher ein Depot für die preußische Armee und Staatsgefängnis, heute das Kunstgewerbemuseum Berlins. Unter den über 500 Exponaten sind ganze Raumensembles aus Renaissance, Barock und Rokoko. Umgeben von einem englisch angehauchten Garten liegt es inmitten der Gewässer der Dahme und des Frauentogs. Im Schlosspark wächst eine über 350 Jahre alte Flatterulme, das kleine Schlosscafé lädt zum Entspannen ein. In der Schlosskirche finden hochkarätige Konzerte statt. Auf dem Schlossplatz traben zwei reiterlose Bronzepferde. Auch sie sind Teil des städtischen

Kunstgewerbemuseum Schloss Köpenick
Schlossinsel 1
(030) 65 66 17 49
Di–So 11–18 Uhr,
Okt.–März Do–So 11–17 Uhr
www.smb.museum/kgm

HauptmannGarde
Grünstraße 18
In den Sommermonaten
Sa und Mi um 11 Uhr
15-minütige Inszenierung zur Huldigung des Hauptmann von Köpenick

Wilhelm Voigt, der Hauptmann von Köpenick

Kunstprojekts und symbolisieren politische Freiheit. Ein weiteres Werk aus dem Projekt ist das zwischen Brandwänden in der Grünstraße aufgespannte Netz der Amsterdamer NL Architects, das den Blick zum Frauentog freigibt und zum Klettern einlädt.

Im Gegensatz zu diesem sehr modernen Umgang mit öffentlichem Raum stehen in der Köpenicker Altstadt noch eine ganze Reihe sehr alter Stadthäuser. Eines der ältesten ist das im Jahre 1616 errichtete Geschäftshaus, das heute der Sparkasse gehört. Ein weiteres befindet sich in der Straße Alt-Köpenick, der wir nun in Richtung Rathaus folgen: Die Fassade des **Anderssohnschen Palais** in Nr. 15 ist noch im friderizianischen Rokokostil gestaltet.

Das Köpenicker **Rathaus** 6 wurde 1904 in märkischer Backsteingotik erbaut. Es überstrahlt sämtliche sorgfältig sanierte Altbauten der Innenstadt. 1906, als das Rathaus gerade ein Jahr alt war, wurde es durch die „Köpenickiade" schon deutschlandweit berühmt. Der Schuhmacher Voigt kleidete sich in abgelegte Uniformteile und erprobte an einem zufällig passierenden Soldatenregiment den Befehlston. „Im Namen seiner Majestät" eroberte er als „Hauptmann von Köpenick" flugs das Rathaus und verschwand mit der Stadtkasse.

Zurück zum Schlossplatz. Von dort aus gelangt man in die Grünstraße, mit ihren kleinen Galerien und Geschäften. Schlendert man weiter und biegt links in die Kietzer Straße ein, gelangt man auf den Schüßlerplatz, wo auch der traditionelle Weihnachtsmarkt von Köpenick stattfindet. Folgt man der Kirchstraße, ragt links die evangelische **St. Laurentiuskirche** 7 in den Himmel. *CORNELIA ZWIRNMANN*

St. Laurentiuskirche
Alt-Köpenick
(030) 6 55 70 68
Besichtigung Juni–Sep.
Sa/So 13–17 Uhr
www.stadtkirche-koepenick.de

Karte Seite 253

Start/ Ziel
S Friedrichshagen

Länge
2,5 km (ohne Spaziergang am Müggelsee)

Friedrichshagen

Rund um die „Bölsche"

Friedrichshagen ist ein besonderer Stadtteil: Hier mischt sich Vorstadtatmosphäre mit Künstlerflair. Gegründet wurde der Ort im Jahre 1753 von Friedrich II., der hier Baumwollspinner aus Böhmen und Schlesien ansiedelte. Neben Baumwollspinnerei betrieben sie Seidenraupenzucht – zahlreiche Maulbeerbäume, einst zur Ernährung der Raupen gepflanzt, zeugen noch heute davon. Vom S-Bahnhof Friedrichshagen aus eröffnet sich die Flaniermeile: die **Bölschestraße.** Links und rechts gesäumt von liebevoll sanierten Altbauten, führt sie zum Müggelsee.

Doch zuvor sei ein kleiner Abstecher in den **Goldmannpark** ❶ empfohlen. Also links abbiegen in die kleine Straße Am Goldmannpark. Der Berliner Bankier Goldmann wohnte seit Jahrzehnten jeweils im Sommer in Friedrichshagen. Nach langen Verhandlungen übernahm 1914 die Gemeinde Friedrichshagen den Goldmannschen Park. Wenn man ihn durchschreitet, gelangt man auf die Kastanienallee. Ein besonderes Highlight findet der Besucher in der Kastanienallee 9 ❷: Eine Gedenktafel weist auf den Dichter Bruno Wille hin, der von 1890 bis 1920 in Friedrichshagen lebte. Wille war neben einigen anderen namhaften Schriftstellern wie Wilhelm Bölsche Mitglied des Friedrichshagener Dichterkreises. Lebensreformerische Ziele, doch in der Lebensführung Bohème, so könnte man den Lifestyle der Literaten und Intellektuellen um 1890 in Friedrichshagen charakterisieren. Ein bisschen davon hat sich der Ort über die lange Zeit erhalten können.

Vom Wille-Haus aus wird der Weg nach links fortgesetzt. Dann rechts rein in die Bruno-Wille-Straße und nach ein paar Metern wieder rechts in die Breestpromenade. Wer Freude an Altberliner Villen-Architektur hat, kommt hier voll auf seine Kosten, denn in dieser, einer der besten Wohngegenden Friedrichshagens, liegt eine schicke Stadtvilla neben der nächsten. Auch in der angrenzenden Scharnweberstraße finden sich architektonische Schmuckstücke. Geht man weiter geradeaus und überquert den Müggelseedamm, liegt bald der **Müggelpark** ❸ vor einem. Mit seinen alten Bäumen und dem angrenzenden großen Müggelsee ist er in jedem Fall sehenswert.

Domaines
(im Müggelpark)
(030) 64 09 18 79
Tgl. 12–22 Uhr
www.domaines-berlin.de
Französisches Café und Restaurant

Museum Friedrichshagener Dichterkreis
im Antiquariat Brandel
Scharnweberstraße 59
Mi–Fr 12–18, Sa 9.30–12 Uhr
www.brandel-antiquariat.de

Am Müggelsee in Friedrichshagen

Eine kleine Sensation ist der um 1927 erbaute **Spreetunnel** ❹. Er verbindet den Müggelpark mit der Kämmereiheide. Mit seinen 120 Metern Länge liegt er immerhin 8 Meter unter der Müggelspree. Nahe dem südlichen Ausgang des Spreetunnels befinden sich zwei beliebte Badestellen: der Läufer und der Teppich, nahebei die versteckten Ruinen des Müggelschlößchens. Von hier kann man auch am Ufer des Müggelsees entlang zu den Gaststätten am südlichen Ufer und bis nach Müggelhort spazieren. (Von Müggelhort verkehrt die Fähre F24 nach Rahnsdorf).

Kehrt man dem Wasser den Rücken und verlässt den Müggelpark, blickt man links am Ufer auf die markanten Gebäude der früheren **Bürgerbräu-Brauerei** ❺, die leider 2010 schloss. Biegt man nun in die Joseph-Nawrocki-Straße ein, liegt auf der linken Seite noch das Bräustübl mit seinem alten Ballsaal.

Restaurant Braustübl
Müggelseedamm 164
(030) 6 45 57 16
Tgl. 11–24 Uhr
www.braeustuebl-mueggelsee.de

Und dann hört man sie schon wieder: die quietschende Straßenbahn, die die Bölschestraße runtereiert. Beim Schlendern auf der Bölsche kann so mancher kleine Laden entdeckt werden. Im Sommer sind mehrere Straßencafés geöffnet. Auf dem Marktplatz an der alten **Christophorus-Kirche** ❻ gibt es an vier Tagen der Woche rund um das Denkmal des „Alten Fritz" einen Markt. *CORNELIA ZWIRNMANN*

Karte Seite 255

Start
S Wilhelmshagen

Ziel
Odernheimer Straße, Bus x69 oder Rahnsdorf Waldschänke, Tram 61

Länge
4,5 bzw. 6 km

Wilhelmshagen & Rahnsdorf

Von der Rialtobrücke und dem Gondoliere

Die östlichste S-Bahn-Haltestelle Berlins heißt Wilhelmshagen. Von ihr aus gehen wir demzufolge nach (Süd-)Westen, schnurgerade die Schönblicker Straße hinunter bis zum kreisrunden Platz mit der **Taborkirche** ❶ darauf. Die Güttlander Straße führt rechts bis zu den Püttbergen – mit 68 Metern Höhe rangieren sie weit oben in der Berliner Bergwelt, sind aber eigentlich sandige Dünen und mit Kiefern bewachsen. Die Hochlandstraße nach links bis zum Saarower Weg – hinter dem Friedhof beginnt ein Pfad, der zu einem Aussichtspunkt ❷ führt. Von hier aus reicht die Sicht bis zu den Kranichsbergen in der

Rüdersdorfer Heide und nach Erkner. Nach dem Abstieg geht es weiter entlang der Hochlandstraße.

Jenseits der Fürstenwalder Allee wird es idyllisch: Neu-Venedig hat sogar eine kleine **Rialtobrücke** ❸. Diese Lagunenstadt ist nicht ganz so majestätisch wie das Original, aber alle Grundstücke sind Wassergrundstücke an den fünf Kanälen des hiesigen Spreedeltas. Zu Fuß lässt sich das Gebiet mit den zwölf Brücken kreuz und quer durchwandern. Vom Rialtoring zweigt bald eingangs der Plutoweg ab, er bringt uns über die Dorfstraße nach knapp zwei Kilometern zum **Dorfkern von Rahnsdorf** ❹ mit seinem historischen Fischerkiez. Er liegt seit dem 14. Jahrhundert am Ostufer des Müggelsees und an der dort einmündenden Spree. Aus dem Fischerdorf wurde Ende des 19. Jahrhunderts ein Ausflugsziel für die Berliner. An die Fischerei erinnern die Schmuckfenster der Kirche, die Ende des 19. Jahrhunderts als Ersatz für den abgebrannten Vorgängerbau gebaut wurde.

Von Rahnsdorf aus kann man von April bis September mit der Fähre F23 zum Restaurant Neu-Helgoland, nach Müggelhort oder zum Müggelwerder Weg übersetzen. Hier verkehrt die einzige Ruderboot-Fähre Berlins (F 24). Von Mai bis Anfang Oktober rudert der Fährmann seine Fahrgäste mit zwölf Ruderschlägen zu jeder vollen Stunde über die Müggelspree. Zwischendurch verhilft ein Ausruf „Fährmann, hol' rüber" zur Überfahrt. *JULIA BRODAUF*

Restaurant Neu-Helgoland
Neuhelgoländer Weg 1
(030) 6 59 82 47
Tgl. ab 11 Uhr
www.neu-helgoland.de
Traditionsgaststätte am Kleinen Müggelsee

Karte Seite 257

Start/Ziel
S Grünau

Entfernungen
Tuschkastensiedlung
1 km

Fähre Wendenschloss
1 km

Strandbad Grünau
3 km

Grünau

Alles so schön bunt hier

Das idyllische Grünau an der Dahme wurde schon in der Gründerzeit zum beliebten Wohn- und Ausflugsort. Davon zeugen bis heute etliche Villen. Doch auch das 20. Jahrhundert hat in Grünau viele Spuren hinterlassen. Zum Beispiel die **Tuschkastensiedlung** 1 im nahen Bohnsdorf. Dieses Kleinod der Architekturgeschichte wurde erst jüngst in die Liste des UNESCO-Weltkulturerbes aufgenommen. Beginnen wir also unseren Spaziergang am S-Bahnhof Grünau und folgen zunächst der Bruno-Taut-Straße.

1912 bekam Taut den Auftrag, für ein 75 Hektar großes Gelände in Hanglage einen Bebauungsplan auszuarbeiten und plante für rund 7 000 Einwohner etwa 1 500 Wohnungen am Falkenberg. Allerdings konnten bis 1916 lediglich 127 Wohnungen entstehen, bevor wirtschaftliche Schwierigkeiten und der Erste Weltkrieg die Bautätigkeit unterbrachen. Heute gehören deshalb nur drei Straßen zur Siedlung: Am Falkenberg, Akazienhof und Gartenstadtweg.

Wenn wir die Bruno-Taut-Straße bis ganz zum Ende gehen, führt ein Pfad auf eine ruhige Anhöhe, den Falkenberg. Wir halten uns rechts, dann geradeaus und sind nach kurzer Zeit am Gartenstadtweg. Die zweigeschossigen Zeilen in dieser Straße mit ihren schönen Vorgärten muten in ihrem Stil deutlich englisch an. Hier und da führen zwischen den Häusern schmale Pfade zu den großzügigen Gärten auf der Rückseite. Am Ende des Gartenstadtwegs biegen wir rechts Am Falkenberg und wenige Meter weiter, wieder rechts, in den Akazienhof ein.

Häuserzeile in der Tuschkastensiedlung in Bohnsdorf

Das Erscheinungsbild der Siedlung wirkte zur Entstehungszeit revolutionär. Wegen der ungewohnten Farbtöne – von Orange über Grün und Gelb bis zu Anthrazit – wurde Taut prompt als „Verunstalter des Ortsbildes" beschimpft. Das Haus Gartenstadtweg Nr. 50 zum Beispiel macht mit seinem leuchtenden Kobaltblau dem strahlenden Himmel mühelos Konkurrenz. Daneben hatte der Architekt auf die abwechslungsreiche Gestaltung von Straßen und Plätzen Wert gelegt und unterschiedlich proportionierte Häusertypen entworfen, die in Reihen und Gruppen versetzt angeordnet sind.

Vom Akazienhof aus führt die Straße Am Falkenberg nach rechts wieder auf die Bruno-Taut-Straße und zurück zum S-Bahnhof. Von dort sind es gute 500 Meter bis zum Ufer der Dahme, das an dieser Stelle dicht bebaut ist. Seit 1882 finden hier Regatten und Bootsrennen statt und auch die Wassersportkämpfe der Olympiade 1936 wurden hier ausgetragen. Die Strecke wird heute noch genutzt, das **Regattagelände** ❷ befindet sich noch einmal einige hundert Meter die Regattastraße hinunter. In den ehemaligen Wirtschaftsgebäuden dokumentiert ein Wassersportmuseum die Geschichte des Berliner Wassersports. Wassersport zum Selbermachen: Es ist jetzt auch nur noch ein knapper Kilometer zum **Strandbad** ❸. Bequem: Die Straßenbahnlinie 68 („Uferbahn") verkehrt vom S-Bahnhof via Regattaanlage zum Freibad und weiter nach Schmöckwitz, dem östlichsten Ortsteil von Berlin.

Von der Wassersportallee aus verkehrt die Fähre F12 täglich zum gegenüberliegenden **Wendenschloss** ❹. Der ganze Ortsteil ist es wert, durch Spaziergänge besichtigt zu werden, hier stehen wunderschöne Gründerzeitvillen. Ein Schloss sucht man jedoch vergeblich. Der Name entwickelte sich aus dem Namen einer Gaststätte, die an einer Wendeschleife für Pferdekutschen stand. *Anja Herrling*

Wassersportmuseum Grünau
Regattastraße 191
(030) 6 74 40 02
Apr.–Okt. Mi 10–16 Uhr, jeder 2. und 4. Sa/Monat 10–16 Uhr und nach Vereinbarung
www.wassersportmuseum-gruenau.de

Freibad Grünau
Sportpromenade 5
(030) 6 74 35 76
www.strandbad-grünau.de
Im Sommer tgl. 10–18 Uhr

Seebad Wendenschloss
Möllhausenufer 30
(030) 6 51 71 71
Tgl. ab 9 Uhr (Frühling bis Herbst)
www.strandbad-wendenschloss.de

Fähre F12
Tgl. etwa zw. 5 und 20 Uhr (ganzjährig)

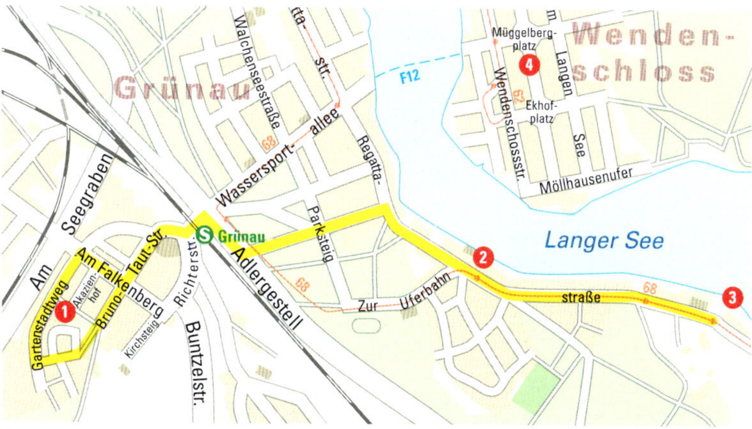

Julia Brodauf Künstlerin, Autorin und Herausgeberin dieses Buches, lebt und arbeitet in Pankow. Ihr neuester Titel im via reise verlag ist „Mit Kindern in Berlin“ (2017).
Mehr Infos: www.brodauf.info

René Hamann Journalist und Schriftsteller, zur Zeit in Kreuzberg, kam 2003 in die Hauptstadt. 2008 erschien im Verbrecher Verlag seine literarische Bestandsaufnahme Berlins unter dem Titel „Das Alphabet der Stadt“. Zuletzt veröffentlichte er seinen Roman „Die Suche nach dem Glam“.

Felix Müller Künstler und Grafiker im Prenzlauer Berg und von jeher leidenschaftlicher Berliner, unterstützte kenntnisreich das Lektorat, erkundete für seine eigenen Artikel Bekanntes neu und entdeckte selbst noch Unbekanntes. www.felixmueller.info

Kerstin Müller Redakteurin, hat zu Fuß schon fast ganz Berlin entdeckt. Liebe auf den ersten Blick war der Savignyplatz, Liebe auf den zweiten das zurückhaltende Wilmersdorf. Mandarin-Enten füttert sie am liebsten im Volkspark Friedrichshain.

Stefanie Pott Sprach- und Literaturwissenschaftlerin, wohnt in Friedenau. Zusammen mit ihrem Freund erkundet sie an Wochenenden gern Berlin und Umgebung. In Steglitz recherchierte sie diesmal selbst.

Klaus Scheddel Der Verleger betrachtet die Stadt unter immer neuen Gesichtspunkten und gab den Anstoß zu diesem Buch. Von ihm stammt auch das Kapitel über Friedrichshain, wo er selbst wohnt.

Elisabeth Schwiontek Die Journalistin und Autorin lebt in Berlin-Lichtenberg. Im via reise verlag sind von ihr erschienen: „Berlin mit Bus & Bahn“ (2014) und „Legendäres Berlin – Orte, die Geschichte machten“ (2017).

Tina Spessert Journalistin, Redenschreiberin, Ghostwriterin, Fachbuch-Autorin, PR-Beraterin, Stadtführerin und immer noch begeisterte Wahlberlinerin mit kölschen Wurzeln.
Mehr Infos: www.ts-ghostwriting.de

Johanna von Stülpnagel Wahlberlinerin, Grafikerin und angehende Philosophin verdiente sich ihre Fremdenführersporen als radelnder Berlin-Guide und wandelt auch in ihrer Freizeit durch das großstädtische Kiezgewirr auf der Suche nach besonderen Motiven, Menschen und Momenten.

Peter Steinhauer ist Journalist und lebt in der ehemaligen Schweizer Botschaft in Berlin Pankow. Als Marathonläufer und Triathlet kennt er Berlin von seinen vielen Trainingseinheiten entlang von Spree und Panke, durch die vielen schönen Parks oder auch gerne einfach mitten durch die Stadt.
Mehr Infos: https://peter-steinhauer.de

Bettina Tacke Philosophin und Italianistin, selbstständige Journalistin und Autorin, Herausgeberin zweier Bücher (z. B. „Prenzlauer Berg im Wandel der Geschichte", 2004, zus. mit Bernt Roder), Redakteurin Text, Bild und Film, Spezialgebiet mediale Umsetzungen für Ausstellungen.

Katja Virkus nutzt als Historikerin und Pädagogin gemeinsam mit Kindern und Jugendlichen die Stadt als Lernort und ist außerdem als Geschichtensammlerin, Reiseveranstalterin und Stadtführerin in Berlin wie Potsdam unterwegs. Mehr über ihre Vorhaben findet man unter www.geschichtenhaus.de

Cornelia Zwirnmann Passionierte Berlinerin, Betriebswirtin und Fachjournalistin, arbeitet als Business Consultant und PR-Referentin sowie als freie Autorin. Sie lebt mit ihrer Familie im Südosten der Stadt.

Anja Herrling Freie Lektorin und Redakteurin, lebt, arbeitet und singt in Alt-Treptow Tür an Tür mit **Michael Mowitz,** der als promovierter Musiker vor allem die schönen Dinge wie Burgeressen im Treptower Park genießt. In direkter Nachbarschaft spaziert **Cordula Beyer** freie Journalistin, Übersetzerin und PR-Referentin.

Fotonachweis Alle Fotos von Klaus Scheddel außer: Gemeinfrei 18, 133; Jutta Adam/stock.adobe.com 229; Andreas Agne/Pixelio 42; Sophie Aigner 26, 47, 51; www.ankerklause.de 167; Doris Antony, 201, 205, 206; Arena Berlin Torsten Seidel 121; Angela M. Arnold 232–233; ArTo/stock.adobe.com 9; ilolab/Shutterstock.com 125; Bezirksamt Lichtenberg 219; Bezirksamt Lichtenberg Theater an der Parkaue 220; Bezirksamt Marzahn-Hellersdorf Michelle Kossert 227; Bezirksamt Pankow 79; Julia Brodauf 165, 171, 211, 235, 237, 240, 242, 246, 250, 256; Bruhaha 202; Christoph Buckstegen 49, 54; Domäne Dahlem 185; Jean-Pierre Dalbera/LavilladeMaxLiebermann/CC BY 2.0/bearb. 192; Tilman Ehrke/Shutterstock.com Umschlag vorne; Helga Ewert/Pixelio 153; Christiane Flechtner 212; Fotolia, 120, 130; Friedberg/stock.adobe.com 71; Friedrichstadtpalast Nina Mallmann 30; Grün Berlin Park und Garten GmbH 173; Jessika Haack 76, 93; Hajotthu/Nikolaiviertel Zum Nußbaum 2008./CC BY 3.0/bearb. 22; Rolf Handke/Pixelio 208; Haus am Waldsee Stephan Erfurt 190; Janina Johannsen 249; Michaela Kaule 39; Kiev.Victor/Shutterstock.com 35; Oliver Kirpal 38; Kerstin Klupsch 118; Thomas Kümmerle/Pixelio 53; Iain Masterton/Alamy 65; Michael Mowitz 240; Muns/120401-Bierpinsel/CC BY 3.0/bearb. 175; Museumsdorf Düppel 186; Felix Müller 12, 14–15, 16; Kerstin Müller 129, 135, 138; Tanja Onken Umschlagklappe vorn, 23, 85, 118; Pixabay 123; Platte C 217; Richardfabi 62; Elisabeth Schwiontek 224; SO 36 Pressestelle 117; Anke Sademann 89; Marc Tollas/Pixelio 247; Tourismusverein Diehl/Pixelio 244; Tüti/Pixelio 132; www.visitberlin.de Koch 198;

Motive Umschlag Vorne: Nikolaiviertel, Rückseite: U-Bhf Rathaus Schöneberg, Klappe vorn: James-Simon-Galerie (Mitte)

IMPRESSUM

© via reise verlag Klaus Scheddel
8. komplett überarbeitete und aktualisierte Auflage, Berlin 2021

Alle Rechte vorbehalten.
Alle Angaben in diesem Reiseführer sind gewissenhaft geprüft. Für eventuelle Fehler übernimmt der Verlag keine Haftung.

ISBN: 978-3-949138-05-8

Herausgeberin
Julia Brodauf

Text und Recherche
Cordula Beyer 242–244; Julia Brodauf 6–39, 44–46, 60–63, 86–87, 108–109, 122–127, 132–133, 140–141, 162–173, 191–193, 204–209, 212–217, 226–237, 245–247, 254–255; Anja Herrling 256–257; René Hamann 112–120, 152–162, 194–203; Michael Mowitz 238–241; Felix Müller 52–55, 74–77, 210–212; Kerstin Müller 122–131, 134–140; Stefanie Pott 174–181; Klaus Scheddel 94–107; Elisabeth Schwiontek 142–151, 218–225; Tina Spessert 182–191; Peter Steinhauer 56–63, 78–86; Johanna von Stülpnagel 40–44, 46–51, 110–112; Bettina Tacke 64–74; Katja Virkus 88–93; Cornelia Zwirnmann 248–254

Fotonachweis
siehe Seite 259

Redaktion für diese Ausgabe
Klaus Scheddel, Nelly Möller

Herstellung
Katharina Arlt, Annelie Krupicka

Kartografie
Carlos Borrell, Tanja Onken, Annelie Krupicka (via reise verlag)

Netzplan
© Kartographie Berliner Verkehrsbetriebe BVG
Wir danken der BVG für die freundliche Unterstützung.

Druck
Druckhaus Sportflieger, Berlin

FSC® MIX
Papier aus verantwortungsvollen Quellen
FSC® C104586
www.fsc.org

Verlagsanschrift
via reise verlag, Lehderstraße 16–19, 13086 Berlin,
post@viareise.de, www.viareise.de

Hotels, Tickets und Infos erhält man auch bei:
Berlin Tourismus & Kongress GmbH, www.visitBerlin.de, (030) 25 00 23 33
Berlin infostores: Hauptbahnhof (Ebene 0 / Eingang Nord), Brandenburger Tor, Flughafen Berlin Brandenburg BER (WelcomeCenter im Terminal 1, Ebene E0)